柳永评传

王丹　著

辽海出版社

图书在版编目（CIP）数据

柳永评传／王丹著. -- 沈阳：辽海出版社，
2018.5
（中国古代著名文学家丛书）
ISBN 978 - 7 - 5451 - 4812 - 1

Ⅰ. ①柳… Ⅱ. ①王… Ⅲ. ①柳永（约 987 - 1053） -
评传 Ⅳ. ①K825.6

中国版本图书馆 CIP 数据核字（2018）第 080334 号

柳永评传

责任编辑：丁　凡　高东妮
责任校对：杜贞香
封面设计：老　刀
出 版 者：辽海出版社
　　　　　　地　　址：沈阳市和平区十一纬路 25 号
　　　　　　邮政编码：110003
　　　　　　电　　话：024 - 23284479
　　　　　　E-mail：liaohailb@163.com
印 刷 者：三河市京兰印务有限公司

开　　本：155mm×230mm　1/16
印　　张：19.625
字　　数：202 千字
版　　次：2019 年 1 月第 1 版
印　　次：2019 年 3 月第 1 次印刷

定　　价：52.80 元

前　言

　　给柳永作传，闲来静思，有几处繁难。忠于历史者苦心孤诣，以其无《史传》可以搜检，弊于检索；忠于情思者津津乐道，以其言行词作可供谈资者多，乐于赏玩。以何态度传之呢？信乎史？信乎娱？此其一也。有宋一代词学大家世出，柳永出乎其间，风格迥异，优创乎？异径乎？此其二也。世人品词，好以人品定论词品，赏之者，以其文辞雅丽，铺景委婉；訾之者，以其文辞俗鄙，言行不检。赞之乎？贬之乎？此其三也。

　　虽繁疑仍存，但抽丝剥茧，亦颇有心得。余以为柳永虽以宋词闻名，略无其它行迹可称者，然不可因人废言，亦不可因言废人，方可于纷繁的世相中看到柳永之执著、无奈、深思与天真。

目 录

第一章　谜团一样的人物

在某种程度上，历史总是以它应该或它想要呈现的方式展现在我们面前，或正统，或戏说，我们本就很难窥视历史的全貌。因之如此，像柳永这样烜赫一时的人物，身上无法破解只能存疑的谜团是一个接一个，层出不穷。

柳永给我们留下的第一个谜团就是他到底生于何年，卒于何时。按理说像柳永这样的人物，至少生卒年的具体年份应该是准确无误的，但是他的生卒年具体不详。关于他的生年，通过研究，学者们基本上能够达成一致的看法——约略生于宋太宗雍熙四年，即公元九八七年。而关于柳永的卒年，目前流行两种比较著名的说法，一种说法是柳永大约卒于宋仁宗皇祐五年，即公元一零五三年，持这种说法的主要是唐圭璋先生和谢桃枋先生。另一种说法认为柳永大约卒于宋仁宗嘉祐三年，即公元一零五八年。

柳永，福建崇安县人，原名三变，字景庄，因在家中排行第七，又被称为"柳七"。因为官至屯田员外郎，又被称为"柳屯田"。大抵因为柳永生前政迹并不显赫，虽词名声

1

高一时，但时人认为其言行不端检，故《宋史》并没有给他立传，而逸史和笔记体中的记载又不甚详细，所以审视玩味柳永这个人，就像在迷雾中寻归途，在急雨中觅方向一样繁难，约略有之，触之又无。所以我们只能从一些零碎的历史资料中去溯寻柳永的生平轨迹，力图还原他的真实生活，再现他的才情与品性。

一、簪缨世家

研究柳永，对于后世学者来说最大的困难在于可兹借鉴的信史太少，不独如此，学者们想另辟蹊径寻找出路也同样不容易。古人评价一个人的人品、学识喜从他的家族入手，来判断他的家学渊源、身世背景。然《宋史》不独缺少对柳永身世的记载，就是关于柳永祖父柳崇和柳永父亲柳宜的记载，亦难见其详。如今，我们只能通过北宋王禹偁的作品——《建谿处士赠大理评事柳府君墓碣铭并序》对其祖父的行迹略窥一二。

柳永出生于一个典型的奉儒守礼的书香之家。王禹偁的《建谿处士赠大理评事柳府君墓碣铭并序》认为崇安柳氏一族与唐河东柳氏同枝相连。

有唐以武戡乱，以文化人，自宰辅公卿至方伯连帅，皆用儒者为之，而柳氏最称显族，故子厚自言其家同时为尚书郎者三十余人，其盛可知也。于时宦游之士，率以东南为善地。每刺一郡，殿一邦，

必留其宗属子孙占籍于治所，盖以江山泉石之秀异
也，至今吴越士人多唐之旧族耳。（王禹偁《建谿
处士赠大理评事柳府君墓碣铭并序》）

根据王禹偁的记载，柳永郡望河东，为唐代柳氏贵族之
后。"公（柳永的祖父）讳崇，字子高。五代祖奥，从季父
冕廉问闽川，因奏署福州司马，改建州长史，遂家焉。奥生
诞，诞生琼，琼生祚，祚生瞪，于公为显考。"当然，也有学
者对柳氏家族都望河东的说法持保留意见，认为崇安柳氏一
脉并非河东柳氏之后，王氏《墓志》此处的写法是为了提高
墓志传主的身份和地位，多多少少会有些谀墓的成分，难免
有攀附附会之嫌。如果不考虑这些小瑕疵的话，大家对于柳
永祖父柳崇为人的评价还是比较高的，所持的观点基本上是
一致的。

公十岁而孤，母夫人丁氏养诲成人。既冠，属
王审知据福建，以公为沙县丞。时审知残民自奉，
人多衣纸，公曰："此岂有道之谷耳？"即以就养引
去，因自誓终身为布衣，称处士而已。

公以行义著于州里，以兢严治于闺门。乡人有
小忿争，不诣官府，决其曲直，取公一言。诸子、
诸妇，动修礼法，虽从官千里，若父在帝，其修身
训子有如此者。（《建谿处士赠大理评事柳府君墓碣
铭并序》）

吴任臣《十国春秋》卷九十七云："柳崇字子高，建阳人也。以儒学著名，终身御布衣，称处士。天德帝据建州，习闻其名，召补沙县丞，力谢不往。然诸子仕宋，法当推恩，崇戒之曰：'不可奏请以夺吾志。'未几，卒。宋累赠工部侍郎。子宜、宣、真、宏、寀、察，俱为显官。"《建宁府志》卷十六《封赠》的记载与上述内容亦略似。

柳崇字子高，崇高人，以儒学著名乱世，终身御布衣，自称处士。王言政据建州，闻其名，召补沙县丞，力谢不仕。后诸子仕宋，当推恩，崇戒之曰："不可奏请夺吾志。"既没，累赠工部侍郎。

柳永的祖父以儒学显名于乱世，但终身以处士自称，治家有方，以志向自许，不以名利为要，亦以此来约束自己的儿子。

其（柳崇）长子宜为太子校书郎、江宁尉，宰贵溪、崇仁、建阳三邑，拜检察御史。次子宣，试大理评事，迎公于建康。时以宜贵，当得致仕官，切诫宜曰："不可奏请，以卒吾志。"太祖平吴，宜为费宰，宜以校书郎为济州团练推官……宜今为太学博士，宣终于大理司直、天平军节度推官……真、宏举埋，寀、察并以辞学自立。有后之庆，为可知也。（《建谿处士赠大理评事柳府君墓碣铭并序》）

由此可见，柳崇对儿子们的教育还是很有心得的，以古代社会治家的标准来看，柳家可算得是吉庆之家了。

柳永父亲柳宜，是南唐降官，入宋一直为选人，直到"叫阍上书"，始入宋仕途。柳宜能从"叫阍上书"中脱颖而出，亦可见其家学渊源。

　　河东柳无疑，江左之闻人也。在霸国时，褐衣上疏言时政得失，李国主器之，累迁监察御史，多所弹射，不避权贵，故秉政者尤忌之。既出为县宰，所在有理声。皇家平吴之明年，随伪官得雷泽令。雷泽，仆之故里也，始与之交，逮今几十五载，连尹三邑。州县之职，困于徒劳，居低摧穷辱之中，有死丧疾病之事，绿鬓生雪，朱衣有尘，知其气业者共惜之。淳化元祀，始以任城宰来抵阙下，携文三十卷叫阍上书，且请以文笔自试。天子壮之，下章丞相府。翌日召试，且据汉时以粟为赏罚事，使析而论之。无疑援引剖判，灿然成文。吾君吾相，皆以为识理体而合经义也，故改官芸阁，通倅湘源。其官尚卑，其郡亦小，然由文艺而取，故有识者荣之，与夫诣权媚势、奴颜婢色、因采风谣司漕运者言而得之者远矣。于是沿汴达淮，浮江湖入湘潭。是时也，可以吏隐，未可行道。况江山猿鸟，云泉竹树，为天下甲，民讼甚简，兵赋甚鲜，因可卧而理也，姑能置身于不才之间，放意于无何之域，则又不知县令为著作耶，著作为县令耶？或过故国，

动黍离之情；伤远行，有于役之念；叹下泣，起山
苗之刺；则于道远矣，于生劳矣。（《送柳宜通判全
州序》）

　　王禹偁与柳宜交好，对于柳宜言行的记述是否有言过其
实的叙述，暂不得知。从这段文字我们可以看出，柳宜是一
位比较有才学的士大夫，对于事情的分析与思考，有清醒的
认知与判断；对于思想的表达，有得当的言辞与清晰的逻辑。
对于政事，他尽职尽责，不避辛劳；对于权贵，他刚正不阿，
不阿谀奉迎。因此，王禹偁认为他知地方乃大材小用了。柳
宜的人品与那些趋炎附势之徒相比，不知高出几许。但更可
贵的是柳宜是个知雄守雌的人物——是时也，可以吏隐，未
可行道。于乱世间柳宜徜徉于无何有之乡，游娱于文字之间，
进退有据。隐世而不避世，或娱情山水，或叹黍离之悲，或
泣远行，或伤时道。作为伪官，柳宜还是十分清楚自己的身
份的，当行则行，当止则止。

　　此外，柳宜对父母还非常地孝顺。宋太宗太平天国五年，
柳宜知任山东，其父柳崇渡江到济州去看柳宜、柳宜，忽发
重病，临终嘱托："吾读圣人书，朝闻道夕死可矣。毋得以浮
屠法灰尘吾之身。"父亲柳崇去世得突然，去世时，柳宜正在
沂州判案，听闻噩耗，鞋都来不及穿，冒着风雨赶赴济州。
可能是朝廷觉得柳宜这个地方官做得还不错吧，而国家正处
于草创用人之际，便夺了柳宜替父守孝三年之制。为了能替
父亲养老送终，柳宜多次上章乞请，并向当时的宰相哭诉，
虽然最终为父守孝的愿望仍没有被批准，但是柳宜为父尽孝

的真情得到了时人的赞誉。

> 公（柳崇）之捐馆也，博士方按狱于沂，闻讣
> 号绝，徒跣冒雪而行，以至于济。时有诏：不听吏
> 受三年丧。博士负缘径诣登闻院，三上章乞护丧终
> 制，寝而不报，又叩丞相马泣诉。其事虽不得请，
> 君子是之。（《建谿处士赠大理评事柳府君墓碣铭并
> 序》）

柳宜对母亲也是至孝。因为外官在任不得携带家眷，柳
宜无法与母亲时时相见，为了让母亲宽心，画了一幅自己的
画像送回家乡给母亲，以慰母亲的思念之苦。

> 河南柳宜，开宝末以江南伪官归阙，于后吏隐
> 者二十年，年五十有八矣。堂有母，思见其面而不
> 得归。浮屠神秀为写其真，使其弟持还，以慰倚门
> 之望，又从予乞赞。（王禹偁《柳赞善写真赞并
> 序》）

柳宜兄弟六人，均入宋为官。柳宜：初仕南唐，官至监
察御史，入宋为沂州费县令。后登宋太宗雍熙二年梁灏榜进
士，官至工部侍郎。柳宣：仕南唐，官至大理评事。入宋后
以校书郎为济州团练推官，后为大理司直、天太军节度判官。
柳寘：字朝隐，宋真宗大中祥府八年蔡齐榜进士。柳宏：字
巨卿，宋真宗咸平元年孙僅榜进士，历知江州德化县。天圣

中，累迁都官员外郎，终光禄寺卿。柳寀：官礼部侍郎。柳察：年十七，举应贤良，待诏金马门，仕至水部员外郎。

至此，毫无疑问我们可以得出这样的结论：柳永的家学是深厚的，家风是淳朴的。柳氏一族不仅以学业的精进、学识的渊博、学养的深厚自期，更是以道德的涵养、家国的兴衰而自勉。可以说，德高望重、不以仕进为己念的祖父，为政清廉、孝顺克己的父亲，仕进有方的叔父都对柳永影响至深。

大抵祖辈和叔父辈的学识和成就对于柳永辈的引领作用是潜移默化的吧。抛却了柳氏家族都望河东的影响，柳永父亲这一辈和柳永这一辈，在仕进与求学上还是有本质的不同。从史料记载来看，大概柳永的伯叔父辈是为政有礼且有方的，不然如何俱为显宦？而柳永这一辈，似乎不能再以显宦为名，而只以能文为名，此中似乎也透露出柳永一这辈仕宦不显的现状。

> 子宜、宣、宏、宗、密、察，俱显仕。孙三变、三复、三接，俱有文名。（《建宁府志》）

柳永兄弟三人，与其哥哥三复、三接均负文名于当时，被称为"柳氏三绝"。虽然，柳永兄弟三人都中了进士，但中第时间均较晚，为官亦算不得显官。柳三复：宋真宗天禧二年王整榜进士。柳三接：字晋卿，宋仁宗景祐元年张唐卿榜进士，与柳永同榜登第。官至都官员外郎。

而柳永的儿子——柳涚，字温之，宋仁宗应历六年贾黯榜进士，曾官至著作郎及陕西司理参军。

柳永侄子柳淇，字润之，柳三接之子，宋仁宗皇祐五年郑獬榜进士，官至太常博士。

由此可见，柳氏家学以儒家忠孝观念为主，以儒学为己任。子孙世代奉守儒学，学而优则仕，以仕进忠君为己务。虽官位不显，但都能造福地方，以天下苍生为己任。柳永的父亲柳宜就是这样的人，有胡宿《送柳先辈从事桐庐》诗作为证：

　　甘樱离会酒初醒，还赴东侯拱璧迎。江上桃歌
传乐录，坐中鹦鹉占宾荣。仙车过洛人偏识，乡骑
还邢客尽倾。后夜严陵台上望，紫云西北是神京。

二、幼年生活

根据史料，我们可以推测柳永可能生于山东，幼年长于故里崇安。柳永出生的时候，他的父亲柳宜正任京东西路济州任城县令。后来柳宜被调为全州通判，但按照宋制柳永不能随其父去全州上任。宋制，凡在四川、荆湖南北路、广南东西所谓边远八路为官者，不许携带家眷赴任，违者必有重罚。因此，年幼时的柳永极有可能被寄养在崇安故里，与其继祖母虞氏和他的母亲生活在一起。虽然严父不在身边，但似乎柳永有两位慈爱有加、却训导有方的家长——祖母和母亲。他的学业并没有因父亲不在身边而落下，他的人生观和

价值观并没有偏离主流思想的轨道。柳永曾经写过一首劝学的作品,我们可以从中窥测柳永对于儒学的看法和求学为学的态度。

> 父母养其子而不教,是不爱其子也;虽教而不严,是亦不爱其子也。父母教而不学,是子不爱其身也;虽学而不勤,是亦不爱其身也。是故养子必教,教则必严,严则必勤,勤则必成。学,则庶人之子为公卿;不学,则公卿之子为庶人。

这段文字见于日本刊本的《古文真宝》,转录自罗忼烈先生的《话柳永》。罗先生注云:《古文真宝》是塾师教学的课本之一,明以后不流行,但在日本和朝鲜版本颇多,因为旧时学生学习"汉文",这是必读之书。这段文字没有阅读上的障碍,内容不难理解,大抵就是父母要严格地教育子女,而子女要认真勤奋地学习。只有勤奋学习,庶人才能摆脱身份上的束缚成为公卿,而公卿之子如果不勤奋求学,那最终也只能沦为庶人。可以说,这种思想与"学而优则仕"的思想是一脉相承的。

不可否认出身于官宦之家的柳永,对父叔辈的生活状态、生活态度、人生追求是持认可态度的,但是,这种影响是否就能在远离父辈、年幼的柳永身上直接体现出来呢?这个我们就不得而知了。或许他的继祖母和母亲对于教育孩子比较有心得吧!这也未必不可能。但是除此之外,一定还有什么文化滋养了柳永吧!

据史传记载，宋代崇安这个地方人杰地灵。毫无疑问，地方文化对柳永成长的影响也是不可小觑的。据《嘉靖建宁府志》记载，时"诸儒继出，蔚为文献名邦……家有诗书，户藏法律，其民之秀者狎于文"。勿庸置疑，纯朴、浓厚的崇安文化就这样潜移默化地影响着柳永。据唐圭璋先生《两宋词人占籍考》记载，两宋有籍可考的词人有734人，其中福建省就占得了91名词人，仅次于浙江、江西而名列第三。而福建的91中，崇安一县就占了12人。处于这样一个文风炽烈、人才辈出的地方，柳永自然而然地会受到良好的文化熏陶。

> 扳萝蹑石路崔嵬，千万峰中梵室开。僧向半天为世界，眼看地平起风雷。
> 猿偷晓果升松去，竹逗清流入槛来。旬月经游殊不厌，欲归回首更迟回。（《中峰寺》）

据罗忼烈先生的考证，这首诗作于柳永四至六岁之际，如若这个说法成立的话，我们说柳永为神童亦不为夸张矣。这大概是柳永集中唯一一首描写家乡崇安的作品了。从这首诗中，我们看到了崇安中峰寺的崔嵬与奇崛，看到了柳永敏锐的观察力，看到了崇安文化对柳永的影响。

三、青年游学

因为柳永的父亲柳宜从至道元年至景德二年一直在汴京

就职，故据薛瑞生推测，柳永至迟于公元九九五年就来到了汴京跟父亲一起生活。从文风纯朴的崇安故里来到汴京，初出茅庐的乡下小伙儿也在慢慢地适应着汴京的繁华生活。

> 帝里风光好，当年少日，暮宴朝欢。况有狂朋
> 怪侣，遇当歌、对酒竞留连。（《戚氏》）

不可否认，呆在父亲柳宜身边，柳永肯定会受到更为纯正的儒学教化。险些之外，自五代丧乱以来，宋朝君臣共同打造的太平盛世，也无处不在地影响着柳永。当时汴京城的热闹与繁华也处处影响着市民与士大夫的生活。

东京城内城市文明高度发达，大酒楼则"向晚灯烛荧煌，上下相照，浓妆妓女数百，聚于主廊檐面上，以待酒客呼唤，望之宛若神仙"，小酒店则"有下等妓女，不呼自来，筵前歌唱"（《东京梦华录》）；当时的"侍从文馆士大夫，各为燕集，以至市楼酒肆，往往皆供帐为游息之地"（《梦溪笔谈》）。而真宗皇帝甚至说："时和岁丰，中外康阜，恨不与卿等日夕相会。太平难遇，此特助卿等燕集之资。"

上之所倡，下必从之。士大夫的业余生活也随之异常得丰富，"馆阁臣僚，无不嬉游燕赏，弥日继夕""两府两制家内各有歌舞"。普通老百姓亦风而从之，"垂髫之童但习鼓舞，斑白之老不识干戈。时节相次，各有观赏。灯宵月夕，雪际花时，乞巧登高，教池游苑。举目则青楼画阁，绣户珠帘。雕车竞驻于天街，宝马争驰于御路。金翠耀目，罗绮飘香。新声巧笑于柳陌花衢，按管调弦于茶坊酒肆。"（《东京

梦华录》）甫离崇安初入京城的柳永，面对如此丰富而奢靡的昇平生活，如何能平衡自己的生存状态？乱花渐迷行人眼的情况也是再所难免的。柳永的《凤棲梧》大抵就记录了他初入京师时的情况，生动形象地表现了当时甫人京师的柳永渐渐融入妓宦生活的情态与心情。

> 帘下清歌帘外宴。虽爱新声，不见如花面。牙板数敲珠一串，梁尘暗落琉璃盏。
> 桐树花声孤凤怨。渐遏遥天，不放行云散。座上少年听未惯。玉山未倒肠先断。（《凤栖梧》）

在这首词中，柳永塑造了一位初入声色场所、赏玩音乐的少年形象。此时的少年对音乐的赏玩、热爱超越了一切，他来此地只是为了欣赏音乐，并不是为了狎妓，"虽爱新声，不见如花面。"而这种声色场所听到音乐也确实让少年倾心，虽然尚不习惯，但是已然被其哀怨的声音所倾倒，"座上少年听未惯，玉山未倒肠先断。"柳永的身上有作为儒者的自觉，他要考科举，他要仕宦，他要兼济天下。尽管这种声色犬马的生活与他自幼所接受的教育似乎又不太一样，但是年幼的柳永身上有着普通士大夫所没有的细腻与天真的情怀，此时他既沉醉于委婉哀怨的新声，又醉心于其哀婉久绝的情思。

似乎过惯了平淡生活的柳永，虽然初来乍到，但很快就为这充满各种诱惑的世界所吸引了，渐渐地他忘记了家乡的山水，模糊了自幼所接触的教育，开始徜徉于视觉与听觉的冲击之中。在世俗的生活中，他寻找着自己的归宿，尽管此时他依然没有忘记读书仕进，但享乐生活已然变成了他生活的一部分，甚至要比对读书感兴趣得多。

但如若此时我们将柳永的所作所为，看作是成年男子沉湎于酒肉声色的生活而不可自拔的表现的话，那就大错特错了。此时的柳永大约八、九岁的光景，帝都里的生活一切对他来说都是新鲜的、都是充满乐趣的，完全算不得沉湎忘本。而且参加宴会欣赏乐舞在当时是一件非常普通的事，据薛瑞生先生记载，"唐宋时之官宦人家或富贵人家子弟，十二三岁甚或七八岁时即随大人听歌，乃司空见惯之事。"总之，从崇安故里甫入京师的柳永，拓宽了自己的眼界，扩大了自己的交际圈，在新环境中寻找到了感动自己的娱乐方式——词，并迅速地掌握了这种文艺的表现形式。

在柳永游学南方之前的这段时间里，他完成了他人生中一件大事——结婚。柳永其妻，姓甚名谁，现在都无从考证。但是从柳永的词作来看，柳永对这位新婚妻子还是满意的。

满搦宫腰纤细。年纪方当笄岁。刚被风流沾惹，与合垂杨双髻。初学严妆，如描似削身材，怯雨羞云情意。举措多娇媚。

争奈心性，未会先怜佳婿。长是夜深，不肯便入鸳被。与解罗裳，盈盈背立银釭，却道你但先睡。

（《斗百花》）

但是柳永的这位娇妻年纪太小，方刚及笄，虽然身材纤细、面容含情，举止娇媚，但是不会体恤夫婿——"与解罗裳，盈盈背立银釭，却道你但先睡。"柳永运用了花间派惯常使用的手法，着意描摹了妻子的神态、动作、外貌、心理，将妻子的新婚羞态写了出来。由于用词比较大胆，往往被认为是狎妓词。柳永究竟是奉父命成亲，还是与妻子是青梅竹马，这都不好说。对于这段感情，柳永是不是认真的也不好说。但是从柳永的词中，我们可以看出柳永对妻子容貌身材的欣赏，以及最初对娇妻娇羞情度的喜爱。

　　嘉景，况少年彼此，争不雨沾云惹？奈傅粉英俊，梦兰品雅。金丝帐暖银屏亚。并灿枕轻轻倚，绿娇红姹。算一笑，百琲明珠非价。

　　闲暇。每只向、洞房深处，痛怜极宠，似觉些子轻孤，早恁背人沾洒。从来娇纵多猜讶。更对剪香云，要深心同写。爱印了双眉，索人重画。忍负艳冶。断不等闲轻舍。鸳衾下。愿常恁、好天良夜。

（《洞仙歌》）

　　然而，如果自己的妻子总是如此的娇纵不懂事儿，再深刻的感情都经不起如此地折腾。从词作内容来看，两人的感情是建立在才子佳人、年轻双美的基础上的，并没有更多的心灵上的沟通与神交，反而是柳妻的娇纵、猜疑屡有发生。大概夫妻间偶尔的小打小闹可以增添生活情趣，但是如果这种不理解、互相猜疑的事情时有发生，成为家常便饭的话，结局不言而喻。柳永夫妻之间的这些小矛盾、小牴牾，与柳永流连风月场所、狎妓多多少少是有些关系的。一则不改，一则猜怨。柳永的妻子大概也是一位性格比较倔强的女子吧！眼里容不得沙子，感情好时可以与之双宿双飞，"二三载，如鱼似水相知"（《驻马听》）；情感一旦出现问题，绝对不想委屈自己，一味顺从，"恣性灵、忢煞些儿。无事孜煎，万回千度"（《驻马听》）。但是古代妇女的命运往往是掌握在男子的手里，男子可以欣赏歌妓的千姿百态、百媚千娇，但是很难纵容自己的妻子不贤惠。柳永的薄情与不理解，将妻子推上了绝路。柳永新婚不久便南下游学，此后不久，柳妻就一病不起，又支撑了二、三年的光景，便溘然长逝。

当然在南下游学的过程中，羁旅漂泊的孤独与无奈，也让柳永倍加思亲，倍加思乡。

> 伫立长堤，淡荡晚风起。骤雨歇、极目萧疏，塞柳万株，掩映箭波千里。走舟车向此，人人奔名竞利。念荡子、终日驱驱，争觉乡关转迢递。
>
> 何意。绣阁轻抛，锦字难逢，等闲度岁。奈泛泛旅迹，厌厌病绪，迩来谙尽，宦游滋味。此情怀、纵写香笺，凭谁与寄。算孟光、争得知我，继日添憔悴。（《定风波》）

柳永词作中明显言及"孟光"，为忆内的词作，仅此首。游子思妇的主题古来如此，身不由己的奔竞，舍家弃妻的奔走，到底年来为何？为名利？——终日驱驱，离家索情，等闲了岁月。不为名利？——绣阁轻抛，锦字难逢。如若非此，奈何抛妻弃家，远赴万里，"纵写香笺，凭谁与寄"。总之是谙尽了宦游滋味——秋风萧瑟之际，有家不归；病体萦缠之时，佳人何在？柳永于词中笔锋一宕，对面入笔，想来家中的娇妻也是知道我不尽如人意的境况吧！感情大概最经不起猜，最经不起藏。情不言不明，意不说不透，猜来猜去伤的是自己。就这样，在互相思念与猜忌的生活中，柳永的娇妻走向了生命的终点。

为此柳永写了两首悼亡词——《离别难·花谢水流倏忽》和《秋蕊香引·留不得》。大概是年少不识愁滋味，不明白少年夫妻老来伴的道理吧，从词作所表达的情感来看，虽名为悼亡，但伤感之情反而不如其羁旅送别词能感人肺腑。

> 留不得。光阴催促，奈芳兰歇，好花谢，惟顷刻。彩云易散琉璃脆，验前事端的。
>
> 风月夜，几处前踪旧迹。忍思忆。这回望断，永作终天隔。向仙岛，归冥路，两无消息。(《秋蕊香引》)

柳永词给我们留下深刻印象的就是塑造的那些个感伤的、落魄的、情深的浪子形象，而这首词塑造的男主人公不是浪子，他追往抚今，感慨良多，却依然情深——望断天涯；他依然易感伤——光阴催促，奈芳兰歇，好花谢，惟顷刻。漫无边际的追忆，天涯相隔的苦闷，断无消息的感伤，都让易感细腻的柳永开始反思自己与妻子曾经的过往——追悔当初孤深愿。孤身一人的日子里，赏玩山水固然能够颐养性情，游学江浙固然为了仕途与生计，烟花弦管固然能够娱情添欢，雁鱼丹青固然能够频解相思，但又怎能和有佳人相伴的日子相比呢？无意中冷落了娇妻的同时，也惆怅了自己！

> 追悔当初孤深愿。经年价、两成幽怨。任越水吴山，似屏如障堪游玩。奈独自、慵撞眼。
>
> 赏烟花，听弦管。图欢笑、转加肠断。更时展丹青，强拈书信频频看。又争似、亲相见。（《凤衔杯》）

新婚不久，出于"以文会友"的目的，柳永选择了远游江浙、湖南一带。现在看来这段游学经历，似乎对柳永的仕途并没有多大的帮助，初次独自远游的日子柳永过得并不顺遂。从柳永留下来的作品来看，既有对帝京生活的怀念，又有对游学生活的悲叹；既有对妻子的思念，也有对过往那些红粉知己的想念。再明媚的春光都是别人的，不是自己的，他人的笑颜歌声中映衬的是他自己的悲辛与无奈。"伫立东风，断魂南国。花光媚、春醉琼楼，蟾彩迥、夜游香陌。忆当时、酒恋花迷，役损词客。"（《两同心》）年少轻狂的日子大抵即是如此，忧愁满怀，何以解之？良辰美景，美酒佳人，诗酒自娱，如是而已。

> 陇首云飞，江边日晚，烟波满目凭阑久。立望关河萧索，千里清秋。忍凝眸。
>
> 杳杳神京，盈盈仙子，别来锦字终难偶。断雁无凭，冉冉飞下汀洲。思悠悠。

暗想当初，有多少、幽欢佳会，岂知聚散难期，翻成雨恨云愁。阻追游。每登山临水，惹起平生心事，一场消黯，永日无言，却下层楼。（《曲玉管》）

为了功名柳永他抛家舍业，为了仕途他扔下了娇妻与知音，然而年轻的荡子并没有因此而在政治仕途上混得风生水起，而是作为天涯倦客尝尽了宦游的滋味，羁旅漂泊。仕宦不如意的漂泊中，满目的美景也变得萧索、凄凉，点缀美景的飞雁也会触目伤情——锦书无托，永日无言的苦闷中聊以解忧的只有过往的美好，然而佳期难遇，只是倍增忧愁！

四、困顿科场

在宋真宗大中祥符元年，柳永二十岁的时候，他终于迎来了自己人生中的又一重大时刻——科举考试。但可惜的是这次科举考试，柳永并没有考中。更为让人难以接受的是，在接下来的二十几年间，柳永依然没有考中进士。

困守科场大概是柳永始料未及的。一直以来以读书仕进为目标的柳永，没有想到自己一直努力追求的东西竟然如此难得。

首先，有人将他的科举不第归结于他狂浪不羁的放浪形骸的生活态度。吴曾的《能改斋漫录》卷十六记载着这样一段内容："仁宗留意儒雅，务本理道，深斥浮艳虚薄之文。初，进士柳三变，好为淫冶讴歌之曲，传播四方。尝有《鹤冲天》词云：'忍把浮名，换了浅斟低唱。'及临轩放榜，特落之曰：'且去浅斟低唱，何要浮名。'景祐元年方及第。后改名永，方得磨勘转官。"这段史料的可信性究竟有多高，我们姑且不论，但他说明了柳永科场不第的一个关键因素——流连歌楼妓馆，品性不雅。有宋一代，以儒治国，君子务本，讲求修齐治平，讲究诚敬仁孝。柳永流连歌楼，沉湎女色的生活态度是他致命伤。关于这一点，我们可以从柳永的一系列《木兰花》词作中，略窥端倪。

> 心娘自小能歌舞。举意动容皆济楚。解教天上念奴羞，不怕掌中飞燕妒。
>
> 玲珑绣扇花藏语。宛转香茵云衬步。王孙若拟赠千金，只在画楼东畔住。（《木兰花》）
>
> 虫娘举措皆温润。每到婆娑偏持俊。香檀敲缓玉纤迟，画鼓声催莲步紧。
>
> 贪为顾盼夸风韵。往往曲终情未尽。坐中年少暗消魂，争问青鸾家远近。（《木兰花》）

虫娘和心娘与柳永的关系十分紧密，尤其是虫娘与柳永的关系甚好。柳永的作品中多次出现了"虫娘"或"虫虫"。"须知最有，风前月下，心事始终难得。但愿我，虫虫心下，把人看待，长以初相识。"（《征部乐》）"小楼深巷狂游遍，罗绮成丛。就中堪人属意，最是虫虫。有画难描雅态，无花可比芳容。"（《集贤宾》）虫娘自是貌美，但是最让柳永难忘的还是她的温柔与善解人意，最难得的是虫娘最符合他的心里期许，"算得人间天上，惟有两心同。"（《集贤宾》）甚至越剧还存有《虫娘与柳永》的曲目。由于虫娘和心娘歌妓的身份，柳永对他们的塑造一定要符合她们的身份特征，故于词中就难免会出现令士大夫们所不耻的场景画面。然而柳永对虫娘和心娘色艺的欣赏，尚不足以让士大夫们对他表示不满，不屑与同，"解教天下念奴羞，不怕掌中飞燕妒""香檀敲缓玉纤迟，画鼓声催莲步紧"。像欧阳修也曾写过，"含羞整翠鬟，得意频相顾。雁柱十三弦，一一春莺语。

娇云容易飞，梦断知何处。深院锁黄昏，阵阵芭蕉雨。"（《生查子》）晏殊曾经写过，"淡淡梳妆薄薄衣，天仙模样好容仪。旧欢前事入颦眉。

闲役梦魂孤烛暗，恨无消息画帘垂。且留双泪说相思。"（《浣溪沙》）张先也曾写过，"锦筵红，罗幕翠。侍宴美人姝丽。十五六，解怜才。劝人深酒杯。

黛眉长，檀口小。耳畔向人轻道。柳阴曲，是儿家。门前红杏花。"（《更漏子》）即使苏轼也曾直接描绘过徐君猷姬妾阎氏的美貌，"娇多媚日煞。体柳轻盈千万态。鹈主尤宾。敛黛含嚬喜又瞋。

徐君乐饮。笑谑从伊轻意恁。脸嫩敷红。花倚朱阑裹住风。"（《减字木兰花》）这些人笔下的人物不可谓不艳丽，不可谓不风情万种，但那又如何呢？他们只是带着欣赏的眼光去看待世间万物，去看待世间的美好。因此，让士大们不可接受的不是柳永笔下年轻貌美、色艺俱佳的好，而是柳永笔下所表现出来的狎妓思想。他们可以欣赏美色，他们可以品味才艺，但身为士大夫不可以行无定检，流连花丛。"王孙若拟赠千金，只在画楼东畔住。"（《木兰花》）"坐中年少暗消魂，争问青鸾家远近。"（《木兰花》）"几回饮散良宵永，鸳衾暖、凤枕香浓。"（《集贤宾》）对于仕进，柳永是打起了十二分精神，势在必得的；对于享乐，柳永是出入其间，自得其乐的。但是柳永万万没有想到，他认真践行、欣赏的两种生活方式对他的一生影响是如此之大。然而，这两种生活是如此地令柳永着迷，舍一不可。仕途能够解决他的生计问题，体现他的人生价值，而赏乐游狎使得他的生活多姿多彩，当他为了仕进不得不舍弃赏玩生活的时候，他的遗憾与无奈在他的词作中随处可见。

闲窗烛暗，孤帏夜永，欹枕难成寐。细屈指寻思，旧事前欢，都来未尽，平生深意。到得如今，万般追悔。空只添憔悴。对好景良辰，皱著眉儿，成甚滋味。

红茵翠被，当时事、一一堪垂泪。怎生得依前，似恁偎香倚暖，抱著日高犹睡。算得伊家，也应随分，烦恼心儿里。又争似从前，淡淡相看，免恁牵系。（《慢卷䌷》）

一旦用情，又岂是淡淡相看能了得的？大概越是不敢想不想想，却越放不下。向来评论家们多批评柳永的词低俗，"长于纤艳之词，然多近俚俗，故市井之人悦之。"（黄昇《唐宋以来绝妙词选》）然而我们往往忽略了柳永的真情，忽略了他不分阶级不分等级的真情。总之，不管怎样，这段生活包括对这段生活的记述与追忆，都不可避免地影响了柳永的仕途。

其次,有人将柳永的科举不第归结于真宗的佞道。其实,柳永科举考试的行为始于真宗年间,也就是说在某种程度上柳永仕途坎坷不能仅仅归结于史料所记载的仁宗"留意儒雅,务本观道"的思想,据此薛瑞生先生提出了柳永科举不第的主要原因在于真宗皇帝对他的不满。因为真宗皇帝佞道,而天真的柳永对真宗皇帝的行为颇有微词,并通过词作直接表现了出来,因而得罪了真宗,导致科举不第。

> 昭华夜醮连清曙。金殿霓旌笼瑞雾。九枝擎烛灿繁星。百和焚香抽翠缕。
>
> 香罗荐地延真驭。万乘凝旒听秘语。卜年无用考灵龟,从此乾坤齐历数。(《玉楼春》)
>
> 凤楼郁郁呈嘉瑞。降圣覃恩延四裔。醮台清夜洞天严,公宴凌晨箫鼓沸。
>
> 保生酒劝椒香腻。延寿带垂金缕细。几行鹓鹭望尧云,齐共南山呼万岁。(《玉楼春》)

其实,柳永的词以其真实反映生活而著称,我们从上述两首《玉楼春》可以略窥一二。对于真宗佞道这件事,柳永并没有使用太多直接抒发情感、表达见解的语言,而是通过理性而客观的描述将结果和效果呈现给读者。其实客观上讲,无论是真宗年间的佞道,还是仁宗年间的忤逆圣意,都说明了这个年轻的词人他是具有才华的,但是同样地他也是天真浪漫的,他是不适合官场的。

　　再次，柳永年轻不第的原因，似乎也不能完全归结于行为不检、开罪真宗。在任何一个时代，天才毕竟是稀有的。苏门三进士之所以被称为佳话，就是因为科第不易，这种情形的出现在历史上并不多见。柳永擅长填词，这说明他具有很高的艺术修养和艺术鉴赏水平，但是这很难说明他擅长理性分析。历史的偶然总是在必然中出现的。柳氏家族是簪缨世家，是书香门第，一门多进士。因此我们可以说，他们对于科举考试的内容应该是娴熟于心的，但他们终究不是世俗人眼中的天才。也许他们会是造福一方的士大夫，会是皇帝政策很好的执行者，但不会是高瞻远瞩的政策的制定者，不会是见解独道的政治家。柳永三兄弟进入仕途的年纪基本相似，或许可以证明他们年轻不第的原因。柳永的大哥柳三复宋真宗天禧二年王整榜进士，这时柳永三十二岁。柳永的二哥与柳永同为宋仁宗景祐元年张唐榜进士，这时柳永已经四十八岁了，那么年长于柳永的柳三接年龄亦不小矣。柳氏三兄弟，号称"柳氏三绝"，但他们入仕的时间都算不得早。如此我们或许可以认为柳氏三绝并非天赋异秉的天才这一特点，是他们年轻不第的一个原因。

　　此外，一个人的秉性爱好也可能影响他的仕途。柳永热爱民间艺术，喜爱市民文化，他擅长填词，有很高的艺术修养和艺术欣赏能力。这些优点使得他在同辈人中最受百姓喜欢，"有井水处即能歌柳词"。但是这个特点也使得柳永更擅长感性体悟，不擅长理性分析，他更愿用感性的模式去感受表达自己的想法。由于史料的缺乏，我们无法看到柳永除了词以外的干谒、颂圣的文体，我们也无法看到柳永发表政见

的作品。这在某种程度上表明了柳永这个人的特性，或者他
不擅长理性分析，或者他太擅长感性表达，以致于我们现在
看到的最多的是他的词作。对柳永抱有极端好感的人们，可
以说我们史料不全，不可因人废言，但是既然那些不被时人
看好的狎妓之作都能留传下来，而庙堂政见之作为什么就不
能流传呢？这大概也能从一个侧面或多或少地解释柳永不第
的原因吧。

　　柳永于科考上的失意，大概也是他始料未及的吧。终于
在多次不第之后，他对于自己的处境越来越感到不满，情绪
难免过激：

　　　黄金榜上。偶失龙头望。明代暂遗贤，如何向。
未遂风云便，争不恣狂荡。何需论得丧。才子词人，
自是白衣卿相。
　　　烟花巷陌，依约丹青屏障。幸有意中人，堪寻
访。且恁偎红翠，风流事、平生畅。青春都一饷。
忍把浮名，换了浅斟低唱。(《鹤冲天》)

　　这里柳永对自己才学的自信有之，对自己境况的不满有
之，对抛弃功名利禄的无奈有之，对于青春易逝的感伤有之，
对于极时行乐的呼唤有之。世间种种如山一般地扑面而来，
让感性的柳永如之何勿伤？我们可以将这首词看作是柳永对
科举不第、功名难求而感发的牢骚之语。因此，在接下来的
这十几年间，对于自小就有用世之心、刻苦向学的柳永来说，
生活只包括两个方面，一方面他汲汲于科举，一方面他沉湎

于歌楼舞妓的放荡生活。前者是柳永实现他作为知识分子人生价值的平台，后者则是其未第之前缓解生存压力、释放精神压力的一种手段。

> 帝里疏散，数载酒萦花系，九陌狂游。良景对珍筵恼，佳人自有风流。劝琼瓯。绛唇启、歌发清幽。被举措、艺足才高，在处别得艳姬留。
>
> 浮名利，拟拚休。是非莫挂心头。富贵岂由人，时会高志须酬。莫闲愁。共绿蚁、红粉相尤。向绣幄，醉倚芳姿睡，算除此外何求。（《如鱼水》）

人生总是需要一点自我安慰的，尤其是那些生活暂时不如意的人，他们的失意，他们的不得志，总是需要一些途径去宣泄的。更何论柳永这样一个在仕途中迷失自我又无法寻得自我的士子呢？但是事实上就像富贵半点不由人一样，像柳永这样毫不掩饰自己情感需求、用花前月下、良景珍筵、琼浆佳人、绿蚁红粉来渲泄情感的毕竟是少数，既然选择了这种表达情感的方式，就是承受它所带来的负面影响。

五、妓宦生活

相比其它的内容，妓宦生活才是柳永生活的原生态，才是被柳永最珍视的生活。柳永在士大夫中间就是一个异数，这是因为在柳永的价值观念中，娱乐休闲与学优而仕是同等重要的。在词场中，在舞榭歌台、花街柳巷中，柳永也一直在寻找着自己的存在价值。

柳永的俗词创作一向是他被大家诟病的一个"污点"，这是因为世俗之人对俗词乃至词的态度是持否定态度的。但是，这种基于民间市民审美的俗艳之词，柳永是发自内心的喜爱的；对于这种世俗的享乐生活形式，柳永是热衷的。毕竟没有多少人有这种敢于承认自己欣赏这种"雅俗熙熙物态妍"的雅俗共赏的美的勇气的。

> 玉墄金阶舞舜干。朝野多欢。九衢三市风光丽，正万家、急管繁弦。凤楼临绮陌，嘉气非烟。
>
> 雅俗熙熙物态妍。忍负芳年。笑筵歌舞席连昏昼，任旗亭、斗酒十千。赏心何处好，惟有尊前。
>
> （《看花回》）

对于这种繁华的生活氛围，柳永是沉醉于其中的。汴京的繁华生活，让困于科场的柳永于读书之余，欣喜并沉迷，自得其乐。《东京梦华录》有一段对酒楼生活的记载颇为生动，可以与此相互参看。

> 向晚灯烛荧煌，上下相照，浓妆妓女数百，聚于主廊槏面上，以待酒客呼唤，望之宛若神仙。北去杨楼，以北穿马行街，东西两巷，谓之大小货行，皆工作伎巧所居。小货行通鸡儿巷妓馆，大货行通笺纸店、白矾楼，后改为丰乐楼，宣和间，更修三层相高，五楼相向，各有飞桥栏槛，明暗相通，珠

帘绣额，灯烛晃耀……大抵诸酒肆瓦市，不以风雨寒暑，白昼通夜，骈阗如此。

汴京不仅城市经济与文明高度发达，而且世俗生活花样更是繁多。城市经济与文明的发展，更是加快了市民业余生活繁荣的脚步。据《东京梦华录》记载：

> 崇、观以来，在京瓦肆伎艺里，有孟子书、小唱、嘌唱、教坊减罢并温习、般杂剧杖头傀儡、悬丝傀儡、药发傀儡、小掉刀、筋骨上索杂手伎、球杖踢弄、小说、散乐、小儿相扑、杂剧、掉刀、蛮牌、影戏、弄乔影戏、弄虫蚁、耍秀才、诸宫调、商谜、合生、说诨话、杂扮、说三分、叫果子……其馀不可胜数。不以寒暑，诸棚看人，日日如是。教坊均容直，每遇旬休按乐，亦许人观看。每遇内宴前一月，教坊内勾集弟子小儿，习队舞，作乐，杂剧节次。

不独如此，汴京一带妓乐文化也是非常的繁荣。"出朱雀门街，西通新门瓦子。以南杀猪巷，亦妓馆""出旧曹门朱家桥瓦子，下桥南斜街，北斜街。内有泰山庙，两街有妓馆。……以东牛行街，下马刘家药铺，看牛楼酒店，亦有妓馆。……向西曰西鸡儿巷，皆妓馆所居。"如此繁荣多样的市民生活，毫无疑问会激发出柳永本性中耽于享受、沉迷妓乐的因子。虽然以柳永的身份和地位，他无法像晏殊、欧阳修那样蓄养家妓，但是柳永也决不会像市井之徒那样完全丧失自我地沉迷于妓乐文化之中。尽管他的言行不入一般士大夫之眼，但是他的世俗与"不堪入目"，永远是与他文人士大夫的身份相符的"雅"文化紧密联系在一起的。因此，尽管柳永的词作中大俗之作有之，但是更多的则是那些与他的身世结合在一起的"雅"词。大概柳永就是这样一个大俗大雅之人吧！在科第的不如意中，他找到了放松身心的俗世之乐，但是享受俗世快乐的同时，又寂寞地寻求着自己另一面的人生价值。

夜雨滴空阶，孤馆梦回，情绪萧索。一片闲愁，想丹青难貌。秋渐老、蛩声正苦，夜将阑、灯花旋落。最无端处，总把良宵，只恁孤眠却。

佳人应怪我，别后寡信轻诺。记得当初，翦香云为约。甚时向、幽闺深处，按新词、流霞共酌。再同欢笑，肯把金玉珠珍博。（《尾犯》）

漂泊中的孤寂在深秋的夜雨中犹为清晰。所谓的闲愁，在秋声中反复地品味——良辰虚设，孤枕难眠。这种悲秋的情感千载与同——"悲哉！秋之为气也，萧瑟兮草木摇落而变衰"（宋玉《九辨》）"秋风萧瑟天气凉，草木摇落露为霜"（曹丕《燕歌行》）"万里悲秋常作客，百年多病独登台"（杜甫《登高》）。在柳永的作品中，秋季萧瑟、苍凉的时序感与贫士失志的郁郁寡欢联系得如此紧密。但是柳永总能在失意、孤寂之时，找到自己的心灵安慰，又将自己的情感投向世俗——记得当初，翦香云为约。甚时向、幽闺深处，按新词、流霞共酌。总之，柳永将艳俗的情怀，拉进了"秋士易感"的领域。

大抵柳永在本性上是喜欢热闹的，他无法忍受寂寞、冷清的生活，而他的妓宦生活恰恰反映了他喜爱热闹的生活态势。歌台舞榭、瓦肆平康的生活像一团热情的火，炙烤着柳永，燃烧着柳永；而另一方面，读书仕进、游宦科举的生活就像是一块冷静的冰，塑造着柳永，冷却着柳永。柳永就在这冰火两重天的生活之中寻找着自我价值。他放纵过，任情过，执着着，沉迷着。当鱼和熊掌不能兼得的时候，痛苦也就随之产生。年近五十的柳永，终于获得了仕进的机会。按理说，已过不惑之年，渐趋知天命的柳永身上如火炽热般的真情应该消减，人应该渐趋成熟了。但是冷静自持的生活，到底是难如柳永之意，因此在仕宦羁旅的漂泊中，柳永仍不断地回忆着过往平康小巷的生活，沉迷忘返，如数家珍。

然而，世俗的快乐也仅仅只是安慰，这种心灵上的安慰大抵相当于阿 Q 的精神胜利法，但是治疗的效果毕竟有限，更遑论治愈了。因此，要实现自己的人生价值，柳永还要走前人走过的老路——仕进。为了实现其治国平天下的政治理想，柳永一方面在自己的举子业方面用功，另一方面选择走古人所走过的老路——漫游与干谒。

　　井络天开，剑岭云横控西夏。地胜异、锦里风流，蚕市繁华，簇簇歌台舞榭。雅俗多游赏，轻裘俊、靓妆艳冶。当春昼，摸石江边，浣花溪畔景如画。

　　梦应三刀，桥名万里，中和政多暇。仗汉节、
揽辔澄清，高掩武侯勋业，文翁风化。台鼎须贤久，
方镇静、又思命驾。空遗爱，两蜀三川，异日成嘉
话。（《一寸金》）

　　这类作品仅仅是切合投赠人身份而创作的干谒之作，从
用典和所描写的景物来看，切题、妥帖，但是却缺少了柳永
词作中一往而情深的细腻。这首词投赠何人，暂无定论，柳
永词无词序，无法交待创作的时间、地点与背景，这也为我
们解读他的词作与人生带来了许多的繁难。吴熊和先生对此
词进行了考证，认为此词乃送人知成都府而作。真宗大中祥
符后，知益州者有任中正、李士衡、凌荣、往曙、赵稹、寇
瑊。仁宗时知益州者有薛田、薛奎、程琳、韩亿、王鬷、张
逸、任中师、杨日严、蒋堂、文彦博、程戡、田况、杨察等。
此词赠何人，俟考。（《唐宋词汇评》）曾大兴认为，柳永一
生到过睦州、昌国、泗州、华阴、开封、长安、建宁、湖南、
会稽、杭州、扬州、苏州、金陵、鄂州、成都等几乎当时的
大半个中国。除了前五处留有宦迹外，后九处很可能就是纯
粹地漫游与干谒。像柳永的《一寸金》就是为干谒某位奉命
将要赴京入职的地方长官而作的。
　　宋人里以能词获得官爵、以能词而受到赏赐的佳话，也
时有出现。如宋祁因在街上看见宫中车队内一女子，写了一
首《鹧鸪天》，宋仁宗知道他曾与宫女相遇之事，便有内人
之赐。（详见《唐宋诸贤绝妙词选》卷三）又，宋神宗时蔡
挺在平凉写了一首《喜迁莺》，其中有这样几句："谁念玉关

人老。太平也，且欢娱，莫惜金樽倾倒。"神宗读此词后，批曰："玉关人老，朕甚念之。枢管有缺，留以待汝。"不久，调蔡为枢密副使。（详见《挥麈余话》卷一）大概柳永也是希望通过自己的词作，从而获得长官的青睐，而被推荐、提升，从而平步青云吧。但是柳永却忽略了虽然宋祁和蔡挺获得了升迁的机会，虽然他们所写的词也与艳情有关，但是柳永忘记了他们在行为上并无不检点之处。

对真宗的佞佛，柳永到底是持批判的态度，还是纪实的史述态度，学者们并无定论。因此，着眼于柳永蹉跎科场者，认为柳永的这些词作得罪了真宗；而着眼于词作内容者，认为柳永的写作仅仅是写实。至于柳永的这些作品为什么没有给他的科场考试带来便利，大概还是缘于时人对于使用词作表达政治见解的一种轻视吧！这一点将在下文中详论。

　　琪树罗三殿，金龙抱九关。上清真籍总群仙。朝拜五云间。
　　昨夜紫薇诏下。急唤天书使者。令斋瑶检降彤霞。重到汉皇家。（《巫山一段云》）

词作所记叙的史实即天禧三年1019年的"天书"事件。《续资治通鉴长编》卷九十三记载了这段发生于天禧三年的史实。"辛卯，备仪仗至琼林苑迎导天书入内。""壬寅，召群臣诣真游殿朝拜天书。""丁酉，知宁府丁谓言，中使雷允恭诣茅山，投进金龙玉简。设醮次，七鹤翔于坛上，上作诗赐谓。"《巫山一段云》这组词柳永共写了五首，大抵柳永还是希望通过创作来改变统治者脑海里形成的关于他不好的印象，以期在科场中占得先机。但可惜的是效果不佳，无论是时人还是后人大概都没有看出柳永写此词的真正目的吧。李调元《雨村诗话》卷一对这一组词有一段评价：诗有游仙，词亦有游仙，人皆谓柳三变《乐章集》工于闺帐淫媟之语、羁旅悲怨之辞。然集中《巫山一段云》词，工于游仙，又飘飘有凌云之意，人所未知。

在困于科场的这段生活里，柳永除了上述的边游边学的政治干谒活动外，就是在帝都内外的温柔乡里享受生活了。柳永科第之前的这段舞榭歌台的生活，对他的政治影响还是很大的。既然士大夫狎妓是宋代统治者所允许的，人们不禁要问为什么柳永的言行就如此的被当时社会所不容、被后世所不耻呢？柳永的创作与当时的名宿欧阳修、晏殊完全不同。后两者在当时已位居高位，有优裕的创作条件，有自己的家妓队伍，尽管在词作中也有对女子容貌的赞美，但是他们创作出来的作品比较符合士大夫们高雅的文化品味。而柳永的作品却多为当时的教坊乐工和民间歌妓而作，风格多低俗朴实，与士大夫的雅文化格格不入，因此多受时人和后人诟病。同时，词在当时的士大夫眼里是不入流的文学作品，所谓"文章豪放之士，鲜不寄意于此者，随亦自扫其迹，曰谑浪游戏而已也"（胡寅《酒边词序》）。然而柳永却不屑于此，一直以一种真诚而认真的态度进行着创作。他秉性当中的天真因子让他能够真诚地对待他自己的创作，也真诚地对待他身边的那些歌妓。柳永与当时的歌妓们关系较好，他不仅没有瞧不起她们，没有将她们视为低贱的附属于青楼的玩物，而且与她们交情颇深，颇能理解她们的处境，能够看到她们灵魂深处的美好。与柳永交好的歌妓颇多，就柳永的词集来看，与他交好的就有秀香、瑶卿、心娘、英英、佳娘。但是他的这种行为却一定不会被世俗所接受，封建礼教中的等级划分是十分严格的，混淆了高低贵贱的行为怎么会得到时人的认可呢？词传于世又如何？那些有德于世的名家们不屑于此。言多近俗媚俗又有何可取之处？羁旅愁苦的悲叹全被不拘行迹的淫媟之语抹煞了。胡仔的《苕溪渔隐丛话后集》引《艺苑雌黄》云："（柳永）喜作小词，然薄于操行。当时有荐其才者，上曰：'得非填词柳三变乎。'曰：'然。'上曰：'且去填词。'由是不得志，日与狎子纵游娼馆酒楼间，无复检约，自称云'奉圣旨填词柳三变'。呜呼，小有才而无德以将之，亦士君子之所宜戒也。柳之《乐章》，人多称之，然大概非羁旅穷愁之词，则闺门淫媟之语。若以欧阳永叔、晏叔原、苏子瞻、黄鲁直、张子野、秦少游辈较之，万万相辽。彼其所以传名者，直以言多近俗，俗子易悦故也。"这种说法在当时还是比较有代表性的，而且在某种程度上，这种对柳永轻视的态度已经不是曹丕所说的"文人相轻"的问题了。

帝里生活无限风光，纸醉金迷、舞榭歌台的生活让柳永流连忘返。在这段生活中，徜徉于花街柳巷的柳永并未感到受到约束，他自由自在，如鱼得水，放浪形骸，沉迷其中。对于市民阶层的审美和娱乐方式，柳永还是心向往之的。但是我们常说，成也萧何，败也萧何。你承了它的好处，反过来也要受了它的不良后果。柳永这段不入士大夫视野的放荡生活，虽然让柳永接触了很多民间艺人，接触了很多坚强而

乐观的女性，开拓了他的眼界，让他对俗词的创作有了更真
切的理解，但同时也对他自此以往的入仕和磨历转官带来了
不少消极负面的影响。大概这一点也是柳永始料未及的吧！
不然耳濡目染儒家思想多年的柳永，怎么会一任自己放纵仕
途到如此不可挽回的地步？在没有先例可循的情况下，柳永
将自己逼入了绝境。正如胡仔所说："呜呼，小有才而无德以
将之，亦士君子之所宜戒也。"（《苕溪渔隐丛话后集》卷三
十九引《艺苑雌黄》）

　　　水乡初禁火，青春未老。芳菲满、柳汀烟岛。
　　波际红纬飘渺。尽杯盘小。歌被禊，声声谐楚调。
　　　路缭绕。野桥新市里，花秾妓好。引游人、竞
　　来喧笑。酩酊谁家年少。信玉山倒。家何处，落日
　　眠芳草。（《小镇西犯》）

这段词作，柳永将其年少放浪形骸的生活表现得比较真
实、淋漓——年少浪迹南方，沉歌醉酒，狎妓自娱。与其初
入汴京时创作的作品相比，这首词中的主人公明显已经由青
涩、不知所措的初出茅庐者，变成了学会享受、乐而忘返的
浪子——寒食时节，赏舞听歌，杯酒娱欢。《避暑录话》对
柳永的这段生活有很形象地评价："柳耆卿为举子时，多游狭
邪，善为歌辞，教坊乐工每得新腔，必求永为辞，始行于世，
于是声传一时。"
柳永创作俗词一方面和他的个人爱好有关，另一方面也
与他仕途不如意、困顿科场、经济拮据、无以自给有关。柳

永出生之时，其父柳宜年事已高，待其致仕，想供给一家人
的生活已颇为困难。《宋史·职官十》景祐三年诏称曰："致
仕官旧皆给半俸，而未尝为显官者或贫不能自给，岂所以遇
年高养廉耻也？其大两省、大卿监、阁门使以上致仕者，自
今给俸并如分司官例，仍岁时赐羊酒，米面，令所在长吏常
加问存。"虽然这是景祐三年时候的诏令，即柳永中举两年之
后的诏例，但是我们大概可以推测出柳永入仕之前柳家的生
活状况。柳永的父亲七十岁时致仕，当时柳永刚二十一岁。
在柳永于景祐元年入仕之前，柳家只有柳永的长兄柳三复在
真宗天禧年间考中了进士。这一大家子的生活支出靠柳三复
一人的俸禄能够维持吗？这显然是有些不切实际的。那么在
当时的情况下有没有人能够伸出援助之手呢？一方面，以柳
家在当时的社会地位来看，应该是无人救助的。柳家在柳宜
辈时虽然人品和名望较高，但是也未名列高官，作为五代降
臣入宋的柳家也未必能够得到大宋皇帝真心实意地对待。既
然是这样，荫庇给子孙在当世的福佑就不会太多。另一方面，
以柳氏兄弟在世人中的品行来看，应该也是无人救助的。柳
家在柳永这一辈中虽然子孙们才华有之，但是仕途都颇为坎
坷，而且人品、学行甚为时人所不齿。柳永自不必言，世人
多有讥讽。"其词格固不高，而音律谐婉，语意妥帖，承平气
象，形容曲尽，尤工于羁旅行役，若其人则不足道也。"（陈
振孙《直斋书录解题》）而柳永的长兄柳三复的言行，也多
为世人不屑。刘攽的《中山诗话》在介绍蹴鞠的时候，提到
了柳永的哥哥柳三复。"今柳三复能之，述曰：'背装花屈膝，
屈，口勿反。白打大廉斯。进前行两步，跷后立多时。'柳欲

见晋公无由，会公蹴球后园，偶迸出，柳挟取之，因怀所业，戴球以见公。出书再拜者三，每拜，球起复于背脊幞头间，公乃笑而奇之，遂延于门下。然弟子拜师，常礼也，独球多贱人能之，每见劳于富贵子弟，莫不拜谢而去，此师拜弟子也。术不可不慎，此亦可喻大云。"官运不顺的柳三复竟然要通过踢球来获得升迁的机会，这等行为当然入不了当时的士大夫之眼了。所以说，在这种情况下，柳家人的生计是断无清高的士大夫可以帮扶的，柳永想要维持生计只能依靠自己。

柳永解决生计的方法不是惯常的给大户人家子女做私塾先生这一途径——这一方法也似乎不符合柳永的身份与形象，而是采取了给勾栏瓦肆里面的歌妓写歌词的方式。而柳永的这种维持生计的方式在当时也不是独一无二的。宋人范公偁《过庭录》记载了举子丁石进入教坊的过程："丁石，举人也，与刘莘老同里。发贡，莘老第一，丁第四。丁，亦才子也。后失途，在教坊中。"其实，这里所记载的丁石进入教坊的故事，与无法进入仕途而到贵族和地主家里充当家庭教师的私熟先生情形非常相似。为了生活，柳永也不得不为自己谋求生路。"中原息兵，汴京繁庶，歌台舞席，竞赌新声。耆卿失意无俚，流连坊曲，遂尽收俚俗语言，编入词中，以便使人传飞。一时动听，散播四方。"（宋翔凤《乐府杂论》）"耆卿居京华，暇日遍游妓馆。所至，妓者爱其有词名，能移宫换羽，一经品题，声价十倍，妓者多以金钱资给之。"（罗烨《醉翁谈录》）总之，在这里他寻得了维持生计的方法；在这里他找到了精神寄托；在这里他走上了自己词学创作的巅峰。

多年的磨难，多年的等待之后，年近半百的柳永终于考中了科举。年近半百方才入仕，然而此次中举与柳永的才华与学识并没有太多关系。多年未第，这里面固然有柳永的个人品行问题，有柳永学识上可能不适合科举考试的问题，当然也有柳永生活的空间与当时的上层社会不太一样、无人举荐的问题。但是，多年来柳永创作歌词的才华依旧，儒家的学识与学养未变，柳永的生活生存方式没有改变，那么是什么促使柳永在这次科考中中举的呢？大抵与仁宗年间开科取士的人数渐多有关。景祐元年共举士1640人，较之宋初，不知凡几倍也。

关于柳永何时中进士的问题，根据史料目前有两种说法。《能改斋漫录》说柳永在宋仁宗景祐元年中进士，《渑水燕谈录》则认为他在景祐末年中进士。根据叶梦得《石林燕语》卷六记载，柳永于景祐中已为睦州推官，据此唐圭璋先生认为柳永登第应该在景祐元年。本文以唐圭璋先生的论断为依据。也就是说，宋仁宗景祐元年（1034年），柳永终于中了科举，时年四十八岁，可以说是"及第已老"。应该说柳永此次中举，肯定已经没有了那种"十七人中最年少"的骄傲之情，经过多年的磨折，大概此番中举柳永也或多或少地没有了那种"春风得意马蹄轻"的快意。大概柳永也是快乐的吧，毕竟也考中了进士，但是这种快乐很淡，淡的需要借助他人之口来表现。

东郊向晓星杓亚。报帝里、春来也。柳台烟眼，花匀露脸，渐觉绿娇红姹。妆点层台芳榭。运神功，丹青无价。

38

别有尧阶试罢。新郎君、成行如画。杏园风细，

桃花浪暖，竞喜羽迁鳞化。遍九陌、相将游冶。骤

香尘，宝鞍骄马。（《柳初新》）

据考证，"此词咏春闱放榜后新进士京城游宴，为教坊歌妓贺人之作，并非自贺。"（吴熊和《唐宋词汇评》）可见快乐是有的，但是淡而寡味。

柳永考中进士之后，按照成绩被授予睦州团练推官一职，即佐理府务的幕职官，掌管薄书等事。凭心而论，初任地方，柳永的政绩还是不错的，上任不久即得到知府吕蔚的赏识，到官未足一个月，吕蔚就向上司举荐了柳永。可惜的是，此举遭到了御史知杂事郭劝的反对，此次升迁即作罢。"景祐中，柳三变为睦州推官，以歌词为人所称，到官方月余，吕蔚知州事，即荐之。郭劝为侍御史，因言：'三变释谒到官始逾月，善状安在？而遽论荐？'因语：'州县官初任未成考，不得举。'"（《石林燕语》）

终于考中了科举，进入了仕途，似乎以柳永善治地方的功绩，此后的仕途应该是一帆风顺的才对，但是事实往往很难尽如人意。但是无论如何，柳永终于进入了仕途，完成了诗礼传家、儒学自守的家族期许，终于实现了他为之追求与奋斗三四十年的愿望。

六、善政地方

柳永从景祐元年开始进入仕途，授官睦州团练推官，官

职不高，但柳永做得尽职尽责，所以才在不到一个月的时间内，得到了吕蔚的推举，当然时人认为吕蔚此举实为"过誉"了。马端临《文献通考》卷三十八《选举十一》载："睦州团练推官柳三变，到官未逾月，而知州吕蔚荐之。侍御史知杂郭劝言：'蔚未睹善状而荐之，盖私之也。'乃限到官一考方得荐。"柳永对这段经历是否有遗憾，我们不得而知，但大抵这段经历对柳永是有影响的。这种影响想必是多方面的。一方面这种对政绩的肯定、有人举荐的行为，还是能够激发出柳永的上进心的。但是，另一方面举荐的失败大概也让甫入官场的柳永感受到了官场的炎凉与复杂。天真的柳永如何在这复杂的官场中生存下去，是摆在他面前的很严峻的问题。渐渐地，柳永对这种为任地方，远离汴京的官场生活感到不适与厌倦，我们可以从柳永的《满江红》这篇词作中略窥一般。

从柳永的《满江红》词作来看，为任地方、远离汴京的官场生活，还是让柳永产生了一些不适之感。

> 暮雨初收，长川静、征帆夜落。临岛屿、蓼烟疏淡，苇风萧索。几许渔人飞短艇，尽载灯火归村落。遣行客、当此念回程，伤漂泊。
>
> 桐江好，烟漠漠。波似染，山如削。绕严陵滩畔，鹭飞鱼跃。游宦区区成底事，平生况有云泉约。归去来、一曲仲宣吟，从军乐。（《满江红》）

此词作于柳永任睦州团练推官之际，作者借桐乡祠送神一事，表达了自己羁旅游宦的伤感。桐江风景固然美好，但是远离帝京，游宦江南，到底心中是不快的，柳永甚至产生了一种要归隐的想法。当然归隐仅仅是言词其表，而像王粲那样虽郁郁不得志，但晚年可从军建功的人生，柳永还是心向往之的。此词伤感有之，壮志亦有之。罗忼烈先生即看出了其中的伤感，"词中表现的情绪，是宦途坎坷，由此引起的故园之思、隐遁之念，可从'遣行客，当此念行客，伤漂泊'，'游宦区区成底事，平生况有云泉约'等语，一望而知。"

大抵这种建功立业、为政清静、造福地方的政治理念，柳永还是一以贯之的。可以说，在历史上柳永除了是一位才华横溢的才子、放荡不羁的浪子外，还是一位善治地方的良吏。"柳永字耆卿，仁宗景祐间余杭令，长于辞赋，为人风雅不羁，而抚民清静，安于无事，百姓爱之。建玩江楼于南溪，公余啸咏，有潘怀县风。"（清嘉庆修《余杭县志》卷十一《名宦传》）

最能体现柳永治下清静有为，最能体现柳永关心百姓疾苦精神的作品就是他的诗作《煮海歌》，柳永以其悲天悯人的态度，将海滨人民辛勤制盐的劳作过程真实地表现了出来，从另一方面也真实地描述了当时地主阶级、官僚和奸商对劳动人民的盘剥。此种写实精神与杜甫、白居易的新乐府精神是一脉相承的。

　　煮海之民何所营，妇无蚕织夫无耕。衣食之源
太寥落，牢盆鬻就汝输征。年年春夏潮盈浦，潮退

刮泥成岛屿。风干日曝咸味加，始灌潮波增成卤。卤浓盐咸未得闲，采樵深入无穷山。豹踪虎迹不敢避，朝阳出去夕阳还。船载肩擎未遑歇，投入巨灶炎炎热。晨烧暮烁堆积高，才得波涛变成雪。自从潴卤至飞霜，无非假贷充糇粮。秤入官中充微直，一缗往往十缗偿。周而复始无休息，官租未了私租逼。驱妻逐子课工程，虽作人形俱菜色。煮海之民何苦辛，安得母富子不贫。本朝一物不失所，愿广皇仁到海滨。甲兵净洗征输辍，君有馀财罢盐铁。太平相业尔惟盐，化作夏商周时节。

此首《煮海歌》乃悯亭户而作，亭户虽日夕劳作，但仍无法衣食无忧，不仅"值微"，而且债台高筑。钱钟书先生认为此诗的价值在于让大众于《乐章集》所描写的太平景象外，真实地展现了别样的盛世生活。"柳永这一首跟王冕的《伤亭户》可以算宋元两代里写盐民生活最痛切的两首诗"。

所以，我们说宋元方志将柳永列为名宦，并非无稽之谈。清朱绪曾《昌国典咏》卷五，极称这篇《煮海歌》"洞悉民瘼，实仁人之言"，并有诗作为证，"积雪飞霜韵事添，晓来残月画图兼。耆卿才调关民隐，莫认红腔昔昔盐。"

尽管柳永在晓峰盐场的政绩显著，他也在治下表现了对老百姓困顿生活的同情与怜悯。但是对于柳永个人而言，他并不欣喜于治下的政绩，也不满足于政治上的小业绩，内心深处更多的是对现下生活的无奈以及往昔生活的怀念。

偶登眺。凭不阑、艳阳时节，乍晴天气，是处
闲花芳草。遥山万叠云散，涨海千里，潮平波浩渺。
烟村院落，是谁家绿树，数声啼鸟。

旅情悄。远信沉沉，离魂杳杳。对景伤怀，度
日无言谁表。惆怅旧欢何处，后约难凭，看看春又
老。盈盈泪眼，望仙乡，隐隐断霞残照。（《留客
住》）

晓峰盐场春日之美景、治下的政绩确实值得留客住，但
是隐于内心深处的寂寞与深情呢？谁来关怀，谁来安慰？继
科举不第的忧愁之后，柳永的仕宦生活又凭添了几许痛入骨
髓的相思之苦。

综合柳永在晓峰盐场的表现，全祖望给出了中肯的评价。

屯田不羁人，冶春恣游屧。妙写乌丝词，雕以
薄金叶。女儿百辈随，如花环以蝶。畏凉添半臂，
迎风挥团篓。兴来辄画眉，醉后或伤届。当时有清
议，颇共诮衰媟。顾闻盐场课，会计罔不协。乃知
虽放浪，亦自克整摄。晓峰何峩峩，江楼何湙湙。
留客唱骊驹，花柳纷稠叠。有情天亦醉，伊川为心
憎。（全祖望《江浦访柳屯田永冶游巷》）

七、羁旅游宦

柳永早年困于科举，游学漫游以图仕进，期待改变自己

的生活现状。但是在中举授官之后，柳永的生活状况并没有得到实质性的改变，依然是羁旅地方，备尝漂泊之苦。柳永在他的词作中将他的游宦经历，以及他对此段游宦生涯的态度真实地记载了下来。据唐圭璋先生考证柳永有词作可证的宦迹有如下几处：

杭州：有三秋桂子，十里荷花（《望海潮》）

苏州：万井千闾富庶，雄压十三州。触处青蛾画舸，红粉朱楼（《瑞鹧鸪》）

扬州：扬州曾是追游地，酒台花径仍存（《临江仙》）

长安：长安古道马迟迟。高柳乱蝉嘶（《少年游》）

大抵刚开始在地方任职的时候，在政事之外，柳永还是带着欣赏的态度去赏玩山水、清歌自娱的。

> 骤雨新霁。荡原野、清如洗。断霞散彩，残阳倒影，天外云峰，数朵相倚。露荷烟芰满地塘，见次第、几番红翠。当是时、河朔飞觞，避炎蒸，想风流堪继。
>
> 晚来高树清风起。动帘幕、生秋气。画楼昼寂，兰堂夜静，舞艳歌姝，渐任罗绮。讼闲时泰足风情，便争奈、雅歌都废。省教成、几阕清歌，尽新声，好尊前重理。（《玉山枕》）

然而再美的风景，再动听的音乐，再多的风流，仍然无法阻挡"雅欢废弃"的现实，都难以抵挡住长时间的羁旅给柳永所带来的遗憾与感伤——"晚岁光阴能几许。这巧宦、不须多取。共君把酒听杜宇。"（《思归乐》）都难以抵挡官场给柳永所带来的对竞逐名利的愤恨与无奈——"此际争可，便恁奔名竞利去。九衢尘里，衣冠冒炎暑。回首江乡，月观风亭，水边石上，幸有散发披襟处。"（《过涧歇迈》）都难以抵挡柳永发自内心的对帝里风光的倾羡与向往——"动几许、伤春怀抱。念何处、韶阳偏早。想帝里看看，名园芳树，烂漫莺花好。追思往昔年少。继日恁、把酒听歌，量金买笑。别后暗负，光阴多少。"（《古倾杯》）

其实，柳永对于宦游的反感与厌恶、对帝都的向往，在某种程度上也表现了他复杂的心态。一方面，柳永确实感受到官场的黑暗以及羁旅对其人生的束缚，对于远大政治抱负无法实现他也是不可奈何的，如上文所提到的"九衢尘里，衣冠冒炎暑"，就将趋炎附势、世态炎凉之态表现得力透纸背。另一方面，柳永也在不断地调试着自己的人生态度。官场是不如意的，那么他可以将目光投向归隐者的田园，"回首江乡，月观风亭，水边石上，幸有散发披襟处。"（《过涧歇近》）但是无论是出于对现实生活的考量，还是柳永的秉性，他的归隐只是苦闷生活的一种解脱，他都不可能真正选择归隐。既然如此愁苦又如何排遣呢？最终还是只能通过对过往生活的回忆来消减目前寡淡无味的生活所带来的孤寂与苦闷。因此，为政地方之际，柳永的词作中随处可见他对过往放浪形骸生活的向往与怀念。"向罗绮丛中，认得依稀旧日，雅态轻盈。娇波艳冶，巧笑依然，有意相迎。墙头马上，漫迟留、难写深诚。又岂知、名宦拘检，年来减尽风情。"（《长相思》）由于已入宦途，柳永再无法像未入仕之前那样流连妓馆，正所谓"道宦途踪迹，歌酒情怀，不似当年"。

　　毫无疑问，游宦生涯给柳永带来了不少感悟，让他亲身体会到了官场的另一面。但是与此同时，柳永却也一刻未曾停止过对官场升迁的渴望与追求，当然这倒不是说柳永是一个追求名利、汲汲于仕途的官宦，但是对于显宦的追求还是真实存在的。这一点主要体现在柳永的干谒和颂圣行为上。

　　从柳永的《乐章集》来看，干谒权贵和颂圣的作品约有二十首，约占全部词作的十分之一。例如《永遇乐·天阁英游》是为干谒苏州的地方长官而作的，《一寸金·井络天开》乃是为干谒成都的地方长官而作的，而我们所熟识的《望海潮·东南形胜》则是为干谒杭州的地方长官而作的。

　　　　东南形胜，三吴都会，钱塘自古繁华。烟柳画桥，风帘翠幕，参差十万人家。云树绕堤沙。怒涛卷霜雪，天堑无涯。市列珠玑，户盈罗绮竞豪奢。

　　　　重湖叠巘清嘉。有三秋桂子，十里荷花。羌管弄晴，菱歌泛夜，嬉嬉钓叟莲娃。千骑拥高牙。乘醉听箫鼓、吟赏烟霞。异日图将好景，归去凤池夸。

　　此词作于至和元年（1054 年），柳永此词是赠予当时知杭州的资政殿学士孙沔的。他描绘了孙沔治下的杭州自然风光、人文景观及百姓生活，固然有夸奖孙沔治地方有术的一面，但是他更希望通过自己的词作得到孙沔的赏识，进而改变自己为任地方、长期漂泊的现状。陈元靓《岁时广记》卷三十一引杨湜《古今词话》称，柳耆卿与孙相何为布衣交。

孙知杭州，门禁甚严。耆卿欲见之不得，作《望海潮》词，往谒名妓楚楚曰："欲见孙相，恨无门路。若因府会，愿借朱唇歌于孙相公之前。若问谁为此词，但说柳七。"中秋府会，楚楚宛转歌之，孙即日迎耆卿预坐。

当然，这段史料的记载不一定完全属实，但是至少可以说明柳永确实想通过词作来投赠当时的地方长官，以期获得官场上的升迁。因缺乏相关的史料记载，我们无法判断这些干谒之作的效果到底如何。大抵这些投赠作品的效果并不十分理想，毕竟这些词作的受赠对象并没有改变柳永沉沦下僚的命运。因此，在投赠干谒的同时，柳永也在创作一些颂圣的作品。比方说贺仁宗皇帝生辰的《送征衣·过韶阳》《永遇乐·薰风解愠》，颂仁宗祭天的《御街行·燔柴烟断星河曙》，颂皇帝与民同乐的《倾杯乐·禁漏花深》，尽管这些作品并没有改变柳永官场不顺的现状，但似乎仁宗皇帝还是比较喜欢柳永的词作的。柳永的侄子在为柳永所写的《墓志铭》提到的"既至阙下，召见，仁庙进于庭，授西京灵台令，后为太常博士。"但是皇帝欣赏他词作的艺术水平、夸赞他的才华是一回事儿，触犯了皇帝的大禁就是另外一回事儿了。令柳永万万没有想到的是他会因为一首贺老人星现的词作《醉蓬莱·渐亭皋叶下》而从此困于选调，羁宦漂泊。"永初为上元词，有'乐府两籍神仙，梨园四部管弦'之句，传入禁中，多称之。后因晚秋张乐，有使作《醉蓬莱》词以献，语不称旨，仁宗亦疑有欲为之地者，因置之不问。"（叶梦得《避暑录话》）

渐亭皋叶下，陇首云飞，素秋新霁。华阙中天，锁葱葱佳气。嫩菊黄深，拒霜红浅，近宝阶香砌。玉宇无尘，金茎有露，碧天如水。

正值升平，万几多暇，夜色澄鲜，漏声迢递。南极星中，有老人呈瑞。此际宸游，凤辇何处，度管弦清脆。太液波翻，披香帘卷，月明风细。(《醉蓬莱》)

宋王闢之在《渑水燕炎录》卷八有更为详细的记载：皇祐中，(柳永) 久困选调，入内都知史某，爱其才而怜其潦倒。会教坊进新曲《醉蓬莱》，时司天台奏老人星现，史乘仁宗之悦，以耆卿应制。耆卿方冀进用，欣然走笔，甚自得意，词名《醉蓬莱慢》。比进呈，上见首有"渐"字，色若不悦。读至"宸游凤辇何处"，乃与御制真宗挽词暗合，上惨然。又读至"太液波翻"，曰"何不言'波澄'？"乃掷于地。永自此不复进用。

陈元靓的《岁时广记》卷十七《吊柳七》条引《古今词话》对此也有一段补充：耆卿作此词，惟务钩摘好语，却不参考出处。仁宗皇帝览而恶之，及御注差注至耆卿，抹其名曰："此人不可仕宦，尽从池花下浅斟低唱。"该说柳永天真好呢，还是官场无情好呢？进入了官场就相当于闯入了一片雷区，不小心谨慎地前行，而仅凭着一腔的热情和对他人的信任是无法闯关成功的。

前此几段的文献记载着重点大多在柳永因《醉蓬莱》一词受牵连而被贬的结果上，陈师道《后山诗话》的记载略有不同，"柳三变游东都南北二巷，作新乐府，骫骳从俗，天下咏之，遂传禁中。仁宗颇好其词，每对酒，必使侍从歌之再三。三变闻之，作宫词号《醉蓬莱》，因内官达后宫，且求其助。仁宗闻而觉之，自是不复歌其词矣。会改京官，乃以无行黜之。"读罢此段记述，我们似乎又看到了另外一位"李白"。"帝赐食，亲为调羹，有诏供奉翰林。白犹与饮徒醉于市。帝坐沉香子亭，意有所感，欲得白为乐章，召入，而白已醉，左右以水颒面，稍解，授笔成文，婉丽精切，无留思。帝爱其才，数宴见。白尝侍帝，醉，使高力士脱靴。力士素贵，耻之，摘其诗激杨贵妃。帝欲官白，妃辄沮止。白自知不为亲近所容，益骜放不自修，与知章、李适之、汝阳王、崔宗之、苏晋、张旭、焦遂为'酒中八仙人'。恳求还山，帝赐金放还。"（《新唐书》）皇帝所好者无非是他们的才华，所期望的无非是他们能够安稳地做一个御用文人，装点盛世。然而李白和柳永的禀性中都有一番成就事业的"野心"、不甘寂寞的"壮志"，都有一股对圣君期许的天真，那么结局也只能是"赐金还山"，远离政治中心。

据推断，柳永做《醉蓬莱》后的三年正月，即被贬出京赴苏州了。至此之后，柳永终身困于选调，为改变这种困顿的状况，柳永也曾做过多种尝试，但可惜的是即使改名也并未改变他沉沦下潦的事实。柳永兄弟三人都以"三"字排行，大哥名三复，二哥名三接，柳永名三变，他自己曾自称为"奉圣旨填词柳三变"，因言行忤逆仁宗，故改名永以图进取，惜其效果亦不佳。"初磨勘及格，昭陵以浮薄罢之，后乃更名永。"（《直斋书录解题》卷二十一）

据薛瑞生考证，柳永为选人时曾先后为睦州团练推官、余杭令、泗州判官，改官后任西京陵台令，其后则有两年的汴京差遣，继则官于苏州、成都、湖南道州、陕西华州、苏州、杭州，至于官职为何，则难于确考。有可能在杭州任上致仕，亦有可能致仕于汴京任上。《四库全书总目提要》称柳永景祐元年进士，官至屯田员外郎，故世号柳屯田，对于这个说法学术界基本认可。陈振孙《直斋书录解题》说法与此相同，"官至屯田员外郎，世号柳屯田。"但薛瑞生先生根据柳永侄子所写的《墓志铭》以及宋制官职变迁的考证，认为柳永终官郎中。要之，无论柳永终官于何职，都改变不了他终身不被重用，困于选调的事实。

八、归葬何处

柳永的一生留给我们的谜团太多了，关于他葬于何地，史料中的记载也是各执一词。宋曾敏行《独醒杂志》卷四称："（柳永）风流俊迈，闻于一时。既死，葬于棘阳县花山，远近之人，每遇清明日，多载酒肴于耆卿墓侧，谓之吊柳会。"祝穆的《方舆胜览》卷一称："柳永卒于襄阳，死的时候，家中已没有多余的钱财，无法安葬，群妓合钱财将柳永安葬于南门外，每年春月上坟，谓之吊柳七。"清王士禛《池北偶谈》称："仪征县西，地名仙人掌，有柳耆卿墓。有诗为证：江乡春事最堪怜，寒食清明欲禁烟。残月晓风仙掌路，何人为吊柳屯田。"据唐圭璋先生考证，当时吴骞已经怀疑王士禛的说法："仪征实无其地，不知渔洋何据。"（《拜经

楼诗话》）赵翼据《独醒杂志》认为，"柳墓根本不在仪征，而在棘阳。"（《瓯北集》卷二十六）

其实上述说法真实性都有待考证，无论是襄阳、还是棘阳、仪征的说法，都是与民间传闻联系在一起的。据明万历年间的《镇江府志》称，柳永的墓地在丹徒境内，即镇江县属。关于柳永葬于镇江的这个说法，大家还是比较认可的，唐圭璋先生坚持此说的理由是《镇江府志》详细的附注：

> 永字耆卿，始名三变，好为淫冶之曲。仁宗临轩放榜，特绌之，后易名永登第。文康葛胜仲《丹阳集·陈朝请墓志》云，王安礼守润，欲葬之，槁殡久无归乾。朝请市高燥地，亲为处葬具，三变始就窀穸。近岁水军统制羊滋命军兵凿土，得柳墓志铭并一玉篦，及搜访摩本，铭乃其姪所作，篆额曰："宋故郎中柳公墓志"。铭文皆磨灭，止百余字可读云："叔父讳永，博学，善属文，尤精于音律。为泗州判官，改著作郎。既至阙下，召见仁庙，宠进于庭，授西京灵台令，为太常博士。"又云："归殡不复有日矣，叔父之卒，殆二十余年云。"

唐先生认为叶梦得曾在丹徒任职，而且葛胜仲也是丹阳人，他们都说王安礼守润州的时候安葬的柳永，因此柳永葬于镇江的说法是比较可信的。对此，薛瑞生先生虽然认同柳永最终葬于镇江，但是过程略有不同。薛先生认为柳永大概于汴京过世，但墓葬于镇江，大抵是其子柳涚"官显"之后，于镇江任上时将柳永安葬于镇江的，以至于后世柳湸被认为是镇江人。但总的来说，柳永葬于镇江的说法基本成定局。

每一个的人生大概都是不同于他人的，尽管在某段人生经历上或多或少地会与他人的人生经历有些许相似之处，但是柳永以其天真、执著的秉性为我们书写了一份完全异于时人的、完全不可复制的人生。

那个时代赋予了柳永与他人不同的生活视角，那个时代也给予他纤细、细腻而易感的神经。我们看到的柳永，不仅仅是一位游戏人间的浪子，一位想要抛掷千金、及时行乐的官宦子弟，更是懂得欣赏美、欣赏世俗美的异数。不可否认，柳永的身上一定会存在着封建士大夫共有的特质——好读书，忠孝，造福地方，但是长年困于举业与选调的生涯，羁旅游宦的生活已经使得柳永与欧阳修、晏殊之辈的人生轨迹越行越远。张舜民《画墁录》卷一记载了晏殊与柳永的一段对话，即此可以看出二者在身份地位与观念上的本质不同：

> 柳三变既以词忤仁庙，吏部不放改官，三变不能堪，诣政府。晏公曰："贤俊作曲子么？"曰："只如相公亦作曲子。"公曰："殊虽作曲子，不曾道'绿线慵拈伴伊坐'。"柳遂退。

在这段不可复制的人生中，我们看到了真实的柳永，虽不光芒四射地刺眼，但亦如细雨润初春，别有一番风味。

第二章　游走于仕宦与青楼之间的
矛盾综合体

　　就某种意义而言，柳永是绽放于北宋初年词坛的一朵奇葩。他天真、单纯，但不简单；他坚定、执著，但不执拗。在缺少第一手材料的情况下，隔着时空的长河来看柳永，犹如蒙着面纱看世界，唯美但不真实，朦胧但不清晰。如果说他有意于仕途、以儒家兴仁复礼的思想为己任的话，他又无意于他人的劣评与不屑，流连青楼，徜徉红尘；如果说他是纨绔子弟行无定检的话，他一生孜孜以求功名、求仕途，为政地方，利国利民。作为一个生活于诗礼传家的大家庭中的儒学后辈，柳永的上述任情任性的行为有时是很难让人理解的。终宋一朝，乃至整个中国古代社会，柳永所表现出来的矛盾思想都异于封建士大夫的言行与标准。他的言行举止中既有作为士大夫应该具有的忠孝忠义、勤学仕进、勤奋上进、同情百姓、安抚地方的思想，又有为士大夫所不耻的世俗观念——及时行乐、同情妓女、沉迷声色等等。柳永就像是一朵开在悬崖上的娇艳的牡丹花，既雍容华贵，又危险诡异。

一、儒本思想

通常我们所说的儒学思想，其实包涵的范围很广。儒家思想是封建士大夫正身立命的根本，是封建社会君主统治国家的思想武器，是阶级间尊卑贵贱思想的外化。从理论体系的角度来看，儒家思想需要研究的范围比较广，包括仁政思想、礼学体制、儒学演变等方面内容。如果我们要研究宋代以后的儒者，还要研究他的理学倾向。但是对柳永儒学思想的研究，似乎很难套用这套理论。从个人的言行举止来看，柳永身上既有对儒家忠孝思想、求学仕进思想、造福地方思想、功名利禄思想的追求，同时又有对这种思想的反叛——厌恶游宦生活，向往及时行乐的生活，沉迷于声色犬马的生活。大抵就是在柳永言行背弃儒家思想的这个层面上，后代的士大夫多不耻于柳永的行为举止，认为他行为不端，虽不至于因人废言，但往往影响到世人对柳永的看法。"（柳永）景祐元年进士，官至屯田员外郎，世号柳屯田。初磨勘及格，昭陵以其浮薄罢之，后乃更名永。其词格固不高，而音律谐婉，语言妥帖，承平气象，形容曲尽，尤工于羁旅行役。若其人则不足道也。"（陈振孙《直斋书录解题》卷二十一）

柳永这一生曾经游历了大半个中国，他于所任职的地方，宦迹显著，名声远扬。像上一章我们所提到的那首《煮海歌》就是柳永为官地方时所创作的作品，诗歌的主题就是悲悯亭户。

第二章　游走于仕宦与青楼之间的矛盾综合体

　　煮海之民何所营。妇无蚕织夫无耕。衣食之源
太寥落，牢盆鬻就汝输征。年年春夏潮盈浦，潮退
刮泥成岛屿。风干日曝咸味加，始灌潮波增成卤。
卤浓盐咸未得闲，采樵深入无穷山。豹踪虎迹不敢
避，朝阳出去夕阳还。船载肩擎未遑歇，投入巨灶
炎炎热。晨烧暮烁堆积高，才得波涛变成雪。自从
潴卤至飞霜，无非假贷充糇粮。秤入官中充微直，
一缗往往十缗偿。周而复始无休息，官租未了私租
逼。驱妻逐子课工程，虽作人形俱菜色。煮海之民
何苦辛，安得母富子不贫。本朝一物不失所，愿广
皇仁到海滨。甲兵净洗征输辍，君有余财罢盐钱。
太平相业尔惟盐，化作夏商周时节。

　　柳永的这首《煮海歌》创作于仁宗朝他任职于昌国晓峰
盐场监督之际，作品再现了当地百姓困苦不堪的生活现状，
然而《煮海歌》这首诗歌的价值和意义还远不止于此。大抵
历朝历代都有在贫苦线上挣扎、困顿不已的百姓，哪怕是他
们身处太平盛世。仁宗一朝号称富庶，国家安定，天下太平。
或许是出发点不一样吧，柳永的投赠词《望海潮》就曾极力
描摹当时两浙转运使孙何杭州治下的盛况。

　　东南形胜，三吴都会，钱塘自古繁华。烟柳画
桥，风帘翠幕，参差十万人家。云树绕堤沙，怒涛
卷霜雪，天堑无涯。市列珠玑，户盈罗绮竞豪奢。
　　重湖叠巘清嘉。有三秋桂子，十里荷花。羌管

> 弄晴，菱歌泛夜，嬉嬉钓叟莲娃。千骑拥高牙，乘
> 醉听箫鼓、吟赏烟霞。异日图将好景，归去凤池夸。
>
> （《望海潮》）

陈振孙认为柳永的词写出了当时社会的"承平气象"（《直斋书录解题》），从《望海潮》一词来看，确实如此。范镇曾对这首词所表现的盛世内容做过高度的评价，"仁宗四十二年太平，镇在翰苑十余载，不能出一语咏歌，乃于耆卿词见之。"（祝穆《方舆胜览》）然而就在这太平盛世，柳永还能通过《煮海歌》一诗对形俱菜色的老百姓的困苦生活进行如此细致地描摹，可见其亲民利民、关注民生的一面。此诗对海滨百姓煮盐、贩盐、还贷的描写，让人不禁想起了柳宗元的名作《捕蛇者说》。前者劳作无休息，一职不足数职补，数职补来尚不足；后者明知永州之蛇有剧毒，宁愿捕蛇而不复赋。盛世尚且如此，那王朝之季末又当如何呢？

这首诗无疑体现了柳永的民本思想。大抵是为了表现这种思想吧，柳永采用了乐府这种形式，这一点从诗歌的题目——《煮海歌》就可以看出。其实无论是诗歌的内容和形式，柳永的这篇作品都受白居易新乐府的影响较大。

尽管白居易和柳永二人的身份和社会地位不尽相同，但是二者创作新乐府的根本出发点是相似的。我们从柳永的这首诗歌当中看到的不仅仅是他对百姓疾苦的关心，也有他对自身命运的感慨。柳永作为下层的知识分子，年近50甫入政坛，对于民间的疾苦自然要比别人看得多，体会得更真切。一个一直在为衣食所奔波的士人、一个一直在温保线上挣扎

的下层知识分子、一个一直在举子业中寻找突破口的学子、一个一直困于选拔的选人，他的心思自然要比他人细腻得多，他的神经也要比他人易感得多，他为百姓疾苦而发出的感叹——"煮海之民何苦辛，安得母富子不贫"——在某种程度上，也是在类比自己的人生——君不见困顿沉沦失下僚，人生失意无南北。

尽管柳永的人生、宦途不甚如意，但是柳永自始至终都没有放弃过对功名的追求。柳永这种对功名追求的精神，我们不能将其看得太过庸俗。在这里功名不等于名利，不等于金钱。虽然考中科举进入仕途对于柳永而言，生活会有本质的改变。柳永的仕进思想是浸染于他的血脉之中的，诗礼传家的柳氏家族，一直以仕进为其生存和生活的手段，从家庭教育到家族教育，大抵都是如此。这一点我们可以从柳永三兄弟均中进士进入仕途的情况中略窥一二。除此之外，大概柳永也不知道应该如何谋生，如何找到自己的生活归宿吧！终其一生，柳永都无法摆脱这种"学而优则仕"的思想的影响，尽管他的内心曾经倾向于在世俗中寻找自我的价值。而他于世俗中所寻求的价值往往不被文人雅士所理解，"耆卿词细密而妥溜，明白而家常，善于叙事，有过前人。惟绮罗香泽之态，所在多有，故觉风期未上耳。"（刘熙载《艺概·词概》）柳永这一生大概都在这种矛盾的心情中找寻着自己的人生方向。

不管怎样，"学而优则仕"的思想已浸入柳永的血脉之中。由于柳父并不是显宦，对于柳永而言，并无因荫庇而受官的可能，所以如果柳永想进入仕途只有读书科举这一条途径了。因此柳永应该非常明白读书对于仕进的重要性的。罗忼烈先生的《话柳永》曾经引述过一段柳永的《劝学文》，见刊于日本的《古文真宝》前集。

> 父母养其子而不教，是不爱其子也；虽教而不严，是亦不爱其子也。父母教而不学，是子不爱其身也；虽学而不勤，是亦不爱其身也。是故养子必教，教则必严，严则必勤，勤则必成。学，则庶人之子为公卿；不学，则公卿之子为庶人。

此段文字罗先生注云：《古文真宝》是塾师教学的课本之一，明以后不流行，但在日本和朝鲜版本颇多，因为旧时他们学习"汉文"这是必读之书。由此可见，柳永这篇文章乃为学校教育学生要勤学苦学的范本。从思想内容来看，这篇文章无外乎"养不教，父之过；教不严，师之惰"思想的演变。读至"学，则庶人之子为公卿；不学，则公卿之子为庶人"这句话，我们就可以想见柳氏家风学风——学习、勤学、学有所成是多么重要的一件事，唯其如此方能改变一个人一生的命运。

大抵学习也是分层次的，学习的内容也是分类别的。初学者，学习的内容浅近，但是若无苦学识记之功则难以成就其识。故柳永的这篇《劝学文》是初学者学堂中的必备课本之一，这也从一个侧面反映了青年时代的柳永也是勤学苦读的，深究于儒家经典的。但是若求仕进，仅是如此也是不行的，必须还要有更为良好的学习习惯和更为高层次的学习方法。

就横向的比较来看，柳永的这种学习方法，完全不同于苏轼的那种行云流水式的学习方式——"所示书教及诗赋杂文，观之熟矣，大略如行云流水，初无定质，但常行于所当行，常止于不可不止。"（苏轼《答谢民师推官书》）毫不讳言，学习也是分层次和境界的。大概柳永的学习境界只能算得上初等，只能靠勤来补拙，这种学习方式无疑是缺少天份的。正如王国维对求学境界的划分一样，大概柳永的学习也只能达到"衣带渐宽终不悔，为伊消得人憔悴"的苦学境界了，而要想达到苏轼那种信手拈来的"蓦然回首，那人却在灯火阑珊处"的水准，确乎有些难了。这也许就是柳永年近五十岁方才登第的原因所在吧！

可能人年轻时所定下的目标，这一辈子都很难变更吧。尽管柳永这一生仕途坎坷，但是读书仕进这一目标终其一生未曾轻易变更。尽管在仕途不如意的时候，柳永也会发发牢骚，会说一些言不由衷的话。"黄金榜上，偶失龙头望。明代暂遗贤，如何向。未遂风云便，争不恣狂荡。何须论得丧，才子词人，自是白衣卿相。""忍把浮名，换了浅斟低唱。"（《鹤冲天》）但是在这种情况下如果放弃了仕进，那就不是柳永了。人过不惑尚未登第，面对这种功名难就的现实，柳永并没有灰心，而是自有一套自我安慰、力求上进的说辞。

在这里，我们看到的是自信、骄傲的柳永，不轻言放弃的柳永，以"姜子牙"自许、以朝堂耆硕自期的柳永。所以，我们说在柳永的思想中，儒家科第、仕进、功名、功业的思想不曾一刻离开过他，只不过有时昂扬，有时低沉，如

59

是而已。

　　但是，柳永直的适合仕途吗？尽管现存的资料不是十分完备，但是从柳永的词作来看，他的本性还是偏文人气质的。在某种程度上，他没有韩愈那样矢志政坛的志力，没有辛弃疾那样的政治军事才能，也没有苏轼那样看淡政治风云的洒脱。他只是一个深受儒家思想影响的边缘人。然而他的精神却是文人的，是不受拘束的。尽管他为任地方小有政绩，但是那只是习性使然罢了。本质上，他不属于官场，他是属于民间的。

二、世俗观念

　　柳永这一生，就像一枚硬币的两面，一面朝东，一面向西。一路追求功名，一路厌弃宦游；一路追求仕进，一路厌烦羁旅；一路勤学笃思，一路儿女情长；一路关心民生，一路世俗行乐……他就是一个矛盾的综合体，柳永总是在对立统一中展现着真实的、天真的自我。

　　柳永的这种儒礼治家、读书仕进、达则治国、闲则游娱的思想，其实在宋代并无多少特异之处。这种思想与当时的主流文化还是一致的。江少虞《宋朝事实类苑》卷三十八诗歌赋咏条记载着这样一段文字：

　　　　文章纯古，不害其为邪；文章艳丽，亦不害其
　　　为正。然世或见人文章铺陈仁义道德，便谓之正人；
　　　若言及花草月露，便谓之邪人，兹亦不尽也。皮日

第二章　游走于仕宦与青楼之间的矛盾综合体

休曰："余尝慕宋璟之为相，疑其铁肠与石心，不解吐婉媚辞。及睹其文，而有《梅花赋》，清便富艳，得南朝徐庾体。"然余观近世所谓正人端士者，亦皆有艳丽之辞，如前世宋璟之比，今并录之。如乖崖公张咏《席上赠官妓小英歌》曰："天教抟百花，抟作小英明如花，住近桃花坊北面，门庭掩映如仙家。美人宜称言不得，龙脑熏衣香入骨。维扬软縠如云英，亳郡轻纱若蝉翼。我疑天上婺女星之精，偷入筵中名小英。又疑王母侍儿初失意，谪向人间为饮妓。不然何得肤如红玉初碾成，眼似秋波双睑横。舞态因风欲飞去，歌声遏云长日清。有时歌罢下香砌，几人魂魄遥相惊。人看小英心已足，我看小英心未足。为我高歌送一杯，我今赠尔新翻曲。"韩魏公晚年镇北都，一日病起，作《点绛唇》小词曰："病起厌厌，宴堂花谢添憔悴。乱红飘砌，滴尽胭脂泪。惆怅前春，谁向花前醉？愁无际，武陵回睇，人远波空翠。"司马温公亦尝作《阮郎归》小词："渔舟容易入春山，仙家日月闲。绮窗纱幌映朱颜，相逢醉梦间。松露冷，海霞殷，匆匆整棹还。落花寂寂水潺潺，重寻此路难。"又曹修古立朝，最号刚方褰谔，尝见池上有所似者，亦作小诗寓意曰："荷叶卓芙蓉，圆清映嫩红。佳人南陌上，翠盖立春风。"

这些重臣宰辅所作之词不可谓不绮艳，生活不可谓不奢靡，以诗酒歌舞自娱的生活似乎是他们生活的常态。从大的方向上来看，柳永的生活与他们的似乎也没有多大的不同。

> 伫倚危楼风细细。望极春愁，黯黯生天际。草色烟光残照里。无言谁会凭阑意。
>
> 拟把疏狂图一醉。对酒当歌，强乐还无味。衣带渐宽终不悔。为伊消得人憔悴。（《蝶恋花》）

柳永这首词与上文提到的韩绮的词，在内容上都写到了春愁，都写到了作者惆怅落寞的情感。但是韩公的词多渲染的是病后伤春、感伤怀人之情，其中或许寄寓了韩绮的政治遭遇，但无疑词作塑造的是一位大病初愈、略有感伤的政客形象。而柳永的词虽也写春愁，但是其中表现的却是一位羁旅、漂泊的倦客思念情人的感伤之情，塑造的是一位倦旅的浪子形象。大抵这也是柳永不被士大夫之流所接受的一个原因吧。

可见，柳永的生活和当时士大夫的还是有很大不同的。至于他们在娱乐生活方面最大的不同，则在于他们所接触的歌妓层次不一样、他们对待歌妓的态度不一样。柳永所接触的歌妓多是民间的、茶楼瓦肆中的女子，而当时的士大夫所接触的更多的是官妓，甚至是家中蓄养的歌妓。这些女子她们在社会上的身份和地位是不一样的，后者无疑已经变成了文人雅士娱乐生活的一部分，她们的存在已经被雅化了。因此，士大夫们只是将这些女子看成是他们娱乐生活的组成部分罢了，对于她们的生存状态，尤其是下层歌女的生活现状士大夫们并无过多的关注。但是柳永就不一样了。他同情这些市井歌妓的遭遇，将她们视为知己，为她们代言，"已受君恩顾。好与花为主。万里丹霄，何妨携手同归去。永弃却、烟花伴侣。免教人见妾，朝云暮雨。"（《迷仙引》）借这首《迷仙引》，柳永道出了下层歌妓对从良后美好生活、幸福生活的期盼。但是正统的士大夫们并无意于此。可以说，在某种程度上，柳永异于时人之处主要就在于他们对自己私生活的态度不一样，"文章豪放之士，鲜不寄意于此，随亦自扫其迹，曰谑浪游戏而已也。"（胡寅《酒边集序》）

应该说，年轻时候的柳永并没有像其他人那样清醒地认识到这段经历将对自己的仕途会产生多大的影响，但是当他老大无成之际，似乎才开始思考这一段放浪轻狂生活对自己仕途的影响，才开始反省自己的过往："长安古道马迟迟。高柳乱蝉栖。夕阳岛外，秋风原上，目断四天垂。

归云一去无踪迹，何处是前期，狎兴生疏，酒徒萧索，不似去年时。"（《少年游》）柳永也曾尝试着改变自己过往的生活方式："仗何人、多谢婵娟。道宦途踪迹，歌酒情怀，不似当年。"（《透碧宵》）但是较之其他士大夫，从言辞的表达上和认识的"深刻性"上柳永仍稍逊一筹，并无与往日生活方式说分手的决绝。但是当时的士大夫们就经常在自己的诗文中表达出"悔其少作"的想法。例如，陆游就曾在其《长短句序》中言："予少时汩于世俗，颇有所为，晚而悔之。然渔歌菱唱，犹不能止。今绝笔已数年，念旧作终不可掩，因书其首以志吾过。"当然柳永这种不被士大夫理解和接受的情况，也源于他鲜作"言志"类的诗歌，他不懂得利用诗歌、散文言其远大的政治抱负。当然这种情况至少从其传世的作品来看是这样的。

柳永为何喜爱民间的世俗生活与文艺形式，我们不得而知。但确乎柳永并不排斥这种声色犬马的生活，甚至有些沉迷于其中，经常流连于平康瓦肆之间。他的思想中确乎有世俗的一面。

> 平生自负，风流才调。口儿里、道知张陈赵。唱新词，改难令，总知颠倒。解刷扮，能�›嗽，表里都峭。每遇着、饮席歌筵，人人尽道。可惜许老了。
>
> 阎罗大伯曾教来，道人生、但不须烦恼。遇良辰，当美景，追欢买笑。剩活取百十年，只恁厮好。若限满、鬼使来追，待倩个、淹通著到。(《传花枝》)

这首词通俗易懂，甚至还有些戏谑的味道。眼花缭乱的娱乐方式，可以尽展风流才调的舞台，柳永徜徉其间如鱼得水，不负青春，不负才华。大抵柳永在其中寻找到了一种仕进以外的精神寄托。在柳永的词中，这种自我安慰的精神寄托，可以根据词作创作的前后期，分别表现为身临其境式的安慰和远观回忆式的慰抚。

柳永对这种世俗生活的欣赏与沉迷，是与宋代城市文明的发展、市民文化的兴起紧密联系在一起的，而城市文明的发展与市民俗文化的兴起是与宋代统治者所采取的政策紧密相连的。宋代开国皇帝为了巩固自己的集权专制统治，防止唐代自安史之乱以来至五代十国时期出现的藩镇割据、国家四分五裂的状况，在军事方面，采取了将禁军的统兵权集中到皇帝自己手中的方式，同时让对皇帝直接负责的枢密院来掌握兵权。此外，为了防止军权旁落，宋代皇帝还用文臣代替武将来管理地方军权，将各州实力比较强的兵力归为禁军，此举使得地方的军队形同虚设。在经济上，采取一系列的优惠措施——鼓励农民生产、鼓励农耕、兴修水利、创新工具、技术沿革等等方式，以期通过发展农业、手工业、商业的方式恢复经济生产，繁荣社会，促进社会政权的稳定。"四方无事，百姓康乐，户口蕃庶，田野日辟。"（《宋史·食货》）上述策略的实施，使得宋代的经济在宋初百余年间得到了稳定的发展，各行各业都得到了长足的进展，并促进了城市文明的繁荣。为了促进商业和手工业的发展，宋代不仅取消了"日中为市"的限制，而且各种夜市、晓市、鬼市也相继出现。各种市场的繁荣，也促进了宋代城市文明快速发展。据史料记载，北宋的都城汴京、南宋的都城临安以及建康、成都等城市都是人口在十万以上的大都市，宋代城市的商业文明发展极快。东京城内，大酒楼则"向晚灯烛荧煌，上下相照，浓妆妓女数百，聚于主廊檐面上，以待酒客呼唤，望之宛若神仙"；小酒店"有下等妓女，不呼自来，筵前歌唱"（孟元老《东京梦华录》）。城市文明的发展，丰富了士大夫和百姓的业余生活，促进了歌词、话本、戏曲等市民阶层所喜爱的文学样式的发展与兴盛。

　　除此之外，宋代的统治者也鼓励大臣们享受生活。宋太祖就曾经鼓励石守信"多积金、市田宅以遗子孙，歌儿舞女以终天年"；宋真宗就曾"许臣僚择胜燕饮"，当时的士大夫"各为燕集，以至市楼酒肆，往往皆供帐饮为游息之地"（沈括《梦溪笔谈》）；真宗皇帝曾经说过："时和岁丰，中外康阜，恨不与卿等日久相会。太平难遇，此物助卿等燕集之资。"（沈括《梦溪笔谈》）有宋一代优渥士大夫，给官员的官俸和补贴比较优厚，这为士大夫们的享乐生活提供了物质保障。上至皇帝、宫廷贵族，下至普通官员、市民都比较崇尚奢靡之风。在宋代，武将的日常生活也比较地丰富，剥夺了军权的将军们也多过着歌舞昇平的日子，更有甚者竟自行组织自己的家妓队伍。如宋代开国名将高怀德，虽"练习戎事，不喜读书"，但"善音律，自为新声，度曲极精妙"（《宋史》）；至宋仁宗时，此种风气更炽，不仅武将如此，文臣亦是沉迷此风。宰相晏殊"每有佳客必留……亦必以歌乐相佐"（叶梦得《避暑梦话》）；尚书宋祁凡宴客"外设重幕，内列宝炬，歌舞相继，坐客忘疲，但觉漏长……名曰不晓天"（陆游《老学庵笔记》）；大儒欧阳修家里常有"朱唇白玉肤"的妙妓"八九姝"（葛立方《韵语阳秋》）；重臣韩琦家有"女乐二十余辈"（宋朝事实类苑卷八）；苏轼有"歌舞妓数人"（《古今图书集成·艺术典》卷八二四）……上如倡之，下必从之。在这种风气的影响下，宋代的俗文学、俗文化发展迅速。以歌舞妓为例，不仅有家妓，还有官妓和私妓。歌妓类别的划分从一个侧面反映了欣赏者地位的高低。在宋代能够拥有家妓的士大夫毕竟只是少数，只有那些位居高位的、占有更多资产的上层士大夫才有这样的资本，而像柳永这样的为衣食所奔波的下层文人，是没有机会实现这个"梦想"的。在宋代绝大多数的歌妓社会地位并不高，多是市井上的私妓和州、军、府、县等官署的官妓。下层文人虽无蓄妓的可能，但是可以在酒楼茶馆、勾栏瓦舍、平康诸坊等地找到适合自己的声娱对象。

当柳永的科举之路走得不那么顺畅之际，发现了世俗文娱生活之美妙的柳永，开始用一种"审美"的角度来审视这种文化，开始在这种声妓文化中寻找自己存在的价值，在这种生活中来宣泄自己对生活的不满，以及对未来生活的向往。柳永的《鹤冲天》就是这种思想的典型例作。科考不利，但是"才子词人"怎么会就此消沉，怎么会轻易地向生活低头？本就是"白衣卿相"，之所以"偶失龙头望"，只是因为"明代暂遗贤"罢了。但是理想落空的他，没有向寒窗去苦读，没有去悬梁刺骨，而是以一种狂恣的态度转向了红巾翠袖。"烟花巷陌，依约丹青屏障。幸有意中人，堪寻访。且恁偎红倚翠，风流事，平生畅。青春都一饷。忍把浮名，换了浅斟低唱。"

市民文化的多样性、娱乐性，让甫入京师的柳永目不暇接，但是慢慢地柳永适应了这种融音乐、文字、歌舞为一体的文艺形式，出入瓦舍，如鱼得水。总的来说，柳永对这种新声、对这种文娱生活是向往的。关于这一点我们可以从柳永的词作中略窥一般。

　　佳娘捧板花钿簇。唱出新声群艳伏。（《木兰花》）

帘下清歌帘外宴。虽爱新声，不见如花面。

（《凤棲梧》）

风暖繁弦脆管，万家竞奏新声。（《木兰花慢》）

是处楼台，朱门院落，弦管新声腾沸。（《长寿

乐》）

坐久觉、疏弦脆管，时换新音。（《夏云峰》）

省教成、几阕清歌，尽新声，好尊前重理。

（《玉山枕》）

这些新声的描写，无不与热闹的市井文化紧密相连。柳
永在欣赏和创作这些"新声"的同时，也在填写着"新
词"——"唱新词，改难令，总知颠倒"（《传花枝》）、"属
和新词多俊格"（《惜春郎》）。在这些新声与新词的创制中，
柳永寻找着自己的人生价值——用自己高超的音乐修养和雅
俗共赏的词语创作着与众不同的作品，在世俗文化中体味着
普通人的价值取向与观念。

不可否认，柳永对于歌妓的欣赏，有其最浅表层的、对
色艺的欣赏。无论是妆容、神态，还是歌舞技艺，柳永的描
绘都与歌妓的身份相符，至于"坐中醉客"是否是作者本
人，则完全可以忽略。我们可以确信的是无论"坐中醉客"
是否是他本人，都足以说明柳永对这种世俗的、花街柳巷的
生活是十分熟悉的，是万分欣赏的。一句"相逢何太晚"，
将市井男人对那些心仪歌妓的倾慕之情、那种由于相见略晚
而不能与之永结同心的遗憾之情，表现得淋漓尽致。

> 翠深红浅。愁蛾黛蹙，娇波刀翦。奇容妙妓，
> 争逞舞裀歌扇。妆光生粉面。
> 坐中醉客风流惯。尊前见，特地惊狂眼。不似
> 少年时节，千金争选。相逢何太晚。（《河传》）

柳永词中有不少被后人訾诟的作品。"喜作小词，然薄于操行""彼其所以传名者，直以言多近俗，俗子易悦故也"（胡仔《苕溪渔隐丛话后集》卷三十九引《艺苑雌黄》）。柳永为什么要创作这种类型的作品呢？究其根本，不外乎两个原因。一是柳永十分沉迷于这样的生活，在这种被世俗所艳羡的生活中，他可以欣赏人生百态，品悟人生百味。

> 红板桥头秋光暮。淡月映烟方煦。寒溪蘸碧，
> 绕垂杨路。重分飞，携纤手、泪如雨。波急隋堤远，
> 片帆举。倏忽年华改，向期阻。
> 时觉春残，渐渐飘花絮。好夕良天长辜负。洞
> 房闲掩，小屏空、无心觑。指归云，仙乡杳、在何
> 处。遥夜香衾暖，算谁与。知他深深约，记得否。
> （《迷神引》）

羁宦中的凄苦将令人向往的良辰好景都虚设了。在他的词集中，柳永不只一次地提到了"良辰美景"——"争向好天多聚散"（《减字木兰花》）"好时节、怎生轻舍"（《甘州令》）"此去经年，应是良辰好景虚设"（《雨霖铃》）"对好景良辰、皱着眉儿，成甚滋味"（《慢卷䌷》）。

这种自古以来对时光易逝的慨叹，被柳永重新演绎了。他笔下似水的年华啊，不再与士大夫诗酒相娱、相慰的生活相连，变得不再高雅；而是与他的世俗观念紧密相关——良辰难期，佳期难遇，男女之间曾经欢娱的过往变得绵邈难现。

另一方面，柳永大量创作这类作品，也与他的创作环境有关。北宋词的创作本就应歌者多，根据曲词的特点填写词的内容，本就是词作当行本色的体现。

陈世修序南唐冯延巳《阳春集》云："公以金陵盛时，内外无事，朋僚亲旧，或当燕集，多运藻思为乐府新词，俾歌者弹丝竹而歌之，所以娱宾而遣兴。"晏几道《小山词自序》的记载更为耳熟能详："始时沈十二廉叔、陈十君宠家，有莲、鸿、蘋、云，品清讴娱客。每有一解，即以草授诸儿，吾三人持酒听之，为一笑乐而已。"柳永虽然创作的不是小令而是慢词，虽然创作的环境不是卿士大夫的府邸，而是平康小巷，但是其创作应歌的现象还是与小山词的特点相类似的。北宋初期的词作本就多为娱乐亲朋、享乐生活而作，大多无关乎政治生活。自然其音乐的表现形式也不可能是那种庙堂之乐。既然音乐的格调不是雅的，而是近乎俗的，那么为配乐而存在的词的内容，断乎不可能是近乎雅的了。因此，追求词作本色当行的柳永根据民间歌妓演唱的俗曲而填写的词作就不可能超越曲调风格所限制的樊篱了。宋翔凤《乐府余论》记载："耆卿失意无俚，流连坊曲，遂尽收俚俗言语，编入词中，以便伎人传习。一时动听，散播四方。"而且柳永在自己的词作中也将这种歌妓求取歌词的情况记载了下来。

第二章 游走于仕宦与青楼之间的矛盾综合体

> 误入平康小巷，画檐深处，珠箔微褰。罗绮丛
> 中，偶认旧识婵娟。翠眉开、娇横远岫，绿鬓軃、
> 浓染春烟。忆情牵。粉墙曾恁，窥宋三年。
>
> 迁延。珊瑚筵上，亲持犀管，旋叠香笺。要索
> 新词，嚲人含笑立尊前。按新声、珠喉渐稳，想旧
> 意、波脸增妍。苦留连。凤衾鸳枕，忍负良天。
> （《玉蝴蝶》）

瓦肆瓦舍中歌妓对柳永词的求取，一方面体现了柳词浅
白、通俗、受欢迎、符合大众审美的特点，另一方面也体现
了柳永词本色当行的成就。罗烨的《醉翁谈录》记载："耆
卿居京华，暇日遍游妓馆。所至，妓者爱其有词名，能移宫
换羽，一经品题，声价十倍，妓者多以金物资给之。"（《传
花枝》）此外，柳永对自己的词作还是颇为自负的，"平生自
负，风流才调。口儿里，道知张陈赵。"也许柳永在科举考试
的考场上是不如意的，也许柳永在仕宦这条道上走得多有坎
坷，但是如果说到俗词的创作水平，柳永可以当仁不让地稳
坐大宋第一把交椅。叶梦得《避暑录话》称："柳永为举子
时，多游狭斜，善为歌词。教坊乐工，每得新腔，必求永为
词，始行于世。余仕丹徒，尝见一西夏归朝官云：'凡有井水
饮处，即能歌柳词。'言其传之广也。"张端义《贵耳集》亦
言："永所作旖旎近情，故使人易入。虽颇以俗为病，然好之
者终不绝也。"

> 腹内胎生异锦，笔端舌喷长江。纵教疋绢字难

偿，不屑与人称量。

　　我不求人宝贵，人须求我文章。风流才子占词场，真是白衣卿相。(《西江月》)

　　柳永的世俗观念还不仅仅体现在他对世俗审美的认可上，还体现在他以己度人的世俗关怀上。柳永所接触的歌妓大多是那些出入市井的私妓和地方的官妓，而不是那些豢养于高门大户中的家妓。柳永也许并无意于将自己的身世与歌妓们的遭遇相类比，但是事实上效果确实是达到了——卿士大夫有显达穷困之分，歌妓们亦在所难免。这些私妓和官妓，多身世悲惨，命不由己，只能将自己对美好生活的期望寄托在男子身上，但生活中男人却往往让她们失望。年华易逝，老来无伴，晚景凄凉。相似的遭遇，大概更容易引发柳永的感伤，所以柳永才发出了这样体恤歌女的言辞吧。我们在柳永的词中，看到的更多的是柳永以己度人的一面。

　　自春来、惨绿愁红，芳心是事可可。日上花梢，莺穿柳带，犹压香衾卧。暖酥消，腻云嚲。终日厌厌倦梳裹。无那。恨薄情一去，音书无个。

　　早知恁麽。悔当初、不把雕鞍锁。向鸡窗、只与蛮笺象管，拘束教吟课。镇相随，莫抛躲。针线闲拈伴伊坐。和我。免使年少，光阴虚过。(《定风波》)

　　这首为晏殊所不耻的词作，柳永全然以女子的口吻来行文，代言体写得非常细腻、婉转，真切地表现了女子内心的愁情。"针线闲拈伴伊坐"表达了女子对才子读书、佳人陪伴的美好生活的向往，以及彻底摆脱歌妓生活的期盼。这种愿望无疑是世俗的，流连花丛的柳永以一颗易感的心，去体悟歌妓们的生活，乃至民间百姓们的生活。对那些不同于流俗的歌妓们，柳永可能还投射了另一种情感。宋代的歌妓，不惟以美色事人，更是精通音乐，歌喉婉转，歌声动人，晓声填词，样样精通，可谓才色俱佳。在与这些佳人的交往中，柳永大概找到一种觅得知音的感觉。在填词的世界里，柳永尽展自己的音乐才能、作词才能，有人欣赏，有人捧场，再也不会生出英雄无用武之地的感慨。因此，柳永在某种程度上将自己的人生价值投射到了市井百姓的生活之中，与那些才艺兼佳的歌妓在一起，成双配对，花前月下，诗词歌赋，实现了人生双美。柳永词所使用的手法，不再是以往文人士大夫所采用的、自屈原以来的"香草美人"的传统，他不再总汲汲于触手不可及的美政，不再总殷切地期盼贤明的君主的出现，而是以才子佳人的形式——擅长音律、歌词、文章——表现自己的理想，这种方式不可不谓俗也。

　　雅欢幽会，良辰可惜虚抛掷。每追念、狂踪旧迹。长祗恁、愁闷朝夕。凭谁去、花衢觅。细说此中端的。道向我、转觉厌厌，役梦劳魂苦相忆。

　　须知最有，风前月下，心事始终难得。但愿我，虫虫心下，把人看待，长以初相识。况渐逢春色。便是有、举场消息。待这回、好好怜伊，更不轻离

折。(《征部乐》)

　　如果说，柳永在入仕之前的世俗生活是身临其境式的关怀的话，那么他入仕之后的生活，就难免要与他之前的世俗生活产生龃龉，他的生活中至此少了往日的随性与放浪，于往日的生活他也只能远观而不能亵玩焉。这种生活方式的改变也与宋代的士大夫的娱乐生活相关。宋代士大夫的歌酒舞宴狎妓的享乐生活可以分为两类，第一类人的享乐生活是得到君主的首肯的，即如前文提到的晏殊、欧阳修、韩琦等，他们的娱乐生活多是在他们进入仕宦之后进行的，因为他们身居高位可以蓄养家妓，所以他们的声娱活动就变成了他们文雅生活的一部分，是统治者大力提倡和推举的。另一类人的娱享生活，多是发生在仕宦之前，即如柳永，一方面他进入仕途后的身份不足以显贵到让他拥有自己的家妓，另一方面他又无法继续过着之前游冶放浪的生活，因为这样的行为举止会使得他的声誉变差，影响他的仕途，于是在柳永不得不放弃以往不羁放浪的民间生活的情况下，就只能在词作中对往日的生活进行远观式的回忆了。魏泰的《东轩笔录》记载了一段王安国、王安石关于作词的文字，这段史料，反映了北宋士大夫从俗而作艳体小词的话，至少在公开场合是要被仕宦们非议的。和柳永的言行相类似的晏几道，就曾在这种舆论压力下受到很大的精神困扰，甚至功名蹭蹬。"晏叔原，临淄公晚子。临界颖昌府许田镇，手写自作长短句，上府帅韩少师。少师报书：'得新词盈卷，盖才有余而德不足者，愿郎君捐有余之才，补不足之德，不胜门下老吏之望'

云。"因此，柳永可以在他入仕之前放浪形骸、放纵自我，但是一旦进入仕途，这种生活方式就是不被允许的了。于是对于过往生活的追忆表现在作品中就表现为远观式的回顾了。

所以，柳永的羁宦作品，一方面有因对仕途的期望而产生的失望、无奈之情，也有对往日歌舞欢娱生活的向往与歆歆。正如《避暑录话》卷三所言：柳耆卿为举子时，多游狭邪，善为歌辞。柳永是个风流浪子型的人物，所作多为狭邪之曲，入仕之后，虽不免仍多怀旧之词，但风情明显减退。

　　　　倚危楼伫立，乍萧索、晚晴初。渐素景衰残，
　　风砧韵响，霜树红疏。云衢。见新雁过，奈佳人自
　　别阻音书。空遣悲秋念远，寸肠万恨萦纡。
　　　　皇都。暗想欢游，成往事、动歆歆。念对酒当
　　歌，低帏并枕，翻恁轻孤。归途。纵凝望处，但斜
　　阳暮霭满平芜。赢得无言悄悄，凭阑尽日踟蹰。
　　（《木兰花慢》）

柳永仕宦与游狭的一生，体现了宋代社会思想发展的两端，一则以儒学思想作为国家统治的支柱与长治久安的根本，一则统治者纵容儒士大夫享受声色犬马的生活。尽管如此，我们仍然不能忽略宋代社会发展的根本在于前者，而不是后者，当前者与后者产生矛盾时，社会的价值取向依然以前者为准则。宋朝开国不久，即有聂崇义上《三礼图》，由尚书裁定；之后，又有和岘订正雅乐；真宗时，则有邢昺等人核定《论语》、《仪礼》、《礼记》等书之《正义》，分行学官；

真宗甚至亲撰《文宣王赞》，歌颂孔子为"人伦之表"，儒学是"帝道之纲"；仁宗更是"留意儒雅，务本向道"。所以这也就造就了宋代文人以诗文言志，文章之余、作诗之余才用小词来娱情的创作态度。在某种程度上，柳永的不第似乎也与此有关，柳永思想中天真、浪漫的那部分因子，使他相信"不入士大夫眼"的词作依然可以让他仕进，让他闻名遐迩。然而现实是他没有因为词作而成为显宦，却因为创作俗词而奠定了柳七本色，成就了他在词坛上的地位。当然，所有的这些论断是以现有《乐章集》为基础的，是以没有新的柳永诗文作品的发现为前提的。而关于柳永因为文学创作而仕途坎坷的现状，还可以有另外一解。据周辉的《清波杂志》记载："柳耆卿为文甚多，皆不传于世，独以乐章脍炙人口。"如果情况真如周辉所言，那么为什么柳永的文章没有流传于世呢？或许是他的散文写的与当时的审美情趣相异，或许是思想内容与世俗不合，又或许文艺水平与词作相比去之甚远！总之，应该还是柳永的创作态度决定了他作品的流传情况，他不重视诗文的态度，或者导致了他鲜作诗文，或者导致他诗文水平的乏善可陈，而这又直接影响到了时人对他的态度以及他的仕途前景。

三、仕宦与归隐

有宋一代卿士大夫多杂取儒、道、释三家思想，其中尤以苏轼为最，士大夫在享受生活的同时，也从未忘怀庙堂，所谓"居庙堂之高则忧其君，处江湖之远则忧其民"，大抵士大夫们都能遵循着"达则兼济天下，穷则独善其身"的思想。宋代士大夫们的行藏取舍观念是非常清晰的。但是柳永就是一个异数，他将自己的行藏放在勾栏瓦舍里，尽管他曾经在自己的作品中隐约流露出过归隐的思想，但却从未真正地付诸现实。这种时或归隐的思想，大抵是柳永在羁旅游宦的过程中因仕宦的牵绊而产生的一种厌倦而又无法排遣的情绪的折射吧。

> 向深秋，雨余爽气肃西郊。陌上夜阑，襟袖起凉飙。天末残星，流电未灭，闪闪隔林梢。又是晓鸡声断，阳乌光动，渐分山路迢迢。
>
> 驱驱行役，苒苒光阴，蝇头利禄，蜗角功名，毕竟成何事，漫相高。抛掷云泉，狎玩尘土，壮节等闲消。幸有五湖烟浪，一船风月，会须归去老渔樵。（《凤归云》）

于这首词中，柳永将羁宦的无奈、功名利禄的牵绊借时序阐发了出来，同时又反思了自己过去狎玩游乐的生活。柳永这一生，他既没有在仕途中实现自己功成名就的理想，也没有在市井生活中实现才子佳人的人间美事。也许柳永年轻的时候，从未想过狎妓生活会对他的仕宦生活产生如此大的影响——难以科第、困于选调，但是此时他对自己放浪的过往生活开始了反思——狎玩尘土，壮节等闲消。如何改变自己的现状呢？沉沦下僚是无法改变的事实，曾经放荡的生活也是不争的事实，那么解脱的方式似乎只有归隐一途了。而柳永所谓的归隐大概并非陶渊明式的归隐，他的归隐大抵是想让自己的躁动情绪得到安抚，而安抚他这种烦躁不安情绪的最好的去处就是青山绿水间，所以柳永在他的词中不止一次地提到"云泉"之约。而此时的"云泉"之约似乎也不仅仅只是归隐山林的象征，在柳永的眼中似乎更是文人雅士生活的代表。柳永科举不第、困于选调，多多少少与他不雅的生活态度与生活方式有关。就是因为他抛弃了云泉之约，"狎玩尘土"，所以才使得自己的功名仕途受阻。因此，我们说以仕进为目的的柳永是不可能将陶渊明式的归隐作为自己追求的目标的。

要之，对于柳永而言，功名难就的现实一方面让他厌弃自己，厌弃自己的人生——一则不能放弃对功名的追求，一则追求无望。如何摆脱？求之不得，辗转反侧是也。如何解脱？勤学以求之，世俗以助之。大抵柳永的一生，就是游宦与游狭生活的共存与互补的体现。无可奈何有之，心向往之有之。正如曾大兴对柳永的评价：当儒家传统的人格模式占主导地位时，他便是热衷于仕进的士子和勤于王事的"名宦"，当新兴市民的人格模式占主导地位时，他又成了轻视厌倦功名的"叛逆"和沉湎于市俗享乐的"浪子"。柳永别具一格的人格结构就是这样两种模式的整合。正是这种别具一格的人格结构，规定了其需要、动机、兴趣、态度、价值取向、道德观念和行为选择的复杂性。

第三章　柳永词的思想内容

　　柳永的一生，以词作闻名，世称"凡有井水饮处，即能歌柳词"（叶梦得《避暑录话》）。上至皇帝，下至平民百姓无不喜柳永之词——"仁宗颇好其词，每对酒，必使侍从歌之再三。"（陈师道《后山诗话》）"教坊乐工每得新腔，必求永为词，始行于世，于是声传一时。"（叶梦得《避暑录话》）尽管某些史实记载柳永诗词文均有所涉猎，兼而擅之，但是"柳耆卿为文甚多，皆不传于世，独以乐章脍炙人口。"（周辉《清波杂志》卷八）后人不管如何贬低柳永词作的俗艳，但基本上也都对柳永的词学成就给予了中肯的评价，"柳耆卿《乐章集》，世多爱赏该洽，序事闲暇，有首有尾，亦间出佳语，又能择声律谐美者用之。惟是浅近卑俗，自成一体，不知书者尤好之。"（王灼《碧鸡漫志》卷二）"耆卿为世訾謷久矣，然其铺叙委婉，言近意远，森秀幽淡之趣在骨。耆卿乐府多，故恶滥可笑者多，使能珍重下笔，则北宋高手也。"（周济《介存斋论词杂著》）

　　从柳永文学创作的内容来看，还是有别于当时的士大夫的，他并不像当时的士大夫那样诗文兼擅，只是在以"余力作词"——"文章豪放之士，鲜不寄意于此者，随亦自扫其迹，曰'谑浪游戏而已。'"（胡寅《酒边词序》）——而是一位专业的词作家。他以一种超脱的士大夫精神来看词曲，他将名士大夫高雅的创作精神和"艳科"的词作结合，创作出了雅俗共赏的词作。举凡适合词作表现的内容与情感，柳永都用词作来表现；举凡可以用诗来表现的内容与情感，柳永也通过词作来表现。谢章铤《赌棋山庄词话》称："吾闽词家，宋元极盛，要以柳屯田、刘厉村为眉目。"正如曾大兴所言，"举凡男女相思、人生失意、羁旅、城市风光、咏史、悼亡、游仙、应制、题赠等等，都用词的形式加以表现。在唐五代以来词的发展历史上，这也是没有先例的。"柳永为何只用词作来表现自己的情感与思想，大抵与他的生存环境、生活状况、喜好有关，也或许是柳永比较自信于自己的词学创作水平吧，天真地认为举凡诗文可以表现的人生理想与抱负词也可以。然而，现实毕竟是残酷的，丰富多样的词作并未达到诗文取士的效果，但在柳永仕途困窘却依然汲汲词作的执着中，我们才得以看到词坛中这朵奇葩给我们留下的文学遗产，才能看到词由俗到雅、由小令到慢调的发展轨迹。这大概就印证了那句诗文"穷而后工"的理论吧！

其实柳永词作的创作范围算不得是狭窄的，相反因之柳永的创作态度，柳词所表达的思想范围还是比较广的。柳永词从思想内容的角度来分，大抵可以分为男女相思、羁旅游宦、城市风光、节日风俗、咏史怀古、应制干谒、婚姻生活、游仙感怀、咏物抒情几种类型。当然，柳永最擅长的词作类型应该是男女相思、羁旅游宦这两种，"人皆谓柳三变《乐章集》工于闺帐淫媟之语、羁旅悲怨之辞"（李调元《雨村词话》）、"其词格固不高，而音律谐婉，语言妥帖，承平气象，形容曲尽，尤工于羁旅行役。"（陈振孙《直斋书录解题》）

一、俗艳之词

　　词，在文学史上被定义为"艳科"，即很能说明词的文学本质。"诗余以宛的流畅为美，故作词者率取柔音曼声，如张三影、柳三变之属，而苏子瞻、辛稼轩之清俊雄放，皆以为豪放而不入于格。"（孟称舜《古今词统序》）对于诗词，历来文人将它们功用分得很清楚——"诗言志词方情"。正如张炎所说："簸弄风月，陶写性情，词婉于诗。盖声出于莺吭燕舌间，稍近乎情可也。"（《词源》卷下）词写男女之情，不始于柳永，但是艳词的鼎峰之作，尤其慢调之艳词却非柳永莫属。"其词虽极工致，然多杂以鄙语，故流俗人尤善道之。"（徐度《却扫篇》）

　　词之所以写艳情，与宋代狎妓的社会风气多多少少是有些关系的。我们都知道，宋代统治者为了国家的长治久安，吸取了唐代因藩镇割据、党派争斗、君权旁落而导致国家灭亡的经验教训，加强了中央集权，削弱了武将的军权。比如最著名的"杯酒释兵权"，就是宋太祖劝解石守信等军事将领，放弃军权的故事。然而这仅仅是这个故事的一个侧面，另一方面宋太祖为了安抚他们，也鼓励他们"多积金帛男宅

81

以遗子孙,歌儿舞女以终在年"。

> 帝(赵匡胤)因晚朝与守信等饮酒,酒酣,
> 帝曰:"我非尔曹不及此,然吾为天子,殊不若为
> 节度使之乐,吾终夕未尝安枕而卧。"守信等顿首
> 曰:"今天命已定,谁复敢有异心?陛下何为出此
> 言耶?"帝曰:"人孰不欲富贵?一旦有以黄袍加
> 汝之身,虽欲不为,其可得乎?"守信等谢曰:
> "臣愚不及此,惟陛下哀矜之。"帝曰:"人生驹过
> 隙尔,不如多积金,市田宅以遗子孙,歌儿舞女以
> 终天年。君臣之间无所猜嫌,不亦善乎?"守信谢
> 曰:"陛下念及此,所谓生死而肉骨也。"明日,
> 皆称病,乞解兵权,帝从之,皆以散官就第,赏赉
> 甚厚。(《宋史·石守信传》)

在统治者的极力倡导下,宋代文人的生活极尽享乐、奢华之态。我们在前文已经提到过,文臣、武将公开豢养家妓在宋代已经蔚然成风。《邵氏闻见录》就曾记载过这样一则故事:钱惟演留守西京,欧阳修等皆为其属僚。一日,欧阳修等游嵩山,薄暮时分才回到龙门香山,天已经开始下雪,钱惟演特地送来厨师与歌妓,并传话说:"山行良劳,当少留龙门赏雪地,府事简,无遽归也。"

其实这种狎妓的风气并不始于宋代,在唐代宴饮狎妓也已经成为一种风气。如花间派鼻祖温庭筠,"初从乡里举,客游江淮间,扬子留后姚勖厚遗之。庭筠少年,其所得钱帛,

所为狭邪所费。"（《太平广记》）《唐语林》对杜牧狎妓的情况也有类似的记载，"杜牧少登第，恃才，喜酒色。初辟淮南牛僧孺幕，夜即游妓舍，厢虞候不敢禁。"大概词的兴起与发展，思想情感的表现与狎妓享乐的社会风尚是分不开的。正如刘扬忠所说，"正是在这种都市享乐文化的肥厚土壤里，通过艳丽女性——歌妓演唱的以女性、女色为中心内容的曲子词，恰好充分地适应和满足了广大接受者的消费需要。"（《北宋时期的文化冲突与词人的审美选择》）而甫入京师就已经喜欢并沉迷于这种伴有燕乐表现形式的文学样式的柳永，在创作词的时候就不可避免地会选择那些他已经耳熟能详的样式与内容。而虽然名为官宦子弟，但实际家庭境况并不是特别好的柳永，在没有条件豢养自己的家妓，只能流连平康小巷的情况下，在创作词的时候自然就不可避免地会选择符合市民审美的艳词，而不是那种经过士大夫们雅化了的"艳词"。

任何一个人的文学创作，一定是在继承前辈的创作内容和艺术特点的基础上发展起来的，或者继承，或者批判，或者批判地继承。柳永词在北宋初年沿袭了艳词的创作风味，也与词自唐五代以来的作为艳科的发展历程有一定的关联。

唐五代以来的词作，多与艳词有关。江顺诒《词学集成》卷五记载陶篁村自序云："倚声之作，莫盛于宋，亦莫衰于宋。尝惜秦、黄、周、柳之才，徒以绮语柔情，竞夸艳冶。从而效之者加厉焉。遂使郑卫之音，泛滥于六七百年，而雅奏几乎绝矣。"诒案：词之坏，坏于秦、黄、周、柳之淫靡，非有巨识，孰敢议宋人耶。

而实际的情况则是从民间发展而来的词，本来就具有朴素、大胆的情感表达的特质。在敦煌曲子词中，艳词占了三分之一以上。这些词作朴实自然，大胆开放，实为民间俗乐文化的典型代表。

珠泪纷纷湿罗绮。少年公子负恩多。当初姊姊分明道，莫把真心过于他。子细思量着，淡薄知闻解好么。（《抛球乐》）

忆昔笄年。未省离阁，生长深闺苑。闲凭着绣床，时拈金针，拟貌舞凤飞鸾。对妆台重整娇姿面。知身貌算料，岂交人见。又被良媒，苦出言词相诱誩。

每道说水际鸳鸯，惟指梁间双燕。被父母将儿疋配，便认多生宿姻眷。一但娉得狂夫，功书业抛妾求名宦。纵然选得，一时朝要，荣华争稳便。（《倾杯乐》）

华烛光辉，深下屏帏。恨征人久镇边夷。酒醒后多风醋。少年夫婿。向渌窗下左偎右倚，拟铺鸳被。把人尤泥。

须索琵琶重理。曲中弹到，想夫怜处。转相爱几多恩意。却再叙衷鸳衾枕，愿长与今宵相似。（《洞仙歌》）

髻绾湘云淡淡妆。早春花向脸边芳。玉腕慢从罗袖出，捧杯觞。

纤手令行匀翠柳，素咽歌发绕雕梁。但是五陵

争忍得，不疏狂。(《浣溪沙》)

在这里，我们看到了以描摹女性心理擅长的作品，"华烛光辉。深下帏帱。恨征人久镇边夷。酒醒后多风醋。少年夫婿。向渌窗下左倚右倚。拟铺鸳被。把人尤泥"；我们看到了对女子动作细节的描摹，"髻绾湘云淡淡妆。早春花向脸边芳。玉腕慢从罗袖出，捧杯觞"；我们看到了对于薄情公子的哀怨，"珠泪纷纷湿罗绮，少年公子负恩多。"；我们看到了对于过往知心姐妹的劝解与悔悟，"当初姐妹分明道，莫把真心过于他"；我们看到了迫于父母之命、媒灼之言而结成怨偶的女子的哀怨，"每道说水际鸳鸯，惟指梁间双燕。被父母将儿疋配，便认多生宿姻眷。一但娉得狂夫，功书业抛妾求名宦。纵然选得，一时朝要，荣华争稳便。"

毫无疑问，她们的观念是世俗的——若得同心郎，只羡鸳鸯不羡仙。我们看到因征战边镇而无法与良人相会，愿长与今宵相似的佳人。我们看到了淡妆皓腕的女子，纤手匀柳歌美绕梁。正如萧鹏所说"除了第二十首《拜新月》（国泰时清晨）系歌颂唐王朝海内升平天子万岁，第十三首《喜秋天》感慨人生短促、大自然更替无情之外，余二十八首词都与女性有关，或者出于女性口吻，或者直接以女性为描写对象。"每一种文学样式在发展的初期大抵都会具有民间文学的特质，诗经也不例外；而诗歌之所以不具有言艳情的本质大抵是因为当时并不存在普遍的表现艳词的社会基础。而市民经济发展到晚唐五代，民间的审美有了本质上的变化，当然也就表现出与士大夫们审美相异的旨趣了。

　　而浸润着唐五代社会风气发展起来的下层文人，以及喜欢婉媚风格的唐代五代诗人们，在市民审美情趣的基础上，雅化了"艳科"的表现形式，定型了一种文化流派，即花间派。而在花间派那里，男女相恋几乎成为了当时词作的唯一主题。杨海明认为，唐宋词"在作品的题材内容方面，非但不忌讳'艳事''艳情'，而且反以它们作为自己所津津乐道和乐而不疲的咏写对象"；"在作品的色泽方面，又努力追求一种与其题材内容相协调的香艳味。"（袁继灵《歌妓与唐宋词》）

　　　　玉炉香，红蜡泪。偏照画堂秋思。眉翠薄，鬓
　　云残。夜长衾枕寒。
　　　　梧桐树。三更雨。不道离情正苦。一叶叶，一
　　声声。空阶滴到明。（温庭筠《更漏子》）

　　温庭筠，花间派的鼻祖，夏承焘先生认为：他的词主要内容是描写妓女生活和男女间的离愁别恨的。他许多词是为宫廷、豪门娱乐而作，是写给宫廷、豪门里的歌妓唱的。虽然他的词也是艳科，但是，"他的词，和他的诗一样，也是若明若昧，若轻纱的笼罩，若薄暮初明时候的朦胧的。他打开了词的一大支派，一意以绮靡侧艳为主格，以'有余不尽'、'若可知若不可知'为作风。"风格比较含蓄、婉转。这首《更漏子》，温庭筠虽也写人，但是人乃凄景之中，境乃凄寂之景，虽是艳词，但风格清丽。唐圭璋《唐宋词简释》评：此首写离情，浓淡相间，上片浓丽，下片疏淡。通篇自昼至

夜，自夜至晓，其境弥幽，其情弥苦。上片，起三句写境，次三句写人。画堂之内，惟有炉香、蜡泪相对，何等凄寂。迨至夜长衾寒之时，更愁损矣。眉薄鬓残，可见展转反侧、思极无眠之况。下片，承夜长来，单写梧桐夜雨，一气直下，语浅情深。

与温庭筠并称"温韦"的韦庄的创作情况，亦概莫能免。况周颐《历代词人考略》称："韦文靖词，与温方城齐名，熏香掬艳，眩目醉心，尤能运密入疏，寓浓于淡，《花间》群贤，殆鲜其匹。"

记得那年花下。深夜。初识谢娘时。水堂西面画帘垂。携手暗相期。

惆怅晓莺晓月。相别。从此隔音尘。如今俱是异乡人。相见更无因。（韦庄《荷叶杯》）

此词《古今词话》称韦庄为蜀王所羁，庄有爱姬，资质艳美，兼工词翰。蜀王闻之，托言教授宫人，强夺之去。庄追念悒怏，作《荷叶杯》诸词，情意凄怨。《荷叶杯》之第一首言念怨入宫，次首回忆初见之时。此首即为第二首，从内容来看，不离绮艳；但从词的风格来看，较之温飞卿为淡雅，故吴衡照称："韦相清空善转，殆与温尉异曲同工。所赋《荷叶杯》，真能摅摽擗之忧，发踟蹰之爱。"（《莲子居词话》）

总之，五代"艳情"之风，风靡匪浅，不独一人深浸其染。"五代词人丁运会，迁流至极，燕酬成风，藻丽相尚。其所为词,既能沉至,只在词中。艳而有骨,只是艳骨。……其铮铮佼佼者,如李重光之性灵,韦端己之风度,冯正中之堂庑,岂操觚之士能方其万一?"(况周颐《蕙风词话》卷一)而眼界大开的李后主,虽感慨遂深,变伶工之词而为士大夫之词,亦不可避免地于"富贵时作富贵语"。"生于深宫之中,长于妇人之手"的李后主,自是善为艳词。

> 花明月暗笼轻雾。今朝好向郎边去。刬袜步香
> 阶。手提金缕鞋。
> 画堂南畔见。一向偎人颤。奴为出来难。教君
> 恣意怜。(李煜《菩萨蛮》)

此词与李煜的"问君能有几多愁?恰似一江春水向东流""剪不断,理还乱,别是一番滋味在心里"的情调和内容是完全不同的。刘永济认为,"此非泛写闺情之词,乃后主记与小周后幽会之事。马令《南唐书》载后主继室周后,即昭惠后之妹也,昭惠感疾,后尝在禁中,先与后主私,后主作《菩萨蛮》云云。按此词,后主自记,情景甚真。'偎人颤'者,又惊又喜之态也。"而此词"尤极风流狎昵之致,不愧'鸳鸯寺主'之名"(龙榆生《南唐二主词叙论》),而且"结语极俚极真"(潘游龙《古今诗余醉》)。沈雄认为,"李后主词'奴为出来难,教君恣意怜',正见词家本色,但嫌意态之不文矣。"(《古今词话·词品》)

总之,从词的源起来看,词恰乎"艳科"之称。从内容来看,举凡创作大体不离男女艳词之范围,只不过表现出来

的情调和语言风格略有不同。那么，同样是写花间词，同样是男女恋情的"艳科"，为何温韦的词不曾多被他人诟病，而柳永的词多被他人指摘呢？大抵，与花间温李相比，柳永的词在描绘的精细上略有不及，而语言多浅白简直。故批评家从语言鉴赏的角度也多对温李有所高评。"耆卿词，善于铺叙，羁旅行役，尤属擅长。然意境不高，思路微左，全失温、韦忠厚之意。词人变古，耆卿始作俑也。"（陈廷焯《白雨斋词话》）

> 有个人人。飞燕精神。急锵环佩上华裀。促拍尽随红袖举，风柳腰身。
> 簌簌轻裙。妙尽尖新。曲终独立敛香尘。应是西施娇困也，眉黛双颦。（柳永《浪淘沙令》）

而柳永的这首小令在描人言情方面自是难与温庭筠的"小山重叠金明灭"相比了。另一方面，柳永所处的北宋时期，已经与词刚刚兴起的唐代不同。任何一种文学的发展，必然会经历雅化的阶段。当大家都致力于雅化文词与内容的时候，柳永依然还在创作时下百姓喜欢的俗词，必然会被时人不耻。此外，柳永被大家所诟病的那些词，例如，"已受君恩顾。好与花为主。万里丹霄，何妨携手同归去。永弃却、烟花伴侣。免教人见妾，朝云暮雨。"（《迷仙引》）恰恰与李后主的"奴为出来难""教君恣意怜"相似，所以从士大夫的言行举止的角度来看，也被时人不大看好。

但是事实上，柳永之所以被后世人多讥评其词作低俗不雅，还主要在于他的词作和同时代名家作品的审美情趣不一样。唐五代词发展到宋代，经过了宋初的百废俱兴的努力，也渐渐地成为了宋代士大夫们业余生活中不可缺少的一部分；与此同时，渐入士大夫视野的宋词的风味也在不断地发生着变化。一方面从内容上要表现"发乎情，止乎礼"的情感，另一方面遣词造句也变得更加文人化。在这种背景下，柳永的创作无疑是艺苑中的奇葩，与时下士大夫的审美情趣完全不一样。故与其他人相比，后人对柳永的评价就不甚高。"词之为体，大略有四：风流华美，浑然天成，如美人临妆，却扇一顾，花间诸人是也。晏元献、欧阳永叔诸人继之。施朱傅粉，学步习容，如宫女题红，含情幽艳，秦、周、贺、晁诸人是也。柳七则靡曼近俗矣。"（郭麐《灵芬馆词话》）

谈及柳永写男女风情之词，断不可不谈及同时代的晏、欧之作。撇开小令与慢词的形式特点，其实柳永词与欧阳修、晏殊的词在雅俗的特点上还是有一定差别的。我们可以从后人对他们的评价中，略窥一般。"晏元献公、欧阳文忠公，风流蕴藉，一时莫及，而温润秀洁，亦无其比。"（王灼《碧鸡漫志》卷二）"欧、晏虽有清靡之语，而亦无关正色立朝之大节也。"（沈雄《古今词话》下卷引曹尔堪语）"词，古诗流也，吟咏情性，莫工于词。临淄、六一，当代文伯，其乐府犹有怜景泥情之偏，岂情之所钟，不能自己于言耶？"（尹觉《赵师侠坦庵词序》）而"柳之《乐章》，人多称之。然大概非羁旅穷愁之词，则闺门淫媟之语。若以欧阳永叔、晏叔原、苏子瞻、黄鲁直、张子野、秦少游辈较之，万万相辽。彼其所以传名者，直以言多近俗，俗子易悦故也。"（胡仔

《苕溪渔隐丛话后集》卷三十九引《艺苑雌黄》)

　　柳永的词之所以和同时代的晏殊、欧阳修的作品在内容雅俗的处理上会有那么大的差别，原因是多方面的。其中，最主要的原因就在于晏殊、欧阳修等人将词艳科的内容和雅的形式矛盾统一了，调和了二者的矛盾。从作品内容来看，晏、欧之作虽然也写酒宴酬酢，虽然也写男女之情，但是在内容上不再像唐五代民间词和花间词那样直白、浅露，而是以言情为主，以词采为辅，雅化词的表现形式。同样是写艳词，晏、欧的词为雅，柳永为俗。晏、欧为词指明了一条向上的道路，而柳永的词却依然遵从着词的"当行本色"。

　　　　绿杨芳草长亭路。年少抛人容易去。楼头残梦
　　五更钟，花底离愁三月雨。
　　　　无情不似多情苦。一寸还成千万缕。天涯地角
　　有穷时，只有相思无尽处。(晏殊《玉楼春》)

　　晏殊此词虽然也写男女分别之情，虽然也是闺怨之情，但是不重描摹人物神态、不重描摹浅白的过往，而是着重刻画女子哀怨的心理。三月春雨渲染了心中的悲怨：轻言离别，毕竟有情，相思情苦，缕缕不绝。故陈廷焯称其"婉转缠绵，深情一往，丽而有则，耐人寻味"(《白雨斋词话》)。

　　而柳永的作品则略有不同。在词调的选择上，柳永没有像晏、欧一样选择易于含蓄表达情感的小令，而是选择了易于铺叙言情的慢调，易于民间百姓欣赏与接受的慢词。"柳永耆卿以歌词显于仁宗朝，官为屯田员外郎，故世号'柳屯

田'。其词虽极工致，然多杂以鄙语，故流俗人尤善道之。其后，欧、黄诸公继出，文格一变，至为歌词，体制高雅，柳氏之作，殆不复称于文士之口，然流俗好之自若也。"（徐度《却扫篇》卷下）而另一方面，柳永本身也喜欢表现民间审美的词作，"琵琶闲抱，爱品相思调。"（柳永《隔帘听》）所以在词的表现内容与形式上，柳永的词与时下士大夫们的审美异趣。

　　自春来、惨绿愁红，芳心是事可可。日上花梢，莺穿柳带，犹压香衾卧。暖酥消，腻云亸。终日厌厌倦梳裹。无那。恨薄情一去，音书无个。

　　早知恁麼，悔当初、不把雕鞍锁。向鸡窗、只与蛮笺象管，拘束教吟课。镇相随，莫抛躲。针线闲拈伴伊坐。和我。免使年少，光阴虚过。（柳永《定风波》）

柳永的这首词与晏殊的相比，无疑多一抹世俗气。虽然此词柳永也擅长描景，也擅长心理刻画，但是无论是意象场景的描写，还是情感的表达，都略显世俗，与高雅的闺怨有本质的区别。也就是柳永向下一途的创作和生活作风，使得晏殊对柳永不喜，不愿意相交提携。"柳三变既以词忤仁庙，吏部不入改官，三变不能堪，诣政府。晏公曰：'贤俊作曲子么？'三变曰：'只如相公亦作曲子。'公曰：'殊虽作曲子，不曾道"彩线慵拈伴伊坐"。'柳遂退。"（张舜民《画墁录》）而审美情趣一旦定型，在一定阶段内，世人在评价与批评的时候，所采取的切入点基础上是一致的。因此，后世对宋初词的特点从内容雅俗这个点出发，对晏、柳的评价基本上是一致的。

> 晏元献公、欧阳文忠公，风流蕴藉，一时莫及，而温润秀洁，亦无其比。……叔原（晏几道）如金陵王谢子弟，秀气胜韵，得之天然，将不可学。

> 柳耆卿《乐章集》，世多爱赏该洽，序事闲暇，有首有尾，亦间出佳语，又能择声律谐美者用之。惟是浅近卑俗，自成一体，不知书者尤好之。予尝以比都下富儿，虽脱村野，而声态可憎。（王灼《碧鸡漫志》）

柳词的创作与发展注定将是宋初词学的一个异数，柳永的词将注定不会在宋代得到士大夫们普遍的认可，这在某种程度上与社会风气的形成有一定的关系。"仁宗留意儒雅，务本理道，深斥浮艳虚薄之文。初，进士柳三变，好为淫冶讴歌之曲，传播四方。尝有《鹤冲天》词云：'忍把浮名，换了浅斟低唱？'及临轩放榜，特落之曰：'且去浅斟低唱，何要浮名。'"（吴曾《能改斋漫录》）当然这段史实的真实性也有待考校。陈师道的《后山诗话》却记载了仁宗皇帝对柳永词的喜爱，"柳三变游东都南、北二巷，作新乐府，骫骳从俗，天下咏之，遂传禁中。仁宗颇好其词，每对酒，必使侍从歌之再三。"且不管这段笔记真实性有多少，但毕竟反映了一个事实，即以治国为念，仁宗皇帝不喜欢"浮艳虚薄之文"，要讲究儒学治国。因此，柳永"淫冶讴歌"之曲，一定是不符合仁宗的治国理念的；而尽管以娱乐赏玩为要的话，仁宗皇帝也非常喜欢柳永这种带着世俗人情味儿的小曲儿，但是治国岂同儿戏？文人佳作，赏玩可以娱情，但是治国务理，进退要有度。从个人品性出发，从作品内容出发，如果最上层的统治者不喜欢，谁又会像柳永那样在世俗曲风的道路上越走越远，让自己的仕途越走越窄呢？

另一方面，虽然宋代的统治者倡导士大夫过着享乐歌舞、声色犬马的生活，虽然市民经济的崛起，也促进了声色行业的发展，但是，毕竟各个阶层的人身份和社会地位、生活环境不一样，因此创作出来的词的风格也必然有着很大的差异。宋初的统治者鼓励士大夫享受生活的风气，发展到仁宗年间，官僚士大夫凡有余力都普遍蓄养歌儿舞女。宋朱弁的《曲洧旧闻》记载，"两府（中书省和枢密院）两制和（翰林学士和知制诰）家中各有歌舞，官职稍如意，往往增置不已。"但是，因之士大夫身份、地位的不同，接触的歌女的身份也不一样。根据刘扬忠先生的《唐宋词流派史》的分析，宋代歌妓大体分为官妓、家妓和私妓三种，而官妓包括宫廷歌妓、教坊歌妓以及中央和各地方官署的歌妓。这些宫廷、教坊和中央官署的女乐，以及那些被高级官吏所蓄养的家妓，也不是一般士大夫所能接触的。从这些官妓所唱的词曲来看，多与她们所处的生存环境相符。她们的词被上层士大夫改造了，如晏殊、欧阳修，他们将唐五代以来的"艳词"变得高雅、文人化，将那些艳俗之词变得士大夫趣味十足，写妓恋之情也写得比较含蓄蕴藉。

一向风光有限身。等闲离别易销魂。酒筵歌席莫辞频。

满目山河空念远，落花风雨更伤春。不如怜取眼前人。（晏殊《浣溪沙》）

此词言情，但又不仅仅伤怀。"满目山川空念远，落花时节更伤春"乃从李峤"山川满目泪沾衣"化出，怀念至深，格调高雅，情感深沉，言尽味无穷。而柳永这样的入仕较晚、沉沦下僚的下级官吏是鲜有机会接触到那些宫廷、教坊以及中央的官妓的，而且也根本没有余力去蓄养妓，因此他狎妓的场所就变成了市井勾栏以及那些地方官署。处于这些场所里的妓女多寄居于大城市之中，与那些上层官妓不同，"而是浸染着市民意识，艺术创作和表演上充满了市民情趣和市民作派。这一点大大地影响了相当一部分宋词作品的题材取向和语言风格，并在一定程度上促成了宋词中市民色彩极浓的俚俗词派的产生和繁衍。"（刘扬忠《唐宋词流别史》）

恋帝里，金谷园林，平康巷陌，触处繁华，连日疏狂，未尝轻负，寸心双眼。况佳人，尽天外行云，掌上飞燕。向玳筵、一一皆妙选。长是因酒沉迷，被花萦绊。

更可惜、淑景亭台，暑天枕簟。霜月夜凉，雪霰朝飞，一岁风光，尽堪随分，俊游清宴。算浮生事，瞬息光阴，锱铢名宦。正欢笑，试恁暂时分散，却是恨雨愁云，地遥天远。（《凤归云》）

95

　　这首词的上片通过对过往帝里生活的回忆，表明了自己对帝里生活的怀念——繁景、佳人沉醉，而这些与现在的锱铢名宦生活相比，无疑是"恨雨愁云，地遥天远"，顿生无限感慨与惆怅！情是真情，意乃实意，但是这些情感的表达都与士大夫"温柔儒雅""发情止礼"的形象不符，太过直白，太过浅俗！

　　因此，我们说虽然柳永与晏、欧创作的时代基本相似，但是因之个人喜好，因之个人秉性，因之社会风气，因之社会地位，他们的词作在本质上有很大的不同。当然，由于宋代社会风尚所趋，像晏殊这样的台阁名宿也会创作艳体词，只不过他们词作的主流风格是含蓄委婉的罢了。

　　　　淡淡梳妆薄薄衣，天仙模样好容仪。旧欢前事
　　入颦眉。
　　　　闲役梦魂孤烛暗，恨无消息画帘垂。且留双泪
　　说相思。（晏殊《浣溪沙》）

　　这首词风格大不同于晏殊的其他作品，吴梅在《词学通论》里是这样评价的，"《浣溪沙》之'淡淡梳妆薄薄衣，天仙模样好容仪'……诸语，庸劣可鄙。已开山谷、三变俳语之体，余甚无取也。"由此可见，艳词不始于柳永，自唐五代而然；艳科不独三变自作，台辅亦盖莫能免。后世词学之所以力诋耆卿男女艳情词俗，失之过矣。

　　柳永对北宋词坛的一大贡献，就在于他的俗词的创作、他的俗词从内容、风格到体制上都异于当时士大夫的词作。

"柳耆卿以词名景祐、皇祐间。《乐章集》中，冶游之作居半，率皆轻浮猥媟，取誉筝琶。如当时人所讥，有教坊丁大使意。"（邓廷桢《双砚斋词话》）柳永词确实言情，也确实言说男女之情，柳永词也确实有那些露骨、浅俗之处，但是柳永的词作在言及男女之情方面的特点，绝非仅仅如此。他的词在言及男女情事方面，所表现的内容范畴还是比较广泛的。柳永的艳词创作，无论是内容还是风格都不是唯一的。

从柳永艳词的类别来看，确实颇为多样。有迎合市井百姓审美趣味的，有表现对歌妓真挚情感的，有同情歌妓不幸遭遇的，也有表现自己与妻子之间感情的。这些作品有些审美趣味较低，有些也多能表现男女相娱过程中的心理变化，虽与世俗相关，但多真情流露，委婉可喜。在某种程度上，对于柳永而言，成也俗词，败也俗词。俗词让他的词作广为流传，市井皆喜。同时，俗词尤其是那些描写露骨色情的词作，也使得柳永为正统的士大夫们所不耻。"耆卿词多本色语，所谓有井水处，能歌柳词。时人为之语曰'晓风残月柳三变'，又曰'露花倒影柳屯田'，非虚誉也。特其词婉而不文，语纤而气雌下，盖骫骳从俗者。"（张德瀛《词徵》）

　　　欲掩香帏论缱绻。先敛双蛾愁夜短。催促少年郎，先去睡、鸳衾图暖。
　　　须臾放了残针线。脱衣裳、恣情无限。留取帐前灯，时时待、看伊娇面。（《菊花新》）

李调元认为，柳永淫词莫逾于《菊花新》一阕。（《雨村词话》）正如周济《介存斋论词杂著》所评，"耆卿乐府多，故恶滥可笑者多，使能珍重下笔，则北宋高手也。"其实，柳永男女艳情的词作中，对歌妓容貌、神态的描写，体现了对唐五代艳情词创作技巧的继承与发展。温庭筠的这类作品，在情调上和柳永也差不许多，只不过在用词、造景上更为讲究，表情稍隔一层，稍含蓄了一点。

> 杏花含露团香雪。绿杨陌上多离别。灯在月胧明。觉来闻晓莺。
>
> 玉钩褰翠幕。妆浅旧眉薄。春梦正关情。镜中蝉鬓轻。（温庭筠《菩萨蛮》）

上述两词都属于表现男女生活的艳词，柳永的词作如同自然主义的小说，将热恋中男女的闺房生活的每个细节表现得极其细腻，自然与含蓄正统的士大夫生活是格格不入的了。后者虽然也表现男女私情，但是主要是通过女子的肖像、梦镜与生活环境的渲染来表现女子的闺愁。虽然也是表现闺情，但是在情感表现的方式上和词语的选择上，无疑要比柳永的含蓄慰藉得多了。

这类写艳情的作品，表现了柳永对这些女子静态神韵美毫不加掩饰地赞美、对女色毫不掩饰地欣赏。从词体的语言形式上来看，表现内容和风格与唐五代以来风情近似的，柳永都采用了小令这种形式。在内容上，大抵表现了对歌妓形体以及歌喉的赞赏。虽然小令的篇幅有限，与柳永一贯创作的慢词的结构、用词摹景稍有不同，但是从情感的表现上来看基本上是一致的。从词的格调上来看，与温韦稍近，与晏欧稍远，虽然也是写艳情，但比不得晏欧的含蓄高雅。例如柳永的《木兰花》一组词调。

　　虫娘举措皆温润。每到婆娑偏恃俊。香檀敲缓玉纤迟，画鼓声催莲步紧。

　　贪为顾盼夸风韵。往往曲终情未尽。坐中年少暗消魂，争问青鸾家远近。（《木兰花》）

　　酥娘一搦腰肢袅。回雪萦尘皆尽妙。几多狎客看无厌，一辈舞童功不到。

　　星眸顾指精神峭。罗袖迎风身段小。而今长大懒婆娑，只要千金酬一笑。（《木兰花》）

　　佳娘捧板花钿簇。唱出新声群艳伏。金鹅扇掩调累累，文杏梁高尘簌簌。

　　鸾吟凤啸清相续。管裂弦焦争可逐。何当夜召入连昌，飞上九天歌一曲。（《木兰花》）

　　心娘自小能歌舞。举意动容皆济楚。解教天上念奴羞，不怕掌中飞燕妒。

　　玲珑绣扇花藏语。宛转香茵云衬步。王孙若拟赠千金，只在画楼东畔住。（《木兰花》）

柳永的小令也在回归小令的词体本色，试图以含蓄隽永的形式描摹人的情态表达自己的情感。这四首小令，从内容来看，赞美了虫娘、酥娘、佳娘、心娘四位歌妓的容貌与歌声。从遣词来看，难免俗艳，但是与唐五代的词作，多有相合之处。

> 晚妆初了明肌雪。春殿嫔娥鱼贯列。笙歌吹断
> 水云间，重按霓裳歌遍彻。
> 临春谁更飘香屑。醉拍阑干情味切。归时休照
> 烛花红，待放马蹄清夜月。（李煜《木兰花》）

李煜的词写宫中妃娥，其对女子神态的描写及侧面的描
摹，其实在功力上是不如柳永细致的，但是在情感表现上确
实要比柳永含蓄。尽管柳永的词希望通过用典来雅化词的表
现——"解教天上念奴羞，不怕掌中飞燕妒"，但是很明显
再文雅、典重的词汇都无法改变已经俗化的艳词内容。而这
种词调和北宋初年晏欧的词在雅俗的体现上更是无法相比的。

> 别后不知君远近。触目凄凉多少闷。渐行渐远
> 渐无书，水阔鱼沉何处问。
> 夜深风竹敲声皆是恨。故欹单枕梦中寻，梦又
> 不成灯又烬。（欧阳修《木兰花》）

其实，不管柳永这首词在外在方面如何去装点它，都改
变不了这首小令表现艳俗内容的本色。关于这一点我们可以
从词调和当时的一些风俗上略见一般。

> 小芙蓉，香旖旎。碧玉堂深清似水。开宝匣，
> 掩金铺，倚屏拖袖愁如醉。

迟迟好景烟花媚。曲渚鸳鸯眠锦翅。凝然愁望
静相思，一双笑靥嚬香蕊。（魏承班《木花兰令》）

《木兰花》这个词调体式多变，《钦定词谱》将《减字木兰花》、《木兰花》、《玉楼春》分属于三个不同词调，万树的《词律》将《玉楼春》隶属于《木兰花》之后，将其视为同调异体。（参看《词谱律析》）先勿论《木兰花》、《减字木兰花》、《偷声木兰花》、《木兰花令》，是同调异体，还是异调异体，魏承班的《木花兰令》虽然亦写男女相思，但是写得相对来说，比较文雅，比较符合文人士大夫的审美情趣。为何相似曲调会出现这样不同的审美情趣呢？我们只能说柳永在词调表现内容的选择上还是十分讲究的，更接近词调本身的特质。关于这部分内容我们将在之后的篇章中详谈。以柳永的这四首《木兰花》7 字 8 句来看，与当时"烟花品藻"的形式特点十分相像。罗烨的《新编醉翁谈录》就记载了一些关于"烟花品藻"的内容。

丘郎中守建安日，招置翁元广于门馆，凡有宴会，翁必预焉；其诸妓佐樽，翁得熟谙其姿貌妍丑、技艺高下，因各指一花以寓品藻之意，其词轻重，各当其实，人竞传之。今列三下。

吴玑　红梅　喻清绝而为花籍之魁

云祥轻盈雪样清，琼瑶酝藉月精神，羞同桃李夸姿媚，独占人门第一春。

杨倩　冰仙　喻仙姿轻盈，取为花魁之亚

> 盈盈罗袜欲生尘，冉冉绡衣照水明，移得洛川
> 佳丽种，风标未肯让梅兄。

我们现在无法得知长年流连花街柳巷平康小院的柳永，是否也有过这样品评歌妓的行为，但是无疑这四首《木兰令》的格调与内容，和这样的品评行为颇为相似。尤其是每首小令的前两句更是如此，"酥娘一搦腰肢袅。回雪萦尘皆尽妙。"

其实，柳永在写男女之情的时候，不仅仅使用了小令，同时也创新了一些慢词，如《柳腰轻》，俗艳的风格相似，只是词体略有不同罢了。

> 英英妙舞腰肢软。章台柳、昭阳燕。锦衣冠盖，
> 绮堂筵会，是处千金争选。顾香砌、丝管初调，倚
> 轻风、佩环微颤。
>
> 乍入霓裳促遍。逞盈盈、渐催檀板。慢垂霞袖，
> 急趋莲步，进退奇容千变。算何止、倾国倾城，暂
> 回眸、万人肠断。（《柳腰轻》）

如若我们说《柳腰轻》只是花了大量的笔墨描写了英英的姿容、歌喉与举止，尚不足以让柳永被后人訾诟的话，那么柳永自创的那些体现市井格调、描写狎妓与放荡沉迷生活的作品，确实当得起时人的指摘，"其词虽极工致，然多杂以鄙语，故流俗人尤喜道之。"（徐度《却扫篇》）这些作品与当时已经渐趋雅化的作品格调不同，略近于唐五代民歌的朴

鄙、质朴。

> 秀香家住桃花径。算神仙、才堪并。层波细剪
> 明眸，腻玉圆搓素颈。爱把歌喉当筵逞。遏天边，
> 乱云愁凝。言语似娇莺，一声声堪听。
> 洞房饮散帘帏静。拥香衾、欢心称。金炉麝袅
> 青烟，凤帐烛摇红影。无限狂心乘酒兴。这欢娱、
> 渐入嘉景。犹自怨邻鸡，道秋宵不永。（《昼夜乐》）

黄昇《唐宋诸贤绝妙词选》认为，这首慢词"此词丽以淫，不当入选，以东坡尝引用其语，故录之"。词的上阙写秀香的容貌——明眸善睐，秀香的歌声——遏天边，乱云愁凝。言语似娇莺，一声声堪听。从内容来看，不脱歌妓颜色，艳丽华彩。从词的下阙来看，柳永将视角从歌妓的容貌转入到狎妓的生活方面，其态度和审美都是世俗的——"拥香衾，欢心称"，才子佳人两称心，虽沉醉其中，犹自怨良辰好景易消逝。柳永创词好用曲名，"昼夜乐"乃柳永自创之曲调，"柳词全用乐府义例，不复于曲名外更自为题"（《大鹤山人词话》），由此我们也可以看出柳永词本调所写之内容。其中"犹自怨邻鸡，道秋宵不永"，与老百姓的生活和审美是一脉相通的，读罢不禁让人想起南朝乐府《读曲歌》：

> 打杀长鸣鸡，弹去乌白鸟。愿得连暝不复曙，
> 一年都一晓。

　　两首作品的风格和内容，可谓异曲而同工。大抵因为后者乃市井之作，本该如此；而前者乃文人创作，本不该如此。故文人多有不喜，郎瑛在《七修类稿》卷三十一提及此词时说，"此虽赠妓，真可谓狎语淫言矣，宜戒之。"柳永词中的这种审美心态无疑是世俗的，从敦煌曲子词中我们也可以略窥一般。

　　　洞房深，空悄悄。虚抱身心生寂寞，待来时，须祈祷。休恋狂花年少。
　　　淡匀妆，固施妙。只为五陵正渺渺。胸上雪，从君咬。恐犯千金买唤。（《鱼歌子》）

　　可是这种露骨的言辞与放浪形骸的生活态度，是严肃的、正经的卿士大夫所无法接受的。大抵正是柳永这种文人创作市井俗词的态度，以及长期流连平康小院的行为，让那些士大夫们无法接受，所以对其人品及其词品多有批评吧。正如夏敬观所评，"（耆卿）俚词袭五代淫诐之风气，开金、元曲子之先声，比于里巷歌谣，亦复自成一格。其鄙陋过甚者，不无乐工歌儿所窜改，可断言也。唯人品放荡，几于篇篇，学者尤当慎择也。"（《映庵词评》）

　　其实，柳永的艳词在描写歌妓生活方面虽然真实直白浅露，为士人所不耻，但是柳永的艳词也并非全无价值可言。柳永的慢调艳词，在某种程度上也关注了沦落妓所的的歌女的心理，也表现了柳永对她们不幸生活遭遇的同情与安慰。对于歌妓来说，平生最大的愿望不过是觅得良人、摆脱朝来暮往的混乱生活。柳永的词作就有对这种女性心理的关注，因此词作在内容的表现上，与晏殊等人描写的和家妓之间的高雅情思与思念是完全不一样的。

才过笄年，初绾云鬟，便学歌舞。席上尊前，王孙随分相许。算等闲、酬一笑，便千金慵觑。常只恐、容易韶华偷换，光阴虚度。

已受君恩顾。好与花为主。万里丹霄，何妨携手共归去。永弃却、烟花伴侣。免教人见妾，朝云暮雨。（《迷仙引》）

在这首词中，柳永对这位年华已逝、却被人抛弃的歌女寄予了深切的同情。这位女孩子有着对自由和幸福生活的向往，但偏偏过着朝来暮往的生活。但是在万般不由自主的困境中，她依然对未来充满着希望，只不过这个希望似乎并不那么容易实现——"好与花为主"似乎已道破了这残酷的现实。刘永济先生认为，封建社会重男轻女，男子玩弄女性，况妓女之社会地位甚低，根本是代男子寻乐之用者，而柳词中之男性对女性却无此种痕迹。（《唐五代两宋词简析》）"迷仙引"乃柳永自创词调，"盖因咏歌妓之色艺无双，故名。"（《乐章集校注》）迷仙，到底是沉迷于仙一样的美女，还是仙一样的美女被迷困？抑或是二者兼而有之？

"'以艳为美'乃是唐宋词所提供给读者的一种最摄人心魂的最沁人心脾的审美新感受。"（杨海明《试论唐宋词的"以艳为美"及其香艳味》）与其他人相比，柳永艳词略无特

105

质，只不过是在"艳词"这条路上走得更稳罢了。柳永的词作不脱"艳科"之窠臼，艳情有之，淡雅有之，风格多样。既承袭前代，又有所新创，俗调有之，雅采亦有。其艳词除了其中可圈可点的艺术成就之外，从写实的角度来说，柳永的艳词在某种程度上帮助我们看清了宋代的狎妓文化。故郑文焯称，"屯田词自李端叔、刘潜夫、黄叔旸诸家评泊，多以其俳体为诟病久已。惟张端义《贵耳集》引项平斋言，诗当学杜，词当学柳，皆无表德，只是实说云云。"此评也许稍过，但是我们也能从中看出柳永词的"写实"本质。

二、言情雅词

其实，柳永词写相思之情，不独艳情一体。除了艳科之外，柳永词在表现男女相恋方面，也颇有雅词，尤其是与其羁旅生活联系在一起的词。但是这些词与那些点到为止的、含蓄的助兴式的小令不一样，格调依然不高。也就是说，柳永雅化俗词慢调的想法和做法并没有得到时人的认可。

大抵柳永是以一种欣赏的态度来写艳词的，因之要满足市井百姓的审美所以要通俗易懂，但是为何乐工的词作总也比不上柳永的作品，为何一首词一经柳永品提声价倍增？在这里，我们也应该肯定柳永艳词的文学价值，柳永继承了唐五代以来艳词对人物外貌、性格、心理描写精细的特点。一些用词比较艳俗的代言体，柳永对其中人物神态和心理的描写都属上乘。

　　自春来、惨绿愁红，芳心是事可可。日上花梢，
莺穿柳带，犹压香衾卧。暖酥消，腻云亸。终日厌
厌倦梳裹。无那，恨薄情一去，音书无个。

　　早知恁麼，悔当初、不把雕鞍锁。向鸡窗、只
与蛮笺象管，拘束教吟课。镇相随，莫抛躲。针线
闲拈伴伊坐。和我。免使年少，光阴虚过。(《定风
波》)

　　刘永济先生认为，"此代妓女抒写离情之词。词意极明，
当是为妓女歌唱而作者。"而薛瑞生先生认为，"此首显然为
代闺怨词而非妓女词。"抛却这首词为谁代言的问题来看这首
词的创作，会发现这首词写人生动细腻，女子的情态真实，
形象跃然纸上。上片写了女子的春闺寂寞，"犹压香衾卧"
"终日厌厌倦梳里"，不由得让我们想起了温庭筠笔下的那位
女子——"懒起画蛾眉，弄妆梳洗迟"，不由得让人感叹良
人不在，谁适为容？不由得怨念良人一去不返，音信全无。
下片直接转入女子的心理描写，"悔当初，不把雕鞍锁"，其
词意直逼王昌龄所塑造的"忽见陌头杨柳色，悔教夫婿觅封
侯"的闺中少妇形象。当然，不慕名利只求鸳鸯双宿、少年
双美的愿望，并不会为士大夫的所接受。张舜民的《画墁
录》称：柳三变既以词忤仁庙，吏部不放改官。三变不能堪，
诣政府。晏公曰："贤俊作曲子麼？"三变曰："只如相公亦
作曲子。"公曰："殊虽作曲子，不曾道'针线慵拈伴伊
坐'。"柳遂退。这种世俗人眼中比翼双飞的观念，还是与读
书仕进、用意庙堂的正统思想格格不入的。

柳永以一种细腻的心思去体悟女子的心理，或者为女子代言，或者从对面入笔写女子对良人的思念。这首词细细地揣摹了女子对良人的思念、感伤等复杂的心情。

> 洞房记得初相遇。便只合、长相聚。何期小会
> 幽欢，变作离情别绪。况值阑珊春色暮。对满目、
> 乱花狂絮。直恐好风光，尽随伊归去。
>
> 一场寂寞凭谁诉。算前言、总轻负。早知恁地
> 难拼，悔不当时留住。其奈风流端正外，更别有、
> 系人心处。一日不思量，也攒眉千度。（《昼夜乐》）

这首词，有人认为是写柳永夫妻情事的，有人认为是写女子的悔怨的。无论是哪一种，都将女子从幸福无知、小会幽欢、分别愁绪、寂寞悔恨、攒眉深思的心理写得淋漓尽致。这种心理非一番沉思细思不可得，非设身处地不可得。作为一种慢调，这首词对情感的渲染与烘托也很到位。别时必然伤感，更哪堪春色阑珊暮色起；心系良人难忘怀，愁思怎舍？攒眉千度。这些手法的运用自然是那些直白的、只看重色艺的俗词无法比拟的了。正如《四库全书总目提要》所评："盖词本管弦冶荡之音，而永所作旖旎近情，使人易入，虽颇以俗为病，然好之者终不绝。"

其实，柳永所作的此类代言体，与他自己的羁旅行役也是分不开的。正是因为漂泊在外的孤独，让他以对写的方式，想象此时在家中或者帝京的红颜知己对自己的想念，此种写法也表现了柳永羁旅生活的空虚、无奈与伤感。

绣帏睡起。残妆浅、无绪匀红铺翠。藻井凝尘，金阶铺藓，寂寞凤楼十二。风絮纷纷，烟芜苒苒，永日画阑，沉吟独倚。望远行，南陌春残悄归骑。

凝睇。消遣离愁无计，但暗掷、金钗买醉。对好景、空饮香醪，争奈转添珠泪。待伊游冶归来，故故解放翠羽，轻裙重系。见纤腰围小，图信人憔悴。(《望远行》)

此一首《望远行》一句未写及与良人分别之场景，只是写了良人远行之后，女子因思念良人而无心梳洗打扮的场景，她独看藻井生尘，金阶铺藓，独自垂泪，想象良人归来之后，会看到自己因思念而憔悴的模样"见纤腰围小，信人憔悴，"恰如"衣带渐宽终不悔，为伊消得人憔悴"之句。

不可否认，在某些方面柳永是世俗的，无论是他的词作还是他的心理，但是，他毕竟不是教坊及市井的艺人，他毕竟出身大方之家，他毕竟深受中国传统文化的影响，因此，他的大俗也总是与他的大雅联系在一起的。他的羁旅行役之作，往往是与思念佳人、追思良辰好景联系在一起的。

梦觉、透窗风一线，寒灯吹息。那堪酒醒，又闻空阶，夜雨频滴。嗟因循、久作天涯客。负佳人、几许盟言，便忍把、从前欢会，陡顿翻成忧戚。

愁极。再三追思，洞房深处，几度饮散歌阑，香暖鸳鸯被，岂暂时疏散，费伊心力。殢云尤雨，有万般千种，相怜相惜。

恰到如今，天长漏永，无端自家疏隔。知何时、
却拥秦云态。愿低帏昵枕，轻轻细说与，江乡夜夜，
数寒更思忆。（《浪淘沙》）

此词三叠，第一叠写深秋夜雨，醉客思乡，却因辜负佳
人而翻成忧戚，柳永在一个极严肃的、极正经的话题里——
游子思乡——想念佳人以至辗转忧伤。其词意正从温庭筠的
"梧桐树，三更雨，不道离情正苦。一叶叶，一声声，空阶滴
到明"中化出，雅俗共赏。第二叠却因有了柳永不同于他人
的独特的风味，因愁极而产生了追思"香暖鸳鸯被"的场
景，第三叠顺着第二叠的追思而将时空转向未来，期望在未
来能够"低帏昵枕"，细说"江乡夜夜，数寒更思忆"。柳永
在秋雨凄清的氛围中，却能将俗之至极的闺情写得辗转、多
方。对此，后人亦有定评，"柳耆卿词，大率前遍铺叙景物，
或写羁旅行役，后遍则追忆旧欢，伤离惜别，几于千篇一律，
绝少变换，不能自脱窠臼。词格之卑，正不徒杂以鄙俚已
也。"（周曾锦《卧庐词话》）王灼曾将柳永与都下富儿相比，
认为柳永虽脱去了乡村朴鄙之气，但是声态可憎。由此可见，
在大俗大雅的路上，柳永的尝试似乎并不成功。

除此之外，柳永写夫妻闺情和悼亡的词，也写得情真意
切，不以色艺为优，而以情思取胜。而柳永对妻子的思念、
追思之情，主要表现在他的羁旅怀远、悼亡之作中。在前文
我们提到柳永和妻子可以算得是年少双美，但是柳永流连平
康的行为，倔强的娇妻不喜，二人的关系一度十分紧张。但
是毕竟是夫妻，柳永漂泊在外万般不如意之际，难免思之，

念之。

> 伫立长堤，淡荡晚风起。骤雨歇、极目萧疏，塞柳万株，掩映篙波千里。走舟车向此，人人奔名竞利。念荡子、终日驱驱，争觉乡关转迢递。
>
> 何意。绣阁轻抛，锦字难逢，等闲度岁。奈泛泛旅迹，厌厌病绪，迩来谙尽，宦游滋味。此情怀、纵写香笺，凭谁与寄。算孟光、争得知我，继日添憔悴。（《定风波》）

为了功名前程，抛妻远游，本就是柳永心中最无奈的抉择。更何况，自己最期待的游宦生活却以最丑陋的面目呈现在眼前——"人人奔名竞利"，怎么能不感伤呢？四处的奔波，无人相伴，愁旅病旅之情渐渐衍生。当是时，不仅生活困顿，更是冷落了佳人，想来家中的娇妻就是整日厌厌生憔悴了吧！

在思而不得的日子里，柳永也在深深地反思自己这些年来与妻子的关系，也在追悔年少的轻狂与决绝，"追悔当年孤深愿"。毕竟年来漂泊，一时误会可能就变成了终生的幽怨，再好的美景也抵不上知心人儿的温情，再美的山水也改变不了独自品尝幽怨的心情。回忆总是美好的，但是可念而不可及，在过往的欢乐之后，转念即是伤心。即使时时刻刻地思念，又怎敌佳人在旁，亲人相见呢？

> 追悔当初孤深愿。经年价、两成幽怨。任越水

吴山，似屏如障堪游玩。奈独自、慵抬眼。

　　赏烟花，听弦管。图欢笑、转加肠断。更时展
丹青，强拈书信频频看。又争似、亲相见。(《凤衔
杯》)

　　我们无法推测柳永的这首词是创作于何时，也无法论断
他对于娇妻悔悟、思念的情感究竟是发自肺腑之言，还是一
时孤寂无奈聊以自慰的感言？我们更是无法推测柳永与妻子
的关系是否和好如初，是否在她的妻子去世之前，两人已经
冰释前嫌？但是柳永的妻子确实是在他宦游江南之际，香销
玉殒了。

　　人大概总是在失去之后，才会念及妻子的好吧！柳永给
妻子写了两首掉亡词。这两首悼亡词在表现内容上各有侧重，
《离别难》重描摹，重回忆，重哀逝；《秋蕊香引》重言情，
重悼亡。前者言娇妻已逝，似在前，重写娇妻去世之状；后
者言此生难遇，似在后，重写娇妻亡后之情。

　　花谢水流倏忽，嗟年少光阴。有天然、蕙质兰
心。美韶容、何啻值千金。便因甚、翠弱红衰，缠
绵香体，都不胜任。算神仙、五色灵丹无验，中路
委并簪。

　　人悄悄，夜沉沉。闭香闺、永弃鸳衾。想娇魂
媚魄非远，纵洪都方士也难寻。最苦是、好景良天，
尊前歌笑，空想遗音。望断处，杳杳巫峰十二，千
古暮云深。(《离别难》)

留不得。光阴催促，奈芳兰歇，好花谢，惟顷刻。彩云易散琉璃脆，验前事端的。

风月夜，几处前踪旧迹。忍思忆。这回望断，永作终天隔。向仙岛，归冥路，两无消息。（《秋蕊香引》）

"离别难"，《钦定词谱》云："《离别难》，唐教坊曲名。按段成节《乐府杂录》：'天后朝，有士人妻配入掖庭，善吹觱篥，乃撰此曲。盖五言八句诗也。'"此曲乃柳永以旧曲谱新声。故事，乃与良人生离；新作，乃与佳人死别。但是从表现的内容来看，虽然雅俗共赏，但是情感表现并不足以动人。倒是《秋蕊香引》一词，以"留不得"领起，全词表现了留不得佳人的感伤，用不同意象伤叹了妻子去世的现实——兰芳歇、好花谢、彩云散、琉璃脆。大抵以前不是不思，亦不是不忆，只是未曾想过有生死相隔的一天。"两无消息"四个字看似平淡，看似淡定，实则无计可施，实则黯淡无奈！

总之，柳永的言情雅词，确乎体现了情感上的纯粹、言辞的雅质。同样是言情，柳永雅词言情的作品流传并不甚广，俗词艳科却风靡天下。这在某种程度上，也反映了柳词之所以不为士大夫们所青睐的一个原因。大抵雅质言情，柳永的小令关注的是对女子神态、心理、动作的描写，而不是时下士大夫所喜爱的含蓄旨远的真情；大抵雅质言情，柳永的慢调关注的是景物的铺陈，结构的转换，也是与时下士大夫的审美异趣的。柳永也确乎当得起黄昇的评价，"长于纤艳之词，然多近俚俗，故市井之人悦之。"（《唐宋诸贤绝妙好词选》）总之，雅质言情柳永非不为也，乃不能为他人所为之状也；俗词也非柳永所独专，然能独辟蹊径，独领风骚。

三、羁旅游宦词

柳永的《乐章集》中艺术成就最高的作品就要数这些羁旅行役之作，如果我们说艳词体现了柳永的俗的话，那么毫无疑问羁旅词体现了柳永的雅。这些作品体现了柳永作为士大夫的"高雅"情调，表现了他漂泊羁旅在外的孤独、寂寞与凄凉，表现了他在游宦中的悲苦，表现了他在困顿中对人生、对名利的思考。

从柳永羁旅游宦词所表现的内容来看，主要包含两方面内容，一方面是因羁旅而产生的各种情感；一方面是羁旅行役中所见的各种风光。正如陈廷焯《词坛丛话》所言："秦写山川之景，柳写羁旅之情，俱臻绝顶，有不可以言语形容者。"

1. 羁宦多情

羁旅游宦本就是中国古代文学创作的一大主题，因羁旅在外会衍生出各种情感，如漂泊在外的孤单寂寞，寄居在外的思乡之情，远离家乡的忆内之情，与家人别居的感伤之情……不一而足。这些情感在柳永的羁旅游宦的词作中均有所反映，只不过离愁别绪表达得更为伤感，离别之情渲染得更为凄凉。

羁旅游宦词在柳永词中的地位一向很高。士人于漂泊之中感慨人生困顿、时光易逝、功业未就、壮士难酬之悲，这些都很常见，而且这一类作品无疑在格调上、内容表现上、词语的使用上都表现得格调很高。基本上这些特点柳永在词作中都有表现。除此之外，柳永的羁旅词又体现了他独特的、鲜明的个性，既言羁旅又言闺情。其实，羁旅言情不始于柳永，但是断乎只有柳永才能将这种艳情毫无顾忌地表现出来。这种对过往生活念念不忘的情绪表现，也确乎是天真的柳永才能做出的行为。一方面，柳永于漂泊之中，过得不尽如人意。孤独、冷清的现状，使得过往繁华、热闹的回忆更加清晰地浮现于眼前。一分孤寂，倍增一分相思；一分相思，倍增一分留恋。另一方面，过往平康是如此地新鲜、真我、性情，妙曼的歌舞、动人的新声、绝尘的仙姿，都让柳永沉迷、忘我、难以自拔！

　　　　每到秋来，转添甚况味。金风动、冷清清地。残蝉噪晚，甚聒得、人心欲碎，更休道、宋玉多悲，石人、也须下泪。
　　　　衾寒枕冷，夜迢迢、更无寐。深院静、月明风细。巴巴望晓，怎生捱、更迢递。料我儿、只在枕头根底，等人来、睡梦里。（《爪茉莉》）

　　柳永此词改变了过往"春女善怀，秋士易感"的表情达意的模式，士大夫们所青睐的"宋玉之悲"，竟然抵不上闺情之怨，此情种种，"石人、也须下泪"。此词表达闺情，卓人月《古今词统》称："世间有如此意枕，亦复何恨。"
　　总的来说，这部分羁旅作品，虽然也反映了柳永游学在

115

外的孤苦，但是柳永救赎这种羁旅孤苦的方式，基本上就是回忆过往奢靡豪侈的歌舞狎兴。这类作品既有对汴京繁华生活的描绘，亦有对良辰好景辜负的无奈。

> 淡烟残照，摇曳溪光碧。溪边浅桃深杏，迤逦染春色。昨夜扁舟泊处，枕底当滩碛。波声渔笛。惊回好梦，梦里欲归归不得。
>
> 展转翻成无寐，因此伤行役。思念多媚多娇，恁尽千山隔。都为深情密爱，不忍轻离拆。好天良夕。鸳帷寂寞，算得也应暗相忆。（《六幺令》）

午夜梦回，归梦难成，展转难眠伤行役，归思为何？不外乎多媚与多娇，思之如何？却恁尺千山相隔。尽管深情密意，尽管良辰美景，却也只能黯然追忆。从词的内容来看，孤独漂泊之情有之，但并不突出。但羁旅伤秋之情和伤春之怀，在风格上是迥然不同的。

> 薄衾小枕天气。乍觉别离滋味。展转数寒更，起了还重睡。毕竟不成眠，一夜长如岁。
>
> 也拟待、却回征辔。又争奈、已成行计。万种思量，多方开解，只恁寂寞厌厌地。系我一生心，负你千行泪。（《忆帝京》）

由此可见，在某种程度上，秋思更易于士人伤感，尝遍别离滋味；春思更易于表达艳俗之，思念佳人姿容，难忘深

情密意，空负良辰好景。人生境况的对比，很容易引发柳永
对过往生活的感慨。柳永的羁旅词除了以哀情衬哀情的方式，
来表现他对过往游狎生活的怀念外，还通过乐景衬情的方式
来表现他对帝都生活放浪形骸生活的怀念。此类作品大抵是
柳永入世未深之时所作，因此对羁旅的孤苦体会并不深刻，
往往是因为漂泊在外遇到的良辰美景而引发了他对于过往花
前月下生活的向往与追思。

> 花发西园，草薰南陌，韶光明媚，乍晴轻暖清
> 明后。水嬉舟动，禊饮筵开，银塘似染，金堤如绣。
> 是处王孙，几多游妓，往往携纤手。遣离人、对嘉
> 景，触目伤怀，尽成感旧。
> 　　别久。帝城当日，兰堂夜烛，百万呼卢，画阁
> 春风，十千沽酒。未省、宴处能忘管弦，醉里不寻
> 花柳。岂知秦楼，玉箫声断，前事难重偶。空遗恨，
> 望仙乡，一晌消凝，泪沾襟袖。（《笛家弄》）

此词当作于柳永科第之前，词的上片并没有像他的大多
数作品那样去铺叙秋景的凄凉，营造浓厚的悲秋氛围，而是
采用了观美景、引悲情，哀乐对比的方式，来表现作者在羁
旅中的伤情。词作描写了柳永远离京城的生活。时值清明前
后，水中嬉戏，美景良筵，银塘似染，金堤如绣，如此美景，
必然是王孙携妓同游了。然而快乐却是他们的，对此嘉景，
柳永却触目伤怀，追思过往，感慨万千。和当地的王孙之游
比起来，帝京当日的美景是其无法比拟的——兰堂夜烛，百

万呼庐，画阁春风，十千沽酒。然而这样的美景美事，却是颇难重遇的，如之何勿思，如之何勿伤呢？在词的结尾，柳永塑造了一个空有遗憾，举目四望，良久而涕泪沾裳的远行客形象。黯然消魂之态力透纸背。

总之，柳永羁旅词有一部分确实是和他往日靡乱的生活联系在一起的。原本这些羁旅伤感的、能够提升柳永形象、表现士大夫沉沦下僚、壮志难酬的高雅情趣的作品，却因为被柳永写得如此俗艳、热闹，而受到批评家们的指责。"宋人如柳永、周邦彦辈，填词鄙浊，有市井之气。"（魏际瑞《魏伯子文集·钞所作诗余序》）

尽管这些热闹是如此地遥不可及，但是柳永依然乐此不疲地对彼时情景进行着追忆。大抵只有对过往的追溯才能添补他漂泊在外的孤独和伤感。

> 昨宵里、恁和衣睡。今宵里、又恁和衣睡。小饮归来，初更过、醺醺醉。中夜后、何事还惊起。霜天冷，风细细。触疏窗、闪闪灯摇曳。
>
> 空床展转重追想，云雨梦、任敧枕难继。寸心万绪，咫尺千里。好景良天，彼此空有相怜意。未有相怜计。（《婆罗门令》）

柳永的羁旅词在表现思妇内容方面，除了上述所提到的艳情外，亦有不少描写雅质的、与同时作家风格略近的羁旅思内词。这些词在遣词造句上比较讲究，在景物的描写上比较细致，在情感的表现上也比较细腻含蓄。

夜雨滴空阶，孤馆梦回，情绪萧索。一片闲愁，想丹青难貌。渐秋老、蛩声正苦，夜将阑、灯花旋落。最无端处，总把良宵，祗恁孤眠却。

佳人应怪我，别后寡信轻诺。记得当初，剪香云为约。甚时向、幽闺深处，近新词、流霞共酌。再同欢笑，肯把金玉珠珍博。（《尾犯》）

这首词和上文提到的那些描写俗艳之情的羁旅词在风格和品味上还是略有不同的。以"夜雨滴空阶"来表现作者的孤寂，以"蛩声正苦"来增添孤寂之凉，即使对往日美好的回忆也放在了"近新词、流霞共酌"这样的雅兴上面。尤其是词的上阕对这种情感的表现和时下的士大夫并没有更多的不同，只不过语言在雅质的基础上更为通俗易懂，达到了雅俗共赏的效果。而且"夜雨滴空阶"一语，引自阴铿的诗句，"柳耆卿用其语，人但知为柳词耳。"（龚颐正《芥隐笔记》）这也从一个侧面反映了柳永作为知识分子，对于文化经典的熟识程度和他不逊于时人的文化素养。吴梅称："柳永失意无聊，专事绮语。张先流连歌酒，不乏艳词。惟托体之高，柳不如张，盖子野为古今一大转移也。"（《词学通论》）

伤高怀远几时穷。无物似情浓。离愁正引千丝乱，更东陌、飞絮濛濛。嘶骑渐遥，征尘不断，何处认郎踪。

双鸳池沼水溶溶。南北小桡通，梯横画阁黄昏后，又还是、斜月帘拢。沈恨细思，不如桃杏，犹

解嫁东风。(张先《一丛花令》)

毫无疑问，张先的这首词在内容表现上比柳永更为高雅、含蓄。远离家乡的孤苦固然悲伤，但是比不得"无处认郎踪"的情浓；"无处认郎踪"的情感固然深沉，但是所有的情感表现都是通过景物的渲染烘托、对比衬托来实现的，"不如桃杏，犹解嫁东风"。这种士大夫们赏玩音乐、狎兴歌舞的审美表现方式，固然不是柳永流连平康的审美情趣能够比拟的，但毕竟二者在词作的情调的表现已经十分接近了，而且柳永的词中也不乏那样端着的、表现含蓄的词。正如吴梅所评："汴京繁庶，竞赌新声。柳永失意无聊，专事绮语。张先流连歌酒，不乏艳辞。"(《词学通论》)

　　断云残雨。洒微凉、生轩户。动清籁、萧萧庭树。银河浓淡，华星明灭，轻云时度。莎阶寂静无睹。幽蛩切切秋吟苦。疏篁一径，流萤几点，飞来飞去。

　　对月临风，空恁无眠耿耿，暗想旧日牵情处。绮罗丛里，有人人、那回饮散，略曾谐鸳侣。因循忍便睽阻。相思不得长相聚。好天良夜，无端惹起，千愁万绪。(《女冠子》)

雨后的秋夜，何等的寂寞，何等的凄凉！秋声萧瑟，蛩声凄切，银河流萤，远近相宜，动静相彰。过往的好天良夜，只能在无眠的夜里耿耿于怀，平添千愁万绪！此情此景怕是在以"辞情兼称"（孙竞《竹坡老人词序》）闻名秦观的笔下亦不过如此。

> 山抹微云，天连衰草，画角声断谯门。暂停征棹，聊共引离尊。多少蓬莱旧事，空回首、烟霭纷纷。斜阳外，寒鸦万点，流水绕孤村。
>
> 销魂。当此际，香囊暗解，罗带轻分。谩赢得、青楼薄倖名存。此去何时见也，襟袖上、空惹啼痕。伤情处，高城望断，灯火已黄昏。　（秦观《满庭芳》）

苏轼评"山抹微云秦学士，露花倒影柳屯田"（叶梦得《避暑录话》），所言不虚也。在词学史中秦观的地位无疑要高于柳永，这是就他们大多数作品的内容与情感表现、风情格调而言的，但这并不是说柳永不能为秦观之作。"历观古今诸词，其以景语胜者，必芊绵而温丽者也；其以情语胜者，必淫艳而佻巧者也。情景合则婉约而不失之淫，情景离则僝浅而或流于荡，如温、韦、二李、少游、美成诸家，率皆以秾至之景写哀怨之情，称美一时，流声千载；黄九、柳七，一涉僝薄，犹未免于淳朴变风之讥，他尚何论哉！"（彭孙遹《旷庵词序》）柳永非不能景语，非不能情语，非不能以景写情，情景相生，实则其写作的内容僝薄近俗耳。因此我们说其雅作之词，尤其是柳永借秋景写雅质闺怨的词，亦是鲜有敌手。

景萧索，危楼独立面晴空。动悲秋情绪，当时
宋玉应同。渔市孤烟袅寒碧，水村残叶舞愁红。楚
天阔，浪浸斜阳，千里溶溶。

临风。想佳丽，别后愁颜，镇敛眉峰。可惜当
年，顿乖雨迹云踪。雅态妍姿正欢洽，落花流水忽
西东。无憀恨、相思意，尽分付征鸿。（《雪梅香》）

危楼独立，萧索独赏，孤烟残红，应与宋玉悲秋之意相
同。楚天寥廓，水乡千里，愁绪难解。景雅质情含蓄。佳人
愁绪聚敛眉峰，落花有意流水无情，分付征鸿又如何？有相
思之意，无相聚之日。上片写景，下片言情。由景过情，过
渡自然。邓廷桢称，"柳耆卿以词名景祐、皇祐间。《乐章
集》中，冶游之作居其半，率皆轻浮猥媟，取誉筝琶。如当
时人所讥，有教坊丁大使意。惟……《雪梅香》之'渔市孤
烟袅寒碧'，差近风雅。"（《双砚斋词话》）这句话说得有些
过分，柳永的羁旅词也不是不能写得雅质，也不是不能写得
纯净。那些写得好的雅质的羁旅词也甚得古人欣赏。"秦写山
川之景，柳写羁旅之情，俱臻绝顶，有不可以言语形容者。"
（陈廷焯《词坛丛话》）当然，我们必须清楚柳永的羁旅行役
之词，虽有近风雅之处，但绝非其创作之主流。

柳永羁旅游宦之词，除了表现闺怨之情外，还表现了柳
永对羁宦人生的思考，对官场和现实的反思。尽管这些思考
与反思有发牢骚的成分，但也在某种程度上反映了沉沦下僚、
困顿不如意的柳永的生活现状。柳永词作中更有价值、更为
真实的作品是那些反映因羁旅行役而产生对人生的思考、对

人生存在价值的反思、对名利观念再认识的作品。

　　随着年纪的增长，长期漂泊孤独的生活，使得柳永开始反思自己的人生、思考自己的人生价值，甚至开始反思自己所追求的名利到底是什么？因此，在柳永入仕之后的作品中，我们总能看到柳永对于名利的厌弃，然而现实生活却告诉柳永他求而不得的东西，却是他不能放弃的所在。因此在柳永这类作品的背后，我们看到的是一位年年困于选调而无法解脱的下层官僚的疲惫与不堪。

　　　晚秋天。一霎微雨洒庭轩。槛菊萧疏，井梧零乱惹残烟。凄然。望乡关。飞云黯淡夕阳间。当时宋玉悲感，向此临水与登山。远道迢递，行人凄楚，倦听陇水潺湲。正蝉吟败叶，蛩响衰草，相应喧喧。

　　　孤馆度日如年。风露渐变，悄悄至更阑。长天净，绛河清浅，皓月婵娟。思绵绵。夜永对景，那堪屈指，暗想从前。未名未禄，绮陌红楼，往往经岁迁延。

　　　帝里风光好，当年少日，暮宴朝欢。况有狂朋怪侣，遇当歌、对酒竞留连。别来迅景如梭，旧游似梦，烟水程何限。念名利、憔悴长萦绊。追往事、空惨愁颜。漏箭移、稍觉轻寒。听呜咽、画角数声残。以闲窗畔，停灯向晓，抱影无眠。（《戚氏》）

　　这首词历来受到批评家的好评，王灼称："《离骚》寂寞千载后，《戚氏》凄凉一曲终"（《碧鸡漫志》）；宋翔凤称：

"柳词曲折委婉，而中具浑沦之气。虽多俚语，而高处足冠群流，倚声家当尸而祝之。"(《乐府馀论》)；郑文焯称："屯田则宋专家，其高深处不减清真，长调尤能以沉雄之魄，清劲之气，写奇丽之情，作挥绰之声"(《大鹤山人词论》)。

这首词由秋景入，渲染了凄清、萧瑟的氛围，其悲千载宋玉同。年来鞍马困顿，行迹飘乎，倦意浓浓，乡关何处？蝉声蛩响，菊疏梧零，一片萧条景象。永夜无眠，孤夜难度，与过往的绮陌红楼相比，又有甚名利可言？如今的寂寞空虚，大概只能依靠过往的良辰美景来添补了。名利使得自己憔悴，往事却只能追忆，只能任追忆愁惨了自己，茕茕孑立，形影相吊了！此处，柳永对名利的感发尚不深刻，我们还看不到他内心深处对名利的不屑与蔑视。大抵这种对名利的思考，也仅仅是建立在往事不可谏，来者亦来追的情绪基础之上的，深刻性不足！

人生如此地短暂，个体于天地之间无疑是渺小的存在。和魏晋名士感慨人生苦短，不如及时行乐、建功立业、服食丹药相比，柳永的解脱方式相对单一。这种方式就是回忆，回忆，回忆。不断地回忆过往的放荡不羁、过往的热闹与繁华，来添补现下的空虚、寂寞与无奈。

晴烟幂幂。渐东郊芳草，染成轻碧。野塘风暖，游鱼动触，冰澌微坼。几行断雁，旋次第、归霜碛。咏新诗，手拈江梅，故人赠我春色。

似此光阴催逼。念浮生、不满百。虽照人轩冕，润屋珠金，于身何益。一种劳心力。图利禄、殆非

124

长策。除是恁、点检笙，访寻罗绮消得。(《尾犯》)

如此地不如人意，如此地心意难平，必然会引发柳永厌弃当下羁旅漂泊的生活，难免要反思自己到底为了什么而活着？自己的人生目标到底是什么？正如罗烨的《新编醉翁谈录》卷二的记载，"故其为人有仙风道骨，倜傥不羁，傲睨王侯，意尚豪放。花前月下，随意遣词，移宫换羽，词名由是盛传，天下不朽。惟是且世显荣贵，官至屯田员外郎。柳自是厌薄官情，遁于武夷九曲之东。"这段记载难免有虚构之处，但柳永因羁宦而心向花前，意有厌薄官场之情亦有其真实可信之处。

> 伫立长堤，淡荡晚风起。骤雨歇、极目萧疏，塞柳万株，掩映箭波千里。走舟车向此，人人奔名竞利。念荡子、终日驱驱，争觉乡关转迢递。
>
> 何意。绣阁轻抛，锦字难逢，等闲度岁。奈泛泛旅迹，厌厌病绪，迩来谙尽，宦游滋味。此情怀、纵写香笺，凭谁与寄。算孟光、争得知我，继日添憔悴。(《定风波》)

当极目萧疏的景象摆在目前，当奔名竞利的人生差强人意的时候，柳永也在想到底远离家乡所为何事？年来的奔波、岁月等闲度过，到底为何还要游宦羁旅。柳永发现原来自己孜孜以求的生活也不过如此，远没有自己的京城生活来得快意与自在，更别说抛弃娇妻独自远游的憔悴了！

即使在政绩比较突出的云峰盐场，即使在关心、同情着盐场百姓的同时，柳永也在反思自己的生活状态，也在回忆着过往的生活。原来现下一切对名利的追求，都不过是在虚掷光阴，辜负了良辰美景而已。

> 宴堂深，轩楹雨，轻压暑气低沉。花洞彩舟泛斝，坐绕清浔。楚台风快，湘簟冷、永日披襟。坐久觉、疏弦脆管，时换新音。
>
> 越娥兰态蕙心。逞妖艳、昵欢邀宠难禁。筵上笑歌间发，鸳履交侵。醉乡深处，须尽兴、满酌高吟。向此免、名缰利锁，虚费光阴。（《夏云峰》）

就某种意义而言，柳永是一位执着于世俗的士子，他有自己的政治理想要实现，他有自己的家族重任要肩负，他有自己的家庭要负担，他有自己心怡的佳人和良辰要追求。所以，柳永应该不是一位发自内心想要归隐的士子。尽管这个世道有的人真心实意地做着归隐的事，如陶渊明；有的人虽然不情愿但也在权衡之后选择了归隐，如辛弃疾；但是柳永，无论是从内心还是从现实来看，他都不具备归隐的条件。可是，柳永却在他的词中不只一次地提到了归隐。这大抵就是现实无法满足，回忆亦是无用，细思万想之后，却发现原来可能还有一途可解忧愁，那就是归隐。但是这也仅仅是产生了归隐的想法而已，终其一生，柳永都没有选择过归隐一途。

> 淮楚。旷望极，千里火云烧空，尽日西郊无雨。

厌行旅。数幅轻帆旋落，舣棹蒹葭浦。避畏景，两两舟人夜深语。

此际争可，便恁奔名竞利去。九衢尘里，衣冠冒炎暑。回首江乡，月观风亭，水边石上，幸有散发披襟处。（《过涧歇近》）

向深秋，雨余爽气肃西郊。陌上夜阑，襟袖起凉飚。天末残星，流电未灭，闪闪隔林梢。又是晓鸡声断，阳乌光动，渐分山路迢迢。

驱驱行役，苒苒光阴，蝇头利禄，蜗角功名，毕竟成何事，漫相高。抛掷云泉，狎玩尘土，壮节等闲消。幸有五湖烟浪，一船风月，会须归去老渔樵。（《凤归云》）

暮雨初收，长川静、征帆夜落。临岛屿、蓼烟疏淡，苇风萧索。几许渔人飞短艇，尽载灯火归村落。遣行客、当此念回程，伤漂泊。

桐江好，烟漠漠。波似染，山如削。绕严陵滩畔，鹭飞鱼跃。游宦区区成底事，平生况有云泉约。归去来、一曲仲宣吟，从军乐。（《满江红》）

时光易逝，无论是淮楚，还是桐江，都无法抵挡青春的逝去，良辰难再的现实。如果这一切都变成了柳永追求名利的束缚，而名利又变成了自己所喜欢的生活的羁绊的话，那么柳永必然要将自己满腔的无奈宣泄出来。而如果过往的生活又是如此得遥不可及，那么，不如选择一个雅质的、也可能聊且寄情的方式好了！幸有散发披襟处，但是那里从来不属于柳永；幸有五湖烟浪，但老渔樵却永远不会是柳永；平生确有云泉约，但是归来吟唱从军乐的才是柳永。

总之，柳永的羁旅词在表达情感方式方面确实有它的独特之处，一方面柳永的羁旅词继承着古往今来秋日思悲的文人雅士的传统，尽管作品数量不多，但是质量堪称一流；另一方面柳永的羁旅词在表达着伤春悲秋的同时，也充满了对往日繁华、热闹的妓宦生活的回忆与向往。尽管中间也穿插着对官场厌弃，尽管闺情的表达也有雅质的一面，但羁旅中渗透着的艳俗也是柳永羁旅词的一个显著特点。

2. 羁旅秋光

柳永的羁旅词多写秋景，这些秋景多为凄清、萧瑟之景。有的景色描绘得空灵、旷远；有的景色描绘得情景相生；有的景色描绘得意境高远。总之，无论是哪一种秋景的描绘，都写得文人气十足，非常符合士大夫们的审美。因此，这一类作品中的秋景的描写，往往为后人所称道。陈廷焯称："耆卿词，善于铺叙，羁旅行役，尤属擅长。"（《白雨斋词话》）在这里陈廷焯在肯定柳永羁旅词成就的时候就只枚举了"善于铺叙"的这个特点，由此我们也可以看出柳永词在铺描景物方面的优长。

柳永羁旅词基本上都是先景后情，往往上阙描写景物，下阙言情。周曾锦曾说过："柳耆卿词，大率前遍铺叙景物，或写羁旅行役，后遍则追忆旧欢，伤离惜别，几于千篇一律，绝少变换，不能自脱窠臼。"（《卧庐词话》）

> 鹭落霜洲，雁横烟渚，分明画出秋色。暮雨乍

歇，小楫夜泊，宿苇村山驿。何人月下临风处，起
一声羌笛。离愁万绪，闻岸草、切切蛩吟如织。

　　为忆芳容别后，水遥山远，何计凭鳞翼。想绣
阁深沉，争知憔悴损、天涯行客。楚峡云归，高阳
人散，寂寞狂踪迹。望京国。空目断、远峰凝碧。
（《倾杯》）

　　柳永的这首《倾杯》在模式上就非常符合周曾锦描述的
这种创作类型。这首词上阙描摹了秋夜雨后凄凉之景。野鸭、
大雁、霜洲渲染的秋色；暮雨、孤舟、夜泊、孤村营造的荒
凉；羌管一声、蛩鸣声声，如织的声色中惆怅一片。柳永在
词的上阙通过特有的秋色与秋声为我们营造了一种萧瑟、凄
清的氛围，为下阙的抒情奠定了情感基调。词的下阙确实如
《卧庐词话》所提"追忆旧欢"。天长水阔，没有鱼雁传情，
如何忆芳容？但是柳永写景羁旅词之所以格调较高，一部分
原因在于这种类型词柳永描写旧日欢娱的时候往往点到为止，
没有过多的俗词艳语出现。一切以感伤、孤寂、惆怅、失落
的感情基调为主。所以词的下阙除了回忆了往日的佳人与绣
阁之外，更多地表现的是词人憔悴、寂寞、惆怅、放浪形骸
的形象。故郑文焯对柳永词多有盛誉："柳词浑妙深美处，全
在景中人，人中意。而往复回应，又能寄托清远，达之眼前，
不嫌凌杂。"（《批校乐章集》）
　　其实我们完全没有必要纠结于柳词这种创作模式的固定
化到底是好还是不好，固然这种模式缺少新变，但是借景抒
情，由景及情，触景伤怀的手法本就是中国文学惯常使用的

创作模式，而柳永借用这种模式从景物的选取、景物刻画的角度、景物描摹的方式入手，将景物描写得淋漓尽致，为情感的抒发作了充分的铺垫，而且效果斐然。故吴梅称"柳词仅工铺叙而已。每首中事实必清，点景必工，而又有一二警策语，为全词生色，其工处在此也。冯梦华谓其曲处能直，密处能疏，鼻处能平，状难状之景，达难达之情，而出之以自然，自是北宋巨手。"（《词学通论》）

> 远岸收残雨。雨残稍觉江天暮。拾翠汀州人寂静，立双双鸥鹭。望几点、渔灯隐映蒹葭浦。停画桡、两两舟人语。道去程今夜，遥指前村烟树。
> 游宦成羁旅。短樯吟倚闲凝伫。万水千山迷远近，想乡关何处。自别后、风亭月榭孤欢聚。刚断肠、惹得离情苦。听杜宇声声，劝人不如归去。
>
> （《安公子》）

这段写景，从远景入手，描绘了雨后江天洗净的秋景。在这个大背景上柳永又渲染了几缕烟火气——蒹葭浦畔掩映着的几家灯火；然而远景的唯美和温暖却是如此地可望而不可即。近处的风景又是如此地伤人肺腑，鸥鹭成双成对，舟人亦是有人相伴，而拾翠汀州的人却是孤独寂寞的，寂寥地望着远方烟树掩映中的去程。这段写景层次分明，对比突出，写景纯粹，但凄凉、萧瑟的氛围足以引发"游宦成羁旅"的感慨。这首词和前一首《玉蝴蝶》写景念旧伤怀的模式略有不同。下阕虽然也是感伤羁旅为主，但采取的却是以现下的悲景融悲情的模式，情景相生之法运用得特别好。词的下阕写景，处处有我，处处有情。过片以羁旅漂泊孤倚短樯微吟的人物形象作为转切点来观察体味秋景。柳永在虚与实秋景的交替中，渲染着悲凄之情。眼前的万水千山不仅不是归程，更是去程！此去长亭更短亭，归程又在何处呢？不知迷乱人心的是景，还是自己的内心？回忆别后的风月里虽有相聚的欢娱，但是却是独自为欢，辜了良辰，负了美景。杜宇的啼叫声更是加剧了这种离别悲凄、羁旅游宦的伤感。正是情中有景，景中有情。"秦写山川之景，柳写羁旅之情，俱臻绝顶，有不可以言语形容者。"（陈廷焯《词坛丛话》）实际上柳永羁旅词中的写景与秦观词描摹山川景物的效果相比，亦不遑多让。

　　　过秦淮旷望，迥潇洒、绝纤尘。爱清景风蛩，
吟鞭醉帽，时度疏林。秋来政情味淡，更一重烟水
一重云。千古行人旧恨，尽应分付今人。
　　　渔村。望断衡门。芦荻浦、雁先闻。对触目凄
凉，红凋岸蓼，翠减汀蘋。凭高正千嶂黯，便无情
到此也销魂。江月知人念远，上楼来照黄昏。（《木
兰花慢》）

　　其实羁旅词写景的主要作用在于对情感的渲染、烘托与触发。柳永的词在情景相生这一点上做得情真意切。"近索词境于柳、周清空苍浑之间，益叹此诣精微，不独律谱格调之难求，即著一意、下一语，必有真情景在心目中，而后倾其

才力以赴之，方能令人歌泣出地，若有感触于境之适然，如吾胸中所欲言者。"（郑文焯《郑文焯致朱祖谋书》）

> 望处雨收云断，凭阑悄悄，目送秋光。晚景萧疏，堪动宋玉悲凉。水风轻、蘋花渐老，月露冷、梧叶飘黄。遣情伤。故人何在，烟水茫茫。
>
> 难忘。文期酒会，几孤风月，屡变星霜。海阔山遥，未知何处是潇湘。念双燕、难凭远信，指暮天、空识归航。黯相望。断鸿声里，立尽斜阳。
>
> （《玉蝴蝶》）

这首《玉蝴蝶》柳永描绘了雨后萧疏的秋景。整首词选取了恰当的意象将萧瑟、凄凉的氛围渲染得十分到位——雨后萧瑟的晚风、渐渐凋谢的蘋花、冰冷的月下之露、败落的梧桐，足以引发人物内心的悲凉；意象的对比效果亦是恰到好处——记忆中文人们文期酒会是如此地美好，但是现在却只能孤独地吟赏风月；虽有双燕往来但音书难凭，空指暮天看归程。此处写景处处点情，此处抒情处处有景。尤其是最后一句"断鸿声里，立尽斜阳"，纸短情长。在一片哀鸿的叫声中，词人孤独地立于夕阳之下，从日暮到日落，锲而不舍；明知佳人不在，文会难期，与其风月空度，不如立尽斜阳。此处，一位因羁旅漂泊而产生的思乡的、孤独的、痴情的词人形象跃然纸上。其"断鸿声里，立尽斜阳"与秦观"曲终人不见，江上数峰青"（《临江仙》）有异曲同工之妙。正如蔡嵩云评，"其写景处，远胜其抒情处。而章法大开大

阃，为后起清真、梦窗诸家所取法，信为创调名家。"（《柯亭词论》）

而被誉为柳永词中格调最高的《八声甘州》在写景描物、使用意象、取景造境方面的特点更为突出。"情景兼到，骨韵俱高，无起伏之情，有生动之趣，古今杰构，耆卿集中仅见之作。'佳人妆楼'四字连用俗极。择言贵雅何不检点如是，致令白璧微瑕。"（陈廷焯《大雅集》）耆卿此作未必是其集中仅见之佳作，而"佳人妆楼"也未必就是白璧微瑕之处，但是屯田此词确乎当得起"情景兼到，骨韵俱高"。

> 对潇潇、暮雨洒江天，一番洗清秋。渐霜风凄紧，关河冷落，残照当楼。是处红衰翠减，苒苒物华休。惟有长江水，无语东流。
>
> 不忍登高临远，望故乡渺邈，归思难收。叹年来踪迹，何事苦淹留。想佳人、妆楼顒望，误几回、天际识归舟。争知我，倚栏干处，正恁凝愁。（《八声甘州》）

唐人写诗讲究兴象、骨韵，即写景意境勾勒完整、巧妙，有可回味之处；写景描物往往有开阔高远之处。柳永此词在写景方面确实有过人之处。这首词首先从宏观处着笔，为我们描摹了一幅雨后之秋景——暮雨江天清秋。雨后本就凄冷，又兼日暮登楼，如何勿伤？此一段文字调动了词人的视觉、听觉、触觉，营造了一幅关河寥阔、凄凉萧瑟的秋景。后人对此句多有定评。"东坡云：'世言柳耆卿曲俗，非也。如

《八声甘州》云："风霜凄紧，关河冷落，残照当楼。"此语于诗句，不减唐人高处。'"（赵德邻《侯鲭录》）随后，柳永由面入点，以借代的手法描写了秋季景物的调零，以此引发了词人的时序感，人若有情奈若何？长江无情自东流。顺利地完成了由景向情的过渡，承上写景，启下抒情。词的下阙照应前文登楼，写出了词人秋日登楼所感，归思难收，不禁感慨年来淹留所为何事？词人虽未直言，但是因羁旅而产生的厌倦之情溢于言表。随后，作者笔调一转由对面落笔，想远方的佳人也在这样地思念着自己，看着天际来往的归舟，想象着远方的良人正凭栏凝愁。此处柳永将文人词的特点发挥到极致，尽管写到了"佳人妆楼颙望"，但是真实而细腻。唐圭璋先生对此句甚是欣赏："小谢诗云：'天际识归舟'，屯田用其语，而加'误几回'三字，更觉灵动。"（《唐宋词简释》）《八声甘州》这首词的写景很好地为情感的抒发作了铺垫，虽然作者在词中依然提到了佳人，但是佳人的出现不仅没有降低此词的张力，反而将柳永此时之无奈、孤独、惆怅刻画得十分清晰。中国古代文学创作历来有"秋士易感"之说，时节之变换、时光之易逝，容易引发诗人年华易逝、壮士未酬之感。柳永在此词中虽然仍以与佳人互念的方式结束了词作，以一种放荡不羁的形象展现于众人眼前，但是如果我们细想一下、细究一下的话会发现，此时的柳永该是何等的无奈与丧气。人到中年，功业未就，时光易逝，时不我与，才人失志，何等痛心！如果再没有佳人可念，那么年来奔波到底所为何事？人生到底所为何事？所以此词不独"全首布置井井，正其巧于铺叙之处"（刘永济《唐五代两宋词简析》)，更是"格高千古，不能以常调论也"（王国维《人间词话》)。

当然柳永羁旅词不仅仅写秋景，亦有代言写春景抒怀的作品，但是这一类作品往往写成了"春女善怀"，以代言女子的口吻，表现对良人的思念，因此往往不被士大夫们认可。

> 煦色韶光明媚。轻霭低笼芳树。池塘浅蘸烟芜，帘幕闲垂风絮。春困厌厌，抛掷斗草工夫，冷落踏青心绪。终日扃朱户。
>
> 远恨绵绵，淑景迟迟难度。年少傅粉，依前醉眠何处。深院无人，黄昏乍拆秋千，空锁满庭花雨。
>
> （《斗百花》）

这首词对春景的描摹与秋景不同，柳词的秋景多是凄凉、萧瑟之景，而这首写春景春的词作光明媚、雾霭迷朦，柳絮飘飘，意境清新、静美。清明踏青、斗草闲情，都难敌良人空远，厌厌幽情，无事可抵消。无人的深院，春花空落，无处觅郎踪。后人称此词"匀稳工整，在柳词已是上乘"（《词洁》）而俞陛云虽然认为此词在结构的创制上不及周邦彦，但是写景抒情亦可圈可点之处。"前后段皆状春闺娇慵之态，惟转头处略见怀人。屯田摹写情景，颇似清真，而开合顿挫，视清真终隔一尘。"（《唐五代两宋词选释》）

总之，柳耆卿的羁宦词确实如历来批评家所认为的那样"善于铺叙，羁旅行役，尤属擅长"（《白雨斋词话》）。一方面，柳永于羁旅词中容纳了他年来漂泊在外的孤苦之情、思念远方佳丽之情、思念远方亲人之情、厌弃官场之情、追求内心自由之情。一句话，柳永将他因羁旅行役而产生的情感表现得感性而多样化；另一方面，柳永的羁旅词写景独擅，有动有静，有远有近，有虚有实，有点有面，有声有色。二者的有机结合，使得他的羁旅词情景相生，格高千古，气韵俱佳。故夏敬观评："（耆卿）雅词用六朝小品文赋作法，层层铺叙，情景兼融，一笔到底，始终不懈。"（《映庵词评》）郑文焯评："屯田则宋专家，其高浑处不减清真，长调尤能以沉雄之魄，清劲之气，写奇丽之情，作挥绰之声，犹唐之诗家，有盛、晚之别。"（《大鹤山人词话》）

四、送别词

柳永的送别词是依附于他的羁旅词而存在的，正是因为要为前程奔波，所以需要远离京城，四处奔走。所以柳永的送别词在情感的表现上基本上比较单一，主要表现了他与佳人分手的不舍之情，对过往恋情的留恋之情，以及别后的孤独伤感之情。因此，在意象的选择上，以能够表现分别的意象为主；意境的营造上，以表现凄清、伤感的基调为要；在事件的铺叙上，以虚实相间为的。

柳永送别词别离的场景似乎都选择了柳岸，出行的工具都选择了船，似乎舟行更能表现作者伤感、身不由己的心情。赵尊岳称："《乐章》能敷藻眼前之景物，作无穷之语，婉而不患其冗，宽而不嫌其廓，亦不易遽学。"（《珍重阁词话》）

离宴殷勤，兰舟凝滞，看看送行南浦。（《倾杯》）

寒蝉凄切。对长亭晚，骤雨初歇。都门帐饮无绪，留恋处、兰舟摧发。（《雨霖铃》）

一叶兰舟，便恁急桨凌波去。（《采莲令》）

虹收残雨。蝉嘶败柳长堤暮。背都门、动消黯，西风片帆轻举。（《引驾行》）

柳永对柳岸的偏爱，舟儿的漂泊不定，都加剧了人生"悲莫悲夫生别离，乐莫乐兮新相知"的伤感；对于柳永而言，现实中的一切都是如此得让人欣喜——良辰、美景、佳人，既有赏心亦有乐事。人生本就难于别离，尤其是在佳景常在、美人相伴的情况下，而如今却要与美眷分别，良宴不与，两相对比如何让人不黯然消魂？

离宴殷勤，兰舟凝滞，看看送行南浦。情知道世上，难使皓月长圆，彩云镇聚。算人生、悲莫悲于轻别，最苦正欢娱，便分鸳侣。泪流琼脸，梨花一枝春带雨。

惨黛蛾、盈盈无绪。共黯然消魂，重携纤手，话别临行，犹自再三、问道君须去。频耳畔低语。知多少、他日深盟，平生丹素。从今尽把凭鳞羽。（《倾杯》）

再好的宴会都将散去，再好的相聚也将南浦分别，月难长圆，彩云难聚。人生正处欢娱的才子佳人如何经得起别离？言辞浅淡，语不甚新，但感情自肺腑流出，真挚动人。正如陈锐所评："柳词云：'算人生悲莫悲于轻别。'……此从古乐府出。美成词云：'大都世间最苦惟聚散。'乃得此意。"（《裛碧斋词话》）

柳永的送别词多借萧瑟、凄冷的秋景表达他触景伤怀之感，而意象的选取和景物氛围的营造，与他的羁旅词有异曲同工之妙。

虹收残雨。蝉嘶败柳长堤暮。背都门、动消黯，西风片帆轻举。愁睹。泛画鹢翩翩，灵龟隐隐下前浦。忍回首、佳人渐远，想高城、隔烟树。

几许。秦楼永昼，谢阁连宵奇遇。算赠笑千金，酬歌百琲，尽成轻负。南顾。念吴邦越国，风烟萧索在何处。独自个、千山万水，指天涯去。（《引驾行》）

日暮江边，秋蝉嘶鸣，雨后虹收，柳堤长别。片帆似遥轻举，人心唯重愁睹。柳永此词借常用的别离意象——残雨、秋暮、长堤、嘶蝉、长帆，为全文营造了凄凉黯然的氛围，为下文对往日美景的追忆和未来旅途的畅想做了铺垫。整首词用语自然洗净，确乎"写景无不工，造句不事雕琢"（夏敬观《映庵词评》）之评。

柳永送别词除了表现羁旅人依依不舍的情感外，还表现了柳永对年少易别行为的反思。"一叶兰舟，便恁急桨凌波去。贪行色、岂知离绪。万般方寸，但饮恨、脉脉同谁语。
更回首、重城不见，寒江天外，隐隐两三烟树。"（《采莲
令》）年少不知愁滋味，总是轻言别离，轻易别家，轻易抛
舍，轻易奔赴，然人生最难的、最无用的就是追悔。

　　柳永的送别词在写景抒情之外，也擅长通过临别之际人
物神态、动作、外貌的描摹来表现游宦人内心对佳人的欣赏
和对分离的无奈、感伤。柳永离别词中的佳人通常貌美多娇，
"泪流琼脸，梨花一枝春带雨。惨黛蛾、盈盈无绪"（《倾
杯》）、"千娇面、盈盈伫立"（《采莲令》）；柳永送别词中的
佳人通常婉转多情，"话别临行，犹自再三、问道君须去。频
耳畔低语"（《倾杯》）、"执手相看泪眼，竟无语凝噎"（《雨
霖铃》）、"无言有泪，断肠争忍回顾"（《采莲令》）；柳永离
别词中的良人大多孤独易感，"万般方寸，但饮恨、脉脉同谁
语"（《采莲令》）、"忍回首、佳人渐远"（《引驾行》）。总的
来说，这些词句在内容上非常浅显易懂，但是达情方面却是
逼真生动的。正如黄苏所评："送别词，清和朗畅，语不求
奇，而意致绵密，自尔稳惬。"（《蓼园词选》）

　　柳永的名作《雨霖铃》更是将上述几种离别的思想、离
别的人物神态、离别的情感表现得淋漓尽致："尽情展衍，备
足无余，浑厚绵密，兼而有之。"（唐圭璋《唐宋词简释》）

　　　　寒蝉凄切。对长亭晚，骤雨初歇。都门帐饮无
　　绪，留恋处、兰舟催发。执手相看泪眼，竟无语凝
　　噎。念去去、千里烟波，暮霭沉沉楚天阔。

　　　　多情自古伤离别。更那堪、冷落清秋节。今宵

酒醒何处，杨柳岸、晓风残月。此去经年，应是良
辰、好景虚设。便纵有、千种风情，更与何人说。
（《雨霖铃》）

这首《雨霖铃》将举凡能够想到的分别场景全部表现了
出来。由分别时的秋景——蝉鸣雨歇长亭晚，声色俱佳，到
分别时的人物情绪——无心饮酒，到分别时的无奈之举——
执手相看泪眼，无语凝噎，到分别后秋景的联想——千里烟
波沉楚天，到分别后的想象——既有杨柳岸晓风残月的孤寂，
又有他日良辰好景的虚设，到分别后的感伤与无奈——千种
风情无人诉。应该说，柳永将别离能够表现的人、景、事、
情表露无遗，其创作特点确如吴梅所言，"柳词仅工铺叙而
已。每首中事实必清，点景必工，而又有一二警策语，为全
词生色，其工处在此也。"（《词学通论》）而"今宵酒醒何
处，杨柳岸、晓风残月"确实是古今名句，故刘熙载称，
"词有点有染，柳耆卿《雨淋铃》云：'多情自古伤离别。更
那堪、冷落清秋节。今宵酒醒何处，杨柳岸、晓风残月。'上
二句点出离别。'冷落'、'今宵'二句，乃就上二句意染
之。"（《艺概》）

柳永送别词除了在写景、描人、抒情上具有特色外，在
结构上也多有创制。大体而言，柳永的送别词在结构上与他
的羁旅词类似，基本上都是先写景后言情。例如《采莲令》。

月华收、云淡霜天曙。西征客、此时情苦。翠
娥执手送临岐，轧轧开朱户。千娇面、盈盈伫立，

无言有泪，断肠争忍回顾。

　一叶兰舟，便恁急桨凌波去。贪行色、岂知离绪。万般方寸，但饮恨、脉脉同谁语。更回首、重城不见，寒江天外，隐隐两三烟树。（《采莲令》）

唐寺璋对此词的结构作了如下分析：此首，初点月收天曙之景色，次言客心临别之凄楚。"翠娥"以下，皆送行人之情态。执手劳劳，开户轧轧，无言有泪，记事既生动，写情亦逼真。"断肠"一句，写尽两面依依之情。换头，写别后舟行之速。"万般"两句，写别后心中之恨。"更回首"三句，以远景作收，笔力千钧。（《唐宋词简释》）其实，柳永送别词虚实相间的笔法运用得更为巧妙。从道理上讲，这种先景后情的模式不是柳永新创，这种虚实相间的铺叙手法亦不始于柳永，但柳永要比前人运用得更为自然，变化更为巧妙。

　饮散离亭西去，浮生长恨飘蓬。回头烟柳渐重重。淡云孤雁远，寒日暮天红。

　今夜画船何处，潮平淮月朦胧。酒醒人静奈愁浓。残灯孤枕梦，轻浪五更风。　（徐昌图《临江仙》）

这首《临江仙》大约创作于徐昌图入宋之前，我们明显可以看出这首词对柳永《雨霖铃》的影响。这首词在秋景的选择与渲染上都比较委婉含蓄，在结构上先景后情，情景相生。在虚实结构上，先实后虚。"今夜画船何处。潮平淮月朦胧。酒醒人静奈愁浓。残灯孤枕梦，轻浪五晚风"的联想，无疑是"今宵酒醒何处，杨柳岸、晓风残月"的先声。与徐昌图较为单一的虚实关系相比，柳永的《雨霖铃》除了将虚写投射到别后酒醒的当夜，更是将触角伸向了经年的良辰美景，"此去经年，更是良辰、好景虚设"。柳永的送别词在虚实关系的处理上大抵采用的是这种模式，然而《引驾行》词就虚实关系来看算是送别词中的特例。

> 虹收残雨。蝉嘶败柳长堤暮。背都门、动消黯，西风片帆轻举。愁睹。泛画鹢翩翩，灵龟隐隐下前浦。忍回首、佳人渐远，想高城、隔烟树。几许。秦楼永昼，谢阁连宵奇遇。算赠笑千金，酬歌百琲，尽成轻负。南顾。念吴邦越国，风烟萧索在何处。独自个、千山万水，指天涯去。(《引驾行》)

词的上阕由分别的场景直接想到隔着烟树的高城，紧接着在词的下阕想到了过往平康小巷的奇遇、歌酒佳人的良宴，此时的热闹，不禁和他日的萧索、孤独形成了对比。同样都是虚实，却别具一格。

总的来说，柳永的送别词虽然数量不多，但是质属上乘。在写景、写人、抒情和结构的处理上都颇有独到之处，是《乐章集》中难得的一批佳作。

五、干谒圣颂词

柳永的干谒圣颂词主要分为两大类，一类为干谒地方官员，一类为圣颂帝王。所以，从内容上来看，柳永干谒地方官吏的词无非是其摆脱下僚身份，为自己谋求更好出路的一个途径。故就作者主观创作结果而言，内容乏善可陈；但是就客观事实而言，柳永的干谒词也确实描摹了大宋盛世之景——将地方官吏治下的自然风光、人文景观描摹得曲尽其妙。正如谢维新《古今合璧事类备要》中的记载："范蜀公（镇）少与柳耆卿同年，爱其才美，闻作乐章，叹曰：'缪其用心。'谢学之后，亲旧间盛唱柳词，复叹曰：'仁庙四十二年太平，吾身为史宦二十年，不能赞述，而耆卿能尽形容之。'"

大抵柳永咏颂地方官吏的作品，虽然对他沉沦下僚现状的改变没有起到推动作用，但也没有使他的当下光景变得更糟。所以就效果而言，这些干谒地方的作品虽没有改变柳永穷而不达的命运，但是却让部分批评家对柳永的印象大为改观。"予观柳氏乐章，喜其能道嘉祐中太平气象，如观杜甫诗，典雅文华，无所不有。是时予方为儿，犹想见其风俗，欢声和气，洋溢道路之间，动植咸若。令人歌柳词，闻其声，听其词，如丁斯时，使人慨然所感。呜呼，太平气象，柳能一手写于乐章，所谓词人盛世之黼藻，岂可废耶？"（黄裳《演山集》）太平盛世，笔记小说、散文小品多有记述，但是通过词来表现的尚属少数，柳永描写官吏治下政绩的词作，确实表现出了宋代自仁宗以来的太平盛景。例如柳永的《望海潮》描写了当时杭州的盛景，和史料有相互辉映之处，甚至有补史之缺的作用。"柳永咏钱塘词曰'参差十万人家'，此元丰前语也。自高庙车驾自建康幸杭，驻跸几近二百余家，户口蕃息，近百万余家。杭城之外城，南西东北，各数十里，人烟生聚，民物阜蕃，市井坊陌，铺席骈盛，数日经行不尽，各可比外路一州郡，足见杭城繁盛耳。"（吴自牧《梦梁录》）

柳永干谒地方官吏的词在写作模式上大抵相同，一般情况下都会用洗练的语言概括一下所守地方的特点。所概括的语言多着眼于当地繁华的自然景观、地理位置或政治地位。如描写苏州的"吴会风流"（《瑞鹧鸪》）、"古繁华茂苑，是当日、帝王州"（《木兰花慢》），如描写杭州的"东南形胜，三吴都会，钱塘自古繁华"（《望海潮》）、"海霞红，山烟翠。故都风景繁华地"（《早梅芳》）。这些警句在词作的开头一出，使人眼前一亮，有耳目一新之感。

紧接着干谒地方的柳词基本上都会从自然景观和人文景观两个方面围绕着首句点染开来，使得整个词作在描写地方景物方面层次分明，有点有染，有点有面，逻辑分明，思路清晰。柳永希望通过对自然景物、人文景观的描摹达到颂赞地方官员治下地杰人灵、百姓安居乐业的效果。像苏州、杭州这样的人间天堂，景色自然是美的，"人烟好，高下水际山头。瑶台绛阙，依约蓬丘"（《瑞鹧鸪》）；"谯门画戟，下临万井，金碧楼台相倚。芰荷浦溆，杨柳汀洲，映虹桥倒影，兰舟飞棹，游人聚散，一片湖光里"（《早梅香》）；"烟柳画桥，风帘翠幕，参差十万人家。云树绕堤沙。怒涛卷霜雪，

天堑无涯""重湖叠巘清嘉。有三秋桂子，十里荷花"（《望
海潮》）。尤其是《望海潮》自然景物的描写刚柔并济，"烟
柳画桥"写景柔媚至极，"云树绕堤沙"意境幽远，"怒涛卷
霜雪，天堑无涯"写景壮阔辽远，气势雄浑。"三秋桂子，
十里荷花"更是佳景怡人，悦人耳目。"孙何帅钱塘，柳耆
卿作《望海潮》词赠之云（词略）。此词流播，金主亮闻之，
欣然有慕于三秋桂子、十里荷花，遂起投鞭渡江之志。"（罗
大经《鹤林玉露》）金主投鞭南下的根本目的断乎不在于此，
大抵柳永也没有想到"三秋桂子，十里荷花"看似简单的名
词意象组合，竟然让大家产生了如此丰富的联想，而这也从
一个侧面反映了江南秀美的风光是多么地让人心生向往之情！

　　一切的秀美风光都是为景人双美、百姓安居服务的。苏
杭人间天堂的美称，不仅仅在于景物之美，更在于繁盛的市
民经济、高雅的城市文明，而市民丰富的文化生活也是词作
表现的一个重要方面。

　　　　万井千闾富庶，雄压十三州。触处青蛾画舸，
　　　红楼朱楼。（《瑞鹧鸪》）
　　　　咏人物鲜明，土风细腻，曾美诗流。寻幽。近
　　　香径处，聚莲娃钓叟簇汀洲。晴景吴波练静，万家
　　　绿水朱楼。（《木兰花慢》）
　　　　市列珠玑，户盈罗绮竞豪奢。……羌管弄晴，
　　　菱歌泛夜，嬉嬉钓叟莲娃。（《望海潮》）

　　大抵只有百姓安居，才会有精力参与各式各样业余生活。

画楼朱阁总是与妓宦人生紧密相连的，正所谓良辰美景赏心乐事，人间四美并。此种歌功颂德的方式，虽不见得有多高明，但是比起直接谀赞的手法要委婉得多。由景及事，由事及人，层层递进，步步过渡，较为自然无痕。

每个入仕的士子都希望自己的治下百姓安居，也都希望自己在仕途上能够越走越远。因此，将心比心，以己心度彼意，柳永都会在词的下阕顺利过渡到对为政地方官员政绩直接的颂扬上，并表达对所干谒的官员的美好祝福。

方面委元侯。致讼简时丰，继日欢游。襦温袴暖，已扇民讴。旦暮锋车命驾，重整济川舟。当恁时，沙堤路稳，归去难留。（《瑞鹧鸪》）

此时的苏守为政清简，并与百姓同乐。温柔敦厚，深受百姓爱戴。当他来日高升之际，百姓必当极力挽留，正是去留两相难。

凝旒。乃眷东南，思共理、命贤侯。继梦得文章，乐天惠爱，布政优优。鳌头。况虚位久，遇名都胜景阻淹留。赢得兰堂酝酒，画船携妓欢游。（《木兰花慢》）

此词在歌颂胜绩的时候，没有一开始就从百姓生活、城市文明入手，而是以深受百姓爱戴的地方官员刘禹锡和白居易为比，来表现苏守的政绩，而最终的结果是繁荣了苏州的市民文化，宾主相欢。此外，柳永的词中还描写了与民同乐、拥有大好前途的知州，"千骑拥高牙。乘醉听箫鼓、吟赏烟霞。异日图将好景，归去凤池夸。"（《望海潮》）同样是上杭州太守孙沔，柳永的另外一首词《早梅芳》采用了别样的手法来歌颂他的功德。

> 汉元侯，自从破虏征蛮，峻陟枢庭贵。筹帷厌久，盛年昼锦，归来吾乡我里。铃斋少讼，宴馆多欢，未周星，便恐皇家，图任勋贤，又作登庸计。
> （《早梅芳》）

在这首词中，柳永将孙沔比作三国魏将张既，虽然屡建奇功，但是不愿久居显贵。为政地方清静自为，与百姓同乐。但是就这样的治绩，恐怕不久的将来依然会被召进京师。大概是因为孙沔的社会地位吧，大概是柳永有所希求吧，他不厌其烦地给孙沔写着干谒词。从最终的结果来看，孙沔确实不久之后离任杭州，担任了枢密院副使一职，但是我们从柳永此后的羁旅漂泊就可以看出似乎干谒的行为并没有得到他预想的结果。天真的柳永还是没有弄明白自己和别人相比到底差距在哪儿？自己到底为何沉沦下僚！

在柳永干谒地方官员的词中有两首比较特别的词——《永遇乐》和《一寸金》。这两首词并非直接投赠当地的地方官员，而是为官员出行地方而作，因此在写作模式上略异于上文所提到的干谒词。

像柳永的《一寸金》乃为送人知成都而作。词的开头铺叙了成都府险峻的自然景观，热闹的城市文明，繁盛的市民经济，雅质柔媚的春风。"井络天开，剑岭云横控西夏。地胜异、锦里风流，蚕市繁华，簇簇歌台舞榭。雅俗多游赏，轻裘俊、靓妆艳冶。当春昼，摸石江边，浣花溪畔景如画。"《一寸金》词的下阕，对于知府政绩的期许，对于不久将要高迁的祝愿，对于两川人民遗爱的想象，成为了追叙的主要内容。"梦应三刀，桥名万里，中和政多暇。仗汉节、揽辔澄清，高掩武侯勋业，文翁风化。台鼎须贤久，方镇静、又思命驾。空遗爱，两蜀三川，异日成嘉话。"《一寸金》从内容表现上来看，有谀颂之嫌，写景写人写政绩，稍嫌板滞不生动。相比之下，《永遇乐》就写得比较生动一些。

> 天阁英游，内朝密侍，当世荣遇。汉守分麾，尧庭请瑞，方面凭心膂。风驰千骑，云拥双旌，向晓洞开严署。拥朱幡、喜色欢声，处处竞歌来暮。
>
> 吴王旧国，今古江山秀异，人烟繁富。甘雨车行，仁风扇动，雅称安黎庶。棠郊成政，槐府登贤，非久定须归去。且乘闲、孙阁长开，融尊盛举。
>
> （《永遇乐》）

据薛瑞生先生考证，这首词是献给当时将作苏州太守的滕宗谅的。词的上阕描述了滕宗谅的身份、地位——天阁英游，内朝密侍，确实是当世殊荣。因为是送行之词，故于词作之中极力渲染了滕宗谅仪仗的威严及华丽。下阕依旧是从苏州的人文政治自然地位入手，表现滕宗谅所守的苏州的地位。并从虚写的角度，想象了滕宗谅为政苏州后的政绩，"甘雨车行""棠郊成政"，并表达了对滕宗谅不久更将高升的美好祝愿。总之，这首词将干谒和赠别很好地融合在了一起，写景描物颂德三者关系处理得恰到好处。

柳永干谒词的对象除了地方官员之外，就是当朝的皇帝了。在封建社会一个士子想要出人头地，除了要依靠自己的才华外，还要懂得一些为人处事之道，所谓外圆内方是也。宋代社会市民经济高度发达，皇帝们也欣喜于词这种喜闻乐见的娱乐形式，当然仁宗皇帝可能更甚。柳永颂赞帝王的作品，主要对象是真宗皇帝和仁宗皇帝，从作品内容来看，针对性还是比较强的。

柳永圣颂真宗皇帝的词是与宋真宗的"天书"事件紧密相连的。真宗皇帝的"天书"事件始于大中祥符元年，"大中祥符元年春正月乙丑，有黄帛曳左承天门南鸱尾上，守门卒涂荣告，有司以闻。上召群臣拜迎于朝元殿启封，号称天书。"（《宋史》）尽管"天书"事件就是个闹剧，但是它毕竟影响了当时的政治环境。关于天书事件当时的名宿不断地上书称颂，如晏殊的《河清颂》、钱惟演的《祥符颂》，对于柳永而言，更重要的是天书事件也影响到了科举取士。据吴熊和先生分析，首先，"天书"事件使得那些献颂者得第，共有四次。在中祥符七年祀亳州太清宫老子后，"上御景福殿，试亳州南京路服勤祠学、经明行修举人，得进士张观等二十一人，诸科二十一人，赐及第，除官，如东封西祀例。"（《续资治通鉴长编》）其次，"天书"使得贡举暂时停止。据《续资治通鉴长编》记载，大中祥符五年及天禧元年，"诏礼

部权停今年贡举"。最后,"天书"事件也削减了贡举的人数。"诸道贡举人数,减于常岁。"(《续资治通鉴长编》)

　　在这种情况下,想要出人头地、为自己谋求政治出路的柳永就不可能无动于衷,他也要为自己拼一个前途。因此柳永颂赞真宗皇帝的词基本上都是围绕着"天书"事件展开的。吴熊和先生认为柳永《乐章集》中的五首《玉楼春》,其中四首与真宗的"天书"事件有关,其中"昭华夜醮连清曙""凤楼郁郁呈嘉瑞"与宫中夜醮有关;"皇都今夕知何夕""星闱上笏金章贵"与降圣节庆祝场面有关。

　　　　大中祥符五年十月,语辅臣曰:"朕梦先降神人传玉皇之命云:'先令汝祖赵某授天汝天书,令再见汝,如唐朝供奉玄元皇帝。'翼日,复梦神人传天尊言:'吾坐西,斜设六位以候。'是日即于延恩殿设道场。五鼓一筹,先闻异香。顷之黄光满殿,散灯烛,睹灵仙仪卫,天尊至。朕再拜殿下。俄黄雾起,须臾雾散。由西陛升,见侍从在东陛。天尊就坐,有六人揖天尊而后坐。朕欲拜六人,天尊止,令揖,命朕前曰:'吾人皇九人中一人也,是赵之始祖。再降,乃轩辕皇帝;凡世所知少典之子,非也。母感电,梦天人,生于寿邸。后唐时,奉玉帝命,七月一日下降,总治下方,主赵氏之族,今已百年。皇帝善为抚育苍生,无怠前志。'即离座乘云而去。"王旦等皆再拜称贺,即召至延恩殿,历观临降之所,并布告天下。(《宋书·礼志》)

此天尊之语在今天看来无疑是无稽之谈，但是当时这个事件的整个过程却被柳永真实地记载于词中。从地点到迎神到秘语，历历在目。

> 昭华夜醮连清曙。金殿霓旌笼瑞雾。九枝擎烛
> 灿繁星，百和焚香抽翠缕。
> 香罗荐地延真驭。万乘凝旒听秘语。卜年无用
> 考灵龟，从此乾坤齐历数。（《玉楼春》）

宫中夜醮之后要举行宫中庆典，"凤楼郁郁呈嘉瑞"一词就与庆典有关。

> 凤楼郁郁呈嘉瑞。降圣覃恩延四裔。醮台清夜
> 洞天严，公宴凌晨箫鼓沸。
> 保生酒劝椒香腻。延寿带垂金缕细。几行鹓鹭
> 望尧云，齐共南山呼万岁。（《玉楼春》）

词中所描写的盛大场景可以与史料记载参看。

> 中书、亲王、节度、枢密、三司以下，至驸马
> 都尉，诣长春殿进金缕延寿带、金丝续命缕，上保
> 生寿酒。改御崇德殿，赐百官饮，如圣节仪。前一
> 日，以金缕延寿带，金涂银结续命缕，绯彩罗延寿
> 带，彩丝续命缕，分赐天官，节日戴以入。礼毕，
> 宴百官于锡庆院。（《宋史·礼志》）

此次"天书"夜醮事件之后，真宗皇帝又下诏以正月三日"天书"降日为天庆节，以六月六日"天书"再降日为天贶节；又诏以七月一日赵玄朗降生为先天节，以十月二十四日降廷恩殿日为降圣节。"皇都今夕知何夕""星闱上笏金章贵"二词就与降圣节的场面有关。

皇都今夕知何夕。特地风光盈绮陌。金丝玉管咽春空，蜡炬兰灯烧晓色。

凤楼十二神仙宅。珠履三千鹓鹭客。金吾不禁六街游，狂杀云踪并雨迹。（《玉楼春》）

星闱上笏金章贵。重委外台疏近侍。百常天阁旧通班，九岁国储新上计。

太仓日富中邦最。宣室夜思前席对。归心怡悦酒肠宽，不泛千钟应不醉。（《玉楼春》）

大抵这两首词都不是降圣节定下之后的节庆表现，"皇都今夕是何夕"之感慨不知为何，但是两首词所描摹的上元节景象确乎非民间所有。"正月十五日元宵。大内前自岁前冬至后，开封府绞博山棚，立木正对宣德楼，游人已集御街，两廊下奇术异能，歌舞百戏，鳞鳞相切，乐声嘈杂十馀里。击丸蹴踘，踏索上竿。赵野人，倒吃冷淘。张九哥，吞铁剑。李外宁，药法傀儡。小健儿，吐五色水、旋烧泥丸子。大特落、灰药、榾柮儿、杂剧。温大头、小曹、嵇琴。党千，箫管。孙四，烧炼药方。王十二，作剧术。邹遇、田地广，杂扮。苏十、孟宣，筑球。尹常卖，《五代史》。刘百禽，虫蚁。

杨文秀，鼓笛。更有猴呈百戏，鱼跳刀门，使唤蜂蝶，追呼蝼蚁。其馀卖药卖卦，沙书地谜，奇巧百端，日新耳目。"（孟元老《东京梦华录》）虽然《东京梦华录》记载的是北宋后期汴京的地理风物，但是我们可以想见北宋初期节日里市民文娱活动的情况，而这种情况和上两首《玉楼春》所记载的场景却完全不同。柳永的《绛都春》在元宵节场景的描写上就明显不同于《玉楼春》。

> 融和又报。乍瑞霭霁色，皇州春早。翠幰竞飞，玉勒争驰都门道。鳌山彩结蓬莱岛。向晚色、双龙衔照。绛绡楼上，彤芝盖底，仰瞻天表。
>
> 缥缈。风传帝乐，庆三殿共赏，群仙同到。迤逦御香，飘满人间闻嬉笑。须臾一点星球小。渐稳稳、鸣鞘声杳。游人月下归来，洞天未晓。（《绛都春》）

此处所描摹之景多处暗合了《东京梦华录》中的内容。"驾坐一时呈拽宣德楼上，皆垂黄缘帘，中一位乃御座。用黄罗设一彩棚，御龙直执黄盖掌扇，列于帘外。两朵楼各挂灯球一枚，约方圆丈馀，内燃椽烛，帘内亦作乐。宫嫔嬉笑之声，下闻于外。楼下用枋木垒成露台一所，彩结栏槛。两边皆禁卫排立，锦袍，幞头簪赐花，执骨朵子，面此乐棚。教坊钧容直，露台弟子，更互杂剧。近门亦有内等子班直排立。万姓在露台下观看，乐人时引万姓山呼。"当然也有人认为柳永的《玉楼春》表面上是对真宗时期降圣节的歌颂，实则隐喻着对真宗的批判。这种说法也不是没有存在的可能，端看这几词的写作目的是什么。在柳永还未入第之前写的词作，如果以批评讽刺为主，那么大家心目中的柳永就不应该仅仅只是一个天真的浪子形象了。

柳永圣颂真宗的词，除了上述的《玉楼春》和《永遇乐》外，尚有五首《巫山一段云》。这五首词表面上乃神仙之辞，"诗有游仙，词亦有游仙，人皆谓柳三变《乐章集》工于闺帐淫媟之语、羁旅悲怨之辞。然集中《巫山一段云》词，工于游仙，又飘飘有凌云之意，人所未知。"（李调元《雨村词话》）但是这五首神仙之辞，又断乎与"天书"事件有着千丝万缕的关系。"真宗制造的'天书'事件，是依托道教的神权系统、道经教义及斋醮仪式来推行的，所以东封西祀之余，于大中祥符七年（1014），特奉'天书'到亳州太清宫亲祀老子，给老子加上了'太上老君混元上德皇帝'的尊号。"（吴熊和《柳永与宋真宗"天书"事件》）

> 六六真游洞，三三物外天。九班麟稳破非烟。何处按云轩。
>
> 昨夜麻姑陪宴。又话蓬莱清浅。几回山脚弄云涛。仿佛见金鳌。（《巫山一段云》）
>
> 琪树罗三殿，金龙抱九关。上清真籍总群仙。朝拜五云间。
>
> 昨夜紫微诏下。急唤天书使者。令斋瑶检降形霞。重到汉皇家。（《巫山一段云》）
>
> 清旦朝金母，斜阳醉玉龟。天风摇曳六铢衣。

鹤背觉孤危。

　　贪看海蟾狂戏。不道九关齐闭。相将何处寄良宵。还去访三茅。（《巫山一段云》）

　　阆苑年华永，嬉游别是情。人间三度见河清。一番碧桃成。

　　金母忍将轻摘。留宴鳌峰真客。红猊闲卧吠斜阳。方朔敢偷尝。（《巫山一段云》）

　　萧氏贤夫妇，茅家好弟兄。羽轮飙驾赴层城。高会尽仙卿。

　　一曲云谣为寿。倒尽金壶碧酒。醺酣争撼白榆花。踏碎九光霞。（《巫山一段云》）

　　唐圭璋先生柳永编年称，"第二首谓再降"天书"，乃天禧三年（1019）事。《续资治通鉴长编》卷九十三，天禧三年夏四月'辛卯，备仪仗至琼林苑迎导天书入内。''壬寅，召群臣诣真游殿朝拜天书。''丁酉，知宁府丁谓言，中使雷允恭诣茅山，投进金龙玉简。设醮次，七鹤翔于坛上，上作诗赐谓。'五词即本年作。"想来柳永的五首《巫山一段云》还是有所指兴的，不然郑文焯也不会说：此五阙，盖咏当时宫词之类也。托之游仙，唐诗人常有此格，特词家罕见之。（《乐章集校》）大抵柳永颂赞真宗想谋取官职的做法是不恰当的，至少终真宗一朝，柳永也未曾中第。如果就颂赞词本身而言，其歌功颂德的角度和所铺衍的内容层面自然是无法与散文、杂文相比的。作为颂赞词，柳永的词作表现内容太过含蓄，不够直白；词内所表现的内容目标性不强，自然效果也不会太好。

柳永的圣颂词除了真宗外，就是改变他仕途状况的仁宗了。大抵仁宗皇帝是喜欢柳永的词作的，据陈师道的《后山诗话》记载，"柳三变游东都南、北二巷，作新乐府，骫骳从俗，天下咏之，遂传禁中。仁宗颇好其词，每对酒，必使侍从歌之再三。"从仁宗自身的素质来看，也是比较喜欢文艺欣赏的。例如史称他"天纵多能，尤精书学"（王辟之《渑水燕谈录》），不仅如此，仁宗皇帝也积极地创作文艺作品。例如《全宋诗》中就录载了他十三首诗歌，《全宋词》也录载了一首仁宗的作品。从格调来看，也确乎符合典雅、雅正的风格。

> 缵重明。端拱保凝命。广大孝休德，永锡四海有庆。觚坛寓礼正典名。幔室雅奏，彩仗崇制定。五位仿古甚盛。蒿宫光符辰星。高秋嘉时款芎灵。交累圣。上下来顾，寅畏歆纯诚。三阶平。金气肃，转和景。翠葆御双观，巽风兑泽布令。脂茶划荡墨索清。远迩响附，动植咸遂性。表里穆悦，庶政醇醲，熙然胥庭。唐舜华封祝，如南山寿永。愿今广怀宁延，昌基扃。（赵祯《合宫歌》）

由此，我们大概可以做这样的推测，仁宗皇帝确实喜欢柳永的词，但是大概喜欢的是那些表现太平盛世的词作。这种审美倾向大概和黄裳的感觉有点相似，"予观柳氏乐章，喜其能道嘉祐中太平气象，如观杜甫诗，典雅文华，无所不有。

156

是时予方为儿，犹想见其风俗，欢声和气，洋溢道路之间，动植咸若。令人歌柳词，闻其事，听其词，如丁斯时，使人慨然所感。”（《书乐章集后》）

> 禁漏花深，绣工日永，蕙风布暖。变韶景、都门十二，元宵三五，银蟾光满。连云复道凌飞观。耸皇居丽，嘉气瑞烟葱蒨。翠华宵幸，是处层城阆苑。
>
> 龙凤烛、交光星汉。对咫尺鳌山开羽扇。会乐府两籍神仙，梨园四部弦管。向晓色、都人未散。盈万井、山呼鳌抃。愿岁岁、天仗里、常瞻凤辇。（《倾杯乐》）

柳永的这首《倾杯乐》乃为咏上元元宵节而作，此词既咏时节又歌百姓，亦写皇帝仪仗尊严。总之，这首词风格典雅凝重，细致地描摹了元宵佳节帝王与百姓同贺的情形。仁宗自然是喜欢的。“永初为上元词，有‘乐府两籍神仙，梨园四部管弦’之句，传入禁中，多称。”（叶梦得《避暑录话》）仁宗皇帝是看重柳永的文学才华，但这并不意味着他认为柳永能够胜任官场。人品、学品与个人才华完全是两回事，仁宗一朝号称盛世，其治国必有其可圈可点之处。《宋史》赞曰：“（仁宗）在位四十二年之间，吏治若偷惰，而任事蔑残刻之人；刑法似纵驰，而决狱多平允之士。国未尝无弊幸，而不足以累治世之体；朝未尝无小人，而不足以胜善类之气。君臣上下恻怛之心，忠厚之政，有以培壅宋三百馀年之基。子孙一矫其所为，驯致于乱。传曰：'为人君，止于仁。'帝诚无愧焉！"如此可见，仁宗不仅会用人，而且善用人。那么区区一个在世人眼中品行不端、沉湎酒肆的天真浪子，又怎么会得到仁宗的青睐呢？

> 黄金榜上，偶失龙头望。明代暂遗贤、如何向。未遂风云便，争不恣狂荡。何须论得丧，才子词人，自是白衣卿相。
>
> 烟花巷陌，依约丹青屏障。幸有意中人、堪寻访。且恁偎红翠，风流事、平生畅。青春都一饷，忍把浮名，换了浅斟低唱。（《鹤冲天》）

柳永久困科场，难免有牢骚之语。仁宗皇帝或许会因为一句话"忍把浮名，换了浅斟低唱"不第柳永，但是更深层次的原因则在于柳永从根本上就不符合仁宗初年对励精图治的政客的要求，吴曾对此有自己的理解，"仁宗留意儒雅，务本理道，深斥浮艳虚薄之文。初，进士柳三变，好为淫冶讴歌之曲，传播四方。尝有《鹤冲天》词云："忍把浮名，换了浅斟低唱。"及临轩放榜，特落之曰："且去浅斟低唱，何要浮名。"景祐元年方及第。后改名永，方得磨勘转官。"（《能改斋漫录》）柳永晚年得第，既不能说明仁宗皇帝突然发现柳永是个人才，也不能说明柳永在本性上发生了改变，亦不能说明改名就能换来名誉。柳永得第在 1034 年，为时已为仁宗晚年，此时的柳永不是有点儿像点缀昇平的李白呢？

柳永终于考中了科举，但是转官又成了大问题。如果说

柳永颂圣真宗的词是为了科第，那么颂圣仁宗的词则主要
是为了转官。柳永颂圣仁宗皇帝的词都选择在了仁宗生日
这个时间节点上，柳永现存三首颂圣仁宗词，都与仁宗生
日有关。

> 薰风解愠，昼景清和，新霁时候。火德流光，
> 萝图荐祉，累庆金枝秀。璇枢绕电，华渚流虹，是
> 日挺生元后。缵唐虞垂拱，千载应期，万灵敷佑。
>
> 殊方异哉，争贡琛赆，架巇航波奔凑。三殿称
> 觞，九仪就列，韶頀锵金奏。藩侯瞻望彤庭，亲携
> 僚吏，竞歌元首。祝尧龄、北极齐尊，南山共久。
> (《永遇乐》)
>
> 过韶阳。璿枢电绕，华渚虹流，运应千载会昌。
> 馨寰宇、荐殊祥。吾皇。诞弥月，瑶图缵庆，玉叶
> 腾芳。并景贶，三灵眷佑，挺英哲、掩前王。遇年
> 年、嘉节清和，颁率土称觞。
>
> 无间要荒华夏，尽万里、走梯航。彤庭舜张大
> 乐，禹会群方。鹓行。望上国，山呼鳌抃，遥爇炉
> 香。竞就日、瞻云献寿，指南山、等无疆。愿巍巍、
> 宝历鸿基，齐天地遥长。(《送征衣》)
>
> 渐亭皋叶下，陇首云飞，素秋新霁。华阙中天，
> 锁葱葱佳气。嫩菊黄深，拒霜红浅，近宝阶香砌。
> 玉宇无尘，金茎有露，碧天如水。
>
> 正值升平，万几多暇，夜色澄鲜，漏声迢递。
> 南极星中，有老人呈瑞。此际宸游，凤辇何处，度

159

管弦清脆。太液波翻，披香帘卷，月明风细。(《醉
蓬莱》)

这三首词具体圣颂何年，我们不得而考，但是大抵《永
遇乐》和《送征衣》应该是在《醉蓬莱》之前。毕竟如果颂
圣效果不好，皇帝已经决定不再任用他了，那么柳永也不必
一再地写词祝颂仁宗生日了。而柳永也终因为择词不慎，忤
逆了仁宗，难以转官。"(三变)作宫词号《醉蓬莱》，因内
官达后宫，且求其助。仁宗闻而觉之，自是不复歌其矣。会
改京官，乃以无行黜之。后改名永，仕至屯田员外郎。"(陈
师道《后山诗话》)"后因晚称张乐，有使作《醉蓬莱》词以
献，语不称旨，仁宗亦悟有欲为之地者，因置之不问。"(叶
梦得《避暑录话》)《醉蓬莱》之词无论在内容上还是艺术表
现上都不可能比《永遇乐》和《送征衣》差很多，只不过柳
永太天真了，没有在词语的选择上做慎重的选取。"此词一
传，天下皆称妙绝。盖中间误使'凤辇宸游'挽章句。耆卿
作此词，惟务钩摘好语，却不参考出处。仁宗皇帝览而恶之，
及御注差注至耆卿，抹其名曰：'此人不可仕宦，尽从池花下
浅斟低唱。'"(陈元靓《岁时广记》)

颂圣词想写得好不易，既要切合统治者的心理，又要体
现词作家的艺术水平。既要有我，又要无我，其间关节实难
掌握。以柳永的《醉蓬莱》为例，这首词既体现了替仁宗庆
生的特点，又表现了柳永词善于描摹昇平，擅长写景的典雅、
雅质的特点。"渐亭皋叶下，陇首云飞，素秋新霁"点明了
时节，尽管胡仔认为"嫩菊黄深，拒霜红浅"与李白等人的

应制辞相比，"殆不啻天冠地履也"（《苕溪渔隐丛话后集》）。但是如果联系上下文来看，词的上阕写景，颜色艳丽，体现了太平盛世繁荣似锦的特点——葱郁的天与树，嫩黄的菊花，浅红的霜叶，阳光下的金露，碧蓝的天水。至于柳颂圣词的典雅，其实是体现在他的文学素养方面的。他毕竟出身一个有文化积淀的家庭，他对古人的诗歌作品也是十分熟悉的。就是他那句被仁宗不喜的"渐亭皋叶下，陇首云飞"也是源于柳浑的诗"亭皋木叶下，陇首秋云飞"。"此际宸游，凤辇何处"源于上官仪"步辇出披香，清歌临太液"。所以说，仁宗不用柳永不是因为他的词写得不好，而是因为柳永这个人太天真、太不适合仕途了。

六、节俗风光词

柳永的节日风光词和他的干谒颂圣词是紧密相连的，因此在内容上多多少少难于摆脱其词作内容阿谀奉迎的一面，但是这些词也在一个侧面反映了宋代的节俗特点和社会风情。例如我们可以从柳永的这些词中，看到当时节日的盛况和节俗的一些特点，也能在柳永的一些词中看到他对地方风貌和京都汴京风景的描摹。总之，柳永的这些也确乎当得起"铺叙层衍，备足无余。形容盛明，千载如逢当日"（李之仪《跋吴思道小词》）之称。

柳永的节日风光词所涉及的节日主要有上元节、清明节、七月七；风光词对城市风光的描写，主要集中在汴京、苏杭等地。无论是对节俗的描写，还是对城市风光的描写，柳永的词都达到了史词互补的效果在史料之外，柳永的词以一种文学的视角记载了当时市民文化的发展，记载了城市经济的繁荣，记载了社会的歌舞昇平。

> 禁漏花深，绣工日永，蕙风布暖。变韶景、都门十二，元宵三五，银蟾光满。连云复道凌飞观。耸皇居丽，嘉气瑞烟葱蒨。翠华宵幸，是处层城阆苑。
>
> 龙凤烛、交光星汉。对咫尺鳌山开羽扇。会乐府两籍神仙，梨园四部弦管。向晓色、都人未散。盈万井、山呼鳌抃。愿岁岁、天仗里、常瞻凤辇。
>
> （《倾杯乐》）

柳永的这首词咏汴京上元节，这首词甚得仁宗皇帝喜爱。"永初为上元辞，有'乐府两籍神仙，梨园四部弦管'之句传禁中，多称之。"（叶梦得《避暑录话》）这首词从上元之夜写起，极尽铺排之能事，将君臣百姓于时同乐的场景，描写得细致、精审。虽然在内容上并无更多的可取之处，但是确实可以和孟元老的《东京梦华录》相互参看"大内前自岁前冬至后，开封府绞缚山棚，立木正对宣德楼，游人已集御街，两廊下奇术异能，歌舞百戏，鳞鳞相切，乐声嘈杂十馀里。……至正月七日，人使朝辞出门，灯山上彩，金碧相射，锦绣交辉。面北悉以彩结山启，上皆画神仙故事，或坊市卖药卖卦之人。横列三门，各有彩结金书大牌，中曰'都门道'，左右曰'左右禁卫之门'，上有大牌曰'宣和与民同乐'。彩山左右，以彩结文殊、普贤，跨狮子、白象，各于手指出水五道，其手摇动。用辘轳绞水上灯山尖高处，用木柜贮之，逐时放下，如瀑布状。又于左右门上，各以草把缚成戏龙之状，用青幕遮笼，草上密置灯烛数万盏，望之蜿蜒如双龙飞走。自灯山至宣德门楼横大街，约百馀丈，用棘彩结束，纸糊百戏人物，悬于竿上，风动宛若飞仙。内设乐棚，差衙前乐人作乐杂戏，并左右军百戏在其中。驾坐一时呈拽宣德楼上，皆垂黄缘帘，中一位乃御座。用黄罗设一彩棚，御龙直执黄盖掌扇，列于帘外。两朵楼各挂灯球一枚，约方圆丈馀，内燃椽烛，帘内亦作乐。宫嫔嬉笑之声，下闻于外。"（《东京梦华录》）

　　在柳永所有的咏节序的词中，咏清明节的词水平要高一些。一般来说，柳永会花费一些笔墨去铺排清明时节的春景和清明时节的风俗活动。

　　　晓来天气浓淡，微雨轻洒。近清明，风絮巷陌，烟草池塘，尽堪图画。艳杏暖、妆脸匀开，弱柳困、宫腰低亚。是处丽质盈盈，巧笑嬉嬉，手簇秋千架。戏彩球罗绶，金鸡芥羽，少年驰骋，芳郊绿野。占断五陵游，奏脆管、繁弦声和雅。

　　　向名园深处，争泥画轮，竞鞯宝马。取次罗列杯盘，就芳树、绿阴红影下。舞婆娑，歌宛转，仿佛莺娇燕姹。寸珠片玉，争似此、浓欢无价。任他美酒，十千一斗，饮竭仍解金貂赏。恣幕天席地，陶陶尽醉太平，且乐唐虞景化。须信艳阳天，看未

足、已觉莺花谢。对绿蚁翠蛾，怎忍轻舍。(《抛球乐》)

这首词描写了一幅雨后色彩艳丽、春景宜人，佳人盈盈、嬉笑秋千的美景。不仅如此，这首慢调极尽所能地将清明节人们进行的娱游活动铺叙了出来。正如《东京梦华录》记载，"（清明节）四野如市，往往就芳树之下，或园囿之间，罗列杯盘，互相劝酬。都城之歌儿舞女，遍满园亭，抵暮而归……轿子即以杨柳杂花装簇顶上，四垂遮映。自此三日，皆出城上坟，但一百五日最盛。节日，坊市卖稠饧、麦糕、乳酪、乳饼之类。缓入都门，斜阳御柳；醉归院落，明月梨花。诸军禁卫，各成队伍，跨马作乐四出，谓之'捧脚'。其旌旗鲜明，军容雄壮，人马精锐，又别为一景也。"更重要的是柳永在描摹盛景之外，亦将淡淡的悲伤隐于词句之中。良辰美景总是让人难忘而易逝的，如何能轻抛？所以郑文焯认为柳永这首词在结拍上融入了深沉的情感，给予了较高的评价。"结拍与《破阵乐》'渐觉云海沉沉，洞天日晚'，语意俱有掉入苍茫之慨，骨气雄逸，与徒写景物情事，意境不同。"(《乐章集校》)

柳永另外一首咏清明之词《木兰花慢》更是典雅、清丽，为批评家所看重。

拆桐花烂漫，乍疏雨、洗清明。正艳杏烧林，缃桃乡野，芳景如屏。倾城。尽寻胜去，骤雕鞍绀幰出郊坰。风暖繁弦脆管，万家竞奏新声。

　　　　盈盈。斗草踏青。人艳冶、递逢迎。向路旁往
　　往，遗簪堕珥，珠翠纵横。欢情。对佳丽地，信金
　　罍罄竭玉山倾。拼却明朝永日，画堂一枕春醒。
　　（《木兰花慢》）

　　这首词从疏雨后的春景入手，美景如画。当此之际，景美人美，相得宜彰，且音调谐美，故吴师道称，"《木兰花慢》，柳耆卿清明词，得音调之正。盖'倾城'、'盈盈'、'欢情'，于第二字中有韵。近见吴彦高中秋词，亦不失此体，余人皆不能。"（《吴礼部诗话》）从结构来看，这类词的写作模式基本固定，"此词反映汴京清明节日，男女游乐之事也。首二韵写春初景物鲜丽。次写郊游车马、音乐之盛况。下半阕写妇女嬉游之事。"（刘永济《唐五代两宋词简释》）

　　七月七这个节日还是比较热闹的，老百姓们都希望通过"乞巧"活动，收获自己的爱情。"七夕前三五日，车马盈市，罗绮满街。旋折未开荷花，都人善假做双头莲，取玩一时，提携而归，路人往往嗟爱。又小儿须买新荷叶执之，盖效颦磨喝乐。儿童辈特地新妆，竞夸鲜丽。至初六日、七日晚，贵家多结彩楼于庭，谓之'乞巧楼'，铺陈磨喝乐、花瓜、酒炙、笔砚、针线，或儿童裁诗，女郎呈巧，焚香列拜，谓之'乞巧'。妇女望月穿针，或以小蜘蛛安盒子内，次日看之，若网圆正，谓之'得巧'。"（孟元老《东京梦华录》）应该说这是一个深受老百姓喜爱的节日。

　　　　炎花谢。过暮雨、芳尘轻洒。乍露冷风清庭户，
　　爽天如水，玉钩遥挂。应是星娥嗟久阻，叙旧约、
　　飙轮欲驾。极目处、微云暗度，耿耿银河高泻。

　　　　闲雅。须知此景，古今无价。运巧思、穿针楼
　　上女，抬粉面、云鬟相亚。钿合金钗私语处，算谁
　　在、回廊影下。愿天上人间，占得欢娱，年年今夜。
　　（《二郎神》）

　　七月七日景色和风情自然不同于清明。露虽轻但风冷，
雨虽暮但花谢，如此冷清之景断不是艳丽热闹的春景了。就
是这种氛围更突显了七月七牛郎织女虽然相会但却立即两相
别的伤感的节俗。此节日虽古今无假，但百姓们的业余生活
却是丰富——乞巧是必须的。如果说前此咏写节俗的词是以
描摹为主，那么咏写七月七的词明显带上作者的情感，而
"愿天上人间，占得欢娱，年年今夜"的祝愿，明显是受了
市民阶层审美的影响了。

　　柳永还有一首比较特别的词，虽然不写节俗，但却反映
了科举考试放榜后令人艳羡的游街活动。这首《柳初新》确
实切题。春天伊始，柳初绿、花始娇、杏花开、桃花暖。在
这样一个热闹欢快的氛围中，新科状元必然是心情愉悦地
"遍九陌、相将游冶。骤香尘、宝鞍骄马"了。

　　　　东郊向晓星杓亚。报帝里，春来也。柳抬烟眼，
　　花匀露脸，渐觉绿娇红姹。妆点层台芳榭。运神功、
　　丹青无价。

　　　　别有尧阶试罢。新郎君、成行如画。杏园风细，
　　桃花浪暖，竞喜羽迁鳞化。遍九陌、相将游冶。骤
　　香尘、宝鞍骄马。（《柳初新》）

　　其实，柳永的这一类词，文学性要低于它的"史学"价
值。如果从台阁的典重、铺排"太平盛世"的角度来看，无
疑功用性很强，但是文学性稍弱。一些咏写城市风光的词，
写作模式也大抵如此。

　　　　露花倒影，烟芜蘸碧，灵沼波暖。金柳摇风树
　　树，系彩舫龙舟遥岸。千步虹桥，参差雁齿，直趋
　　水殿。绕金堤、曼衍鱼龙戏，簇娇春罗绮，喧天丝
　　管。霁色荣光，望中似睹，蓬莱清浅。
　　　　时见。凤辇宸游，鸾觞禊饮，临翠水、开镐宴。
　　两两轻飞画楫，竞夺锦标霞烂。馨欢娱，歌鱼藻，
　　徘徊宛转。别有盈盈游女，各委明珠，争收翠羽，
　　相将归远。渐觉云海沉沉，洞天日晚。（《破阵乐》）

　　此词咏写汴京的金明池。金明池在北宋是京城外一处风
光秀丽的赏玩之地。柳永此词描写了天子御临金明池的场景。
从内容来看，无疑是雍容华贵的，所描摹之场景和《东京梦
华录》相仿佛，"池在顺天门街北，周围约九里三十步，池
西直径七里许。入池门内南岸西去百馀步，有面北临水殿，
车驾临幸，观争标、锡宴于此。往日旋以彩幄，政和间用土
木工造成矣。又西去数百步，乃仙桥，南北约数百步，桥面

三虹，朱漆阑楯，下排雁柱，中央隆起，谓之'骆驼红'，若飞虹之状。桥尽处，五殿正在池之中心，四岸石甃，向背大殿，中坐各设御幄，朱漆明金龙床，河间云水戏龙屏风，不禁游人。殿上下回廊，皆关扑钱物饮食伎艺人作场勾肆，罗列左右。桥上两边，乃瓦盆内掷头钱，关扑钱物、衣服、动使。游人还往，荷盖相望。桥之南立棂星门，门里对立彩楼。每争标作乐，列妓女于其上。门相对街南，有砖石甃砌高台，上有楼观，广百丈许，曰宝津楼。前至池门，阔百馀丈。下瞰仙桥、水殿，车驾临幸，观骑射、百戏于此。池之东岸，临水近墙皆垂杨，两边皆彩棚幕次，临水假赁，观看争标。街东皆酒食店舍、博易场户、艺人勾肆、质库。……车驾临幸，往往取二十日。诸禁卫班直簪花、披锦绣、捻金线衫袍、金带勒帛之类，结束竞逞鲜新。出内府金枪，宝装弓剑，龙凤绣旗，红缨锦辔，万骑争驰，铎声震地。"从写景的角度来看，此词以铺排皇帝巡幸的场面为主，不以写景擅长，倒是"露花倒影"似乎被人赏玩。"苏子瞻于四学士中最善少游，故他文未尝不极口称善，岂新乐府。然犹以气格为病。故尝戏云：'山抹微云秦学士，露花倒影柳屯田。'"（叶梦得《避暑录话》）苏轼此评不在于表扬柳永，似有批判其词浅俗之处。至于为类比秦观的"山抹微云"而选择了柳永的"露花倒影"固然有出于对仗的考虑，但是在这种情况下都能选到柳永这类咏写城市风光但艺术水平又不是很高的词名，这在某种程度上也反映了苏轼对柳永词的熟识，对于柳永词写景的认可吧。

　　柳永词写地方城市风光，多与他干谒地方的词紧密相连。

这些词基本上会提到城市中的自然风光、人文景观，或有偏重，但是二者被处理得相得宜彰。

    轻霭浮空，乱峰倒影，潋滟十里银塘。绕岸垂杨。红楼朱阁相望。芰荷香。双双戏、鸂鶒鸳鸯。乍雨过、兰芷汀洲，望中依约似潇湘。

    风淡淡，水茫茫。动一片晴光。画航相将。盈盈红粉清商。紫微郎。修禊饮、且乐仙乡。更归去、遍历銮坡凤沼，此景也难忘。（《如鱼水》）

此词写自然景观静谧美好，面中有点，点点相生，动静相宜，色彩分明；必是如此，方能佳人相伴湖上赏景娱情，怡然自得。就是这样的美景才会在将来高升远离之后被念念不忘，才会印象深刻，才会在人们的头脑中留下柳永词善"道嘉祐中太平气象"（黄裳《书乐章集后》）的印象。

七、兴寄怀古之词

柳永之词浅近、直白，鲜有寄意。与时下士大夫词的典雅、凝炼相比，略失之直白、浅俗，多为世人不喜。"如柳屯田哀感顽艳，而少寄托。"（宋征璧《倡和诗余序》）但亦有批评者从当行本色的角度出发，对柳永无兴寄之词给予了肯定，"晚唐、五代词，填词最高，宋人不及，何也？词须浅近，晚唐诗文最浅，邻于词调，故臻上品。宋人开口便学杜诗，格高气粗，出语便自生硬。其间若淮海、耆卿、叔原辈，一二语唐者有之，通篇则无有。"（徐渭《南词叙录》）总的来说，柳永词兴寄之意略少。有一些可以看作是有所寄托的词，其具体的指向也不是十分明晰。

> 园林晴昼春谁主。暖律潜催，幽谷暄和，黄鹂翩翩，乍迁芳树。观露湿缕金衣，叶映如簧语。晓来枝上绵蛮，似把芳心、深意低诉。
>
> 无据。乍出暖烟来，又趁游蜂去。恣狂踪迹，两两相呼，终朝雾吟风舞。当上苑柳浓时，别馆花深处。此际海燕偏饶，都把韶光与。（《黄莺儿》）

这首词描写了初春时节的美景，万物更新，景物描写有声有色。但似乎这并不是一篇纯粹写景之词。清黄苏《蓼园词评》评此词云："翩翩公子，席宠承恩，岂海岛孤寒能与伊争韶光哉。语意隐有所指，而词旨颖发，秀气独饶，自然清隽。"王星琦评《柳永集》称："'隐有所指'，所指的是什么，也只是揣测而已。此词置于开篇第一首，情调又欢快激扬，是颇耐人寻味的。"随后王星琦又在总评中谈到"若问此词有无寄托？不好说。总之，作者的心绪极好，为春色美好所感染就是了。从'恣狂踪迹，两两相呼，终终雾吟风舞'几句来看，写黄鹂、写游蜂，似又在映照着人，而海燕的偏饶春光，更有自诩之意。那末，是什么事令词人如此兴高采烈，想来只有科考及第，所谓金榜题名这样的大喜事才能如此欢娱吧。柳永进士及第在仁宗景祐元年（1034）。若将此词与写于汴京的《柳初新·东郊向晓星杓亚》，以及写于

睦州的《满江红·暮雨初收》对读，或许能悟到什么。"从
这首词在整个《乐章集》中的位置，以及对春光的描写、对
柳永生活现状的分析来看，王星琦的分析也不无可取之处。
词中洋溢的快乐情绪，确乎是和为教坊歌妓所写的科第词中
所表现的情感略有相异之处。

> 东郊向晓星杓亚。报帝里、春来也。柳抬烟眼，
> 花匀露脸，渐觉绿娇红姹。妆点层台芳榭。运神功，
> 丹青无价。
>
> 别有尧阶试罢。新郎罢、成行如画。杏园风细，
> 桃花浪暖，竞喜羽迁鳞化。遍九陌、相将游冶。骤
> 香尘，宝鞍骄马。(《柳初新》)

替教坊歌妓所写之词，虽场面描写热闹，但缺发自内心
的真情实感。相比之下，《黄莺儿》中情景相生之描写，确
实要比《柳初新》更能打动人。柳永《乐章集》中还有一首
名为《斗百花》的词，能够明显看出兴寄指向。

> 飒飒霜飘鸳瓦，翠幕轻寒微透，长门深锁悄悄，
> 满庭秋色将晚。眼看菊蕊，重阳泪落如珠，长是淹
> 残粉面。鸾辂音尘远。
>
> 无限幽恨，寄情空殢纨扇。应是帝王，当初怪
> 妾辞辇。陡顿今来，宫中第一妖娆，却道昭阳飞燕。
> (《斗百花》)

"斗百花"这个词牌略有来历。据《历代诗馀》记载，晁补之《斗百花·小小盈盈珠翠》调下曾注："唐时斗花，以奇者为胜，调名取此，一名《夏州》，与斗百草无涉。"吴藕汀《词名索引》于《夏州》条下云："即《斗百花》。晁补之词名《夏州》"王星琦品评《柳永集》认为，"词写汉宫宫闱旧事，一据史书。"薛瑞生认为，"（此词）与柳词中别的美人词不同，此词却用了古代文人惯用而柳永罕用的'香草美人'格，来寄托君臣遇合与离异。词用汉武帝陈皇后与汉成帝班婕妤典，其用意是既隐曲而又显豁的。很明显，柳永在此以陈皇后与班婕妤自况，谓自己当初不该'辞辇'离开汴京，希望得到皇帝重新重用，然而却'鸾辂音尘远'，即使'寄情纨扇'也只能'空殢'，难以改变'稀复进见'之命运。有希望，有悔恨，最终却也成了谶语。"（《乐章集校注》）

对于这段历史的引用与寄托，非独柳永，我们最熟识的作品大概要数辛弃疾的《摸鱼儿》了。

更能消、几番风雨，匆匆春又归去。惜春长怕花开早，何况落红无数。春且住。见说道、天涯芳草无归路。怨春不语。算只有殷勤，画檐蛛网，尽日惹飞絮。

长门事，准拟佳期又误。蛾眉曾有人妒。千金纵买相如赋，脉脉此情谁诉？君莫舞，君不见、玉环飞燕皆尘土！闲愁最苦。休去倚危栏，斜阳正在、烟柳断肠处。（辛弃疾《摸鱼儿》）

大抵以柳永的际遇，他还没有办法做到像辛弃疾那样的旷达吧！柳永依然将自己的仕途寄寓在圣君明主的身上，而辛弃疾年来的遭遇却让他看明白了一切不过是场梦——"玉环飞燕皆尘土"，尽管这参透世事的洞察中，渗透了多少无奈与愤懑！

柳永有一些怀古词略与兴寄相似。柳永词不以怀古擅长，基本上以本事写起，通过实写历史的方式，寄寓物事人非之古今感慨。写景寄情，古今对比的手法都运用得比较纯熟，但是在思想上却很难翻出新意。

> 晚天萧索，断蓬踪迹，乘兴兰棹东游。三吴风景，姑苏台榭，牢落暮霭初收。夫差旧国，香径没、徒有荒丘。繁华处，悄无覩，惟闻麋鹿呦呦。
>
> 想当年、空运筹决战，图王取霸无休。江山如画，云涛烟浪，翻轮范蠡扁舟。验前经旧史，嗟漫载、当日风流。斜阳暮草茫茫，尽成万古遗愁。
> (《双声子》)

三吴风景一向秀美，但是在这里却是气象萧索，往日的繁华消失殆尽，"惟闻麋鹿呦呦"。下阕由景写史，往事成空，霸业难成，空余万古遗恨。这首词虽无新意，但妙在以萧瑟秋景起，以落寞秋暮结，苍凉之意丛生。故郑文焯称："（'验前经旧史'五句）只数语，便抵得无数怀古伤高之致。"(《乐章集校》)

柳永另有一首《西施》，叙写了西施的故事，严格来说这首词算不得怀古词。有专家认为这首诗歌是有所兴寄的，尽管寄寓的思想没有表现在怀古上。

> 苎萝妖艳世难偕。善媚悦君怀。后庭恃宠，尽
> 使绝嫌猜。正恁朝欢暮宴，情未足，早江上兵来。
> 捧心调态军前死，罗绮旋变尘埃。至今想，怨
> 魂无主尚徘徊。夜夜姑苏城外，当时月，但空照荒
> 台。(《西施》)

　这首词咏调名本意，即演绎的是西施的故事。但是它演绎的并非我们熟识的西施故事，下阕言越兵攻吴，西施死于"军前"，至今"怨魂无主"，似有所寄寓。故王星琦评，"从结局取西施死于吴，而不取与范蠡泛舟五湖来看，词家的心境是悲凉的，结二句也是凄怆的。对于吴王夫差的淫逸失国，不少的文学作品均有揭示，此词在这一点上无甚新意。细细品味，倒是对西施颇有微词。一是'捧心调态军前死'句，'调态'二字令人联想到造作与扭捏，且直用'死'字，连个'殒'字都不肯用，大有隐曲在其中。'怨魂'之'怨'，也很乍眼。西施为复越国当是无怨无悔的，有些文学作品也是这样描写的。'怨'由何来，有些令人费解。特别是'无主'二字，更是明言其游魂既不属吴，又不归越，成了孤魂野鬼。柳永何以要这样写？仅仅是为了独出心裁与众不同吗？恐怕没有那么简单。寻予是有所寄托了？譬如一个女孩曾脚踏两只船，后归于其中之一，弄得两面都无颜面，终于是两船俱失，跌入水中。而且柳永便是当事者之一，遂借西施事

以泄其愤亦未可知。自然这种揣测毫无根据，也只是漫想而已。但这首词有所寄托却是肯定的。"（《柳永集》）这首词是否有所寄托，亦难断定。毕竟柳永词不以兴寄擅长，就以本事写本事，亦未尝不可。将自己的情感投射在西施身上而写怨恨之情，亦未尝不可。将世俗之情感寄寓于历史故事，曲意表达，似乎也不符合柳永词浅近表现世俗生活的创作特点。故此观点叙列于此，仅备一考。

要之，柳永的词反映的内容较为多样，能够将他所生活的真宗、仁宗年间的社会风俗与自己的生平遭遇紧密相连，其中既能反映市民的审美情趣，亦能体现士大夫阶层的雅趣。尽管柳永的词作中有许多被世人訾病的俗词，但是我们不可以否认他的创作态度——毕竟他是我国第一位致力于填词的词作家！他对俗词在当行本色特点上的继承与发展以及在市民文化的生活丰富上的贡献，是可以与元代的关汉卿相颉颃的。

平生自负，风流才调。口儿里、道知张陈赵。唱新词，改难令，总知颠倒。解刷扮，能唗嗽，表里都峭。每遇着、饮席歌筵，人人尽道。可惜许老了。

阎罗大伯曾教来，道人生、但不须烦恼。遇良辰，当美景，追欢买笑。剩活取百十年，只恁厮好。若限满、鬼使来追，待倩个、掩通著到。（《传花枝》）

我是个普天下郎君领袖。盖世界浪子班头。愿朱颜不改常依旧。花中消遣，酒内忘忧。分荣，擷竹；打马，藏阄。通五音六律滑熟。甚闲愁到我心头。伴的是银筝女银台前理银筝笑倚银屏，伴的是玉天仙携玉手并玉肩同登玉楼，伴的是金钗客歌金缕捧金樽满泛金瓯。你道我老也，暂休。占排场风月功名首，更玲珑又剔透。我是个锦阵花营都帅头。曾玩府游州。

则除是阎王亲自唤，鬼神自来勾。三魂归地府，七魄伤冥幽。天哪，那其间才不向烟花路儿上走。

（关汉卿《南吕·一枝花·不伏老·梁曲》）

读罢两段内容，似乎我们更容易理解柳永的内心世界了。两位同样身负才华但却怀才不遇的士子，时隔200多年，相似的遭遇使得他们采用了同样的方式来解嘲他们的生活，来笑看他们的生活，来精彩他们的生活。

在市民文化生活高度发达的宋代，长期流连平康小巷、沉沦下僚的柳永，对这种歌台舞榭的生活必然是熟识的。我们大概要感谢宋代市民经济的发达和柳永的困窘不第，不然的话，我们也就很难看到如此原汁原味的本色词作了。柳永此词可以与《东京梦华录》中的一段记载相参看。

有连夜饮者，次日取之。诸妓馆只就店呼酒而已，银器供送，亦复如是。其阔略大量，天下无之也。以其人烟浩穰，添十数万众不加多，减之不觉少。所谓花阵酒池，香山药海。别有幽坊小巷，燕馆歌楼，举之万数，不欲繁碎。

　　崇、观以来，在京瓦肆伎艺：张廷叟，孟子书。
主张小唱，李师师、徐婆惜、封宜奴、孙三四等。
诚其角者嘌唱弟子，张七七、王京奴、左小四、安
娘、毛团等。教坊减罢并温习，张翠盖、张成，弟
子薛子大、薛子小、俏枝儿、杨总惜、周寿、奴称
心等。般杂剧杖头傀儡，任小三，每日五更头回小
杂剧，差晚看不及矣。……小儿相扑、杂剧、掉刀、
蛮牌，董十五、赵七、曹保义、朱婆儿、没困驼、
风僧哥、俎六姐。影戏，丁仪。瘦吉等，弄乔影戏。
刘百禽，弄虫蚁。孔三传，耍秀才、诸宫调。……
不以风雨寒暑，诸棚看人，日日如是。教坊钧容直，
每遇旬休按乐，亦许人观看。每遇内宴前一月，教
坊内勾集弟子小儿，习队舞，作乐，杂剧节次。

　　一句话，无论从何种角度出发，柳永确实将真宗仁宗年
间的太平盛世描摹了出来，尽管其中表现的一些内容为世人
所不耻，正是那些参杂了他个人的羁旅遭遇，参杂了他平康
生活的世俗情感体验，让我们有幸看到了一位年轻、天真的
浪子，看到了一位沉沦下僚但永不放弃的举子，看到了一位
孜孜不倦沉湎于自己世界里的音乐人！

第四章　柳永词的文艺思想

　　或言柳氏创词有家法，世称"柳氏家法"、"屯田蹊径"。王灼《碧鸡漫志》记载，"东坡先生以文章余事作诗，溢而作词曲，高处出神人天，平处尚临镜笑春，不顾侪辈。或曰，长短句中诗也。为此论者，乃是遭柳永野狐涎之毒。诗与乐府同出，岂当分异？若从柳氏家法，正自不得不分异耳。"但是"柳氏家法"内容为何不得而知，观史籍所载，惜其不传。所以，我们很难根据史料得出"柳氏家法"具体内容。此外，柳永并不像李清照等词作家，将自己对词的理解与创作的要求通过诗文等方式明确地记载下来。因此，我们只能依据他词作的大体写作内容、语言风格、创作风貌以及后人对柳永的评价，来约略揣度一下柳永的词学思想。

　　柳永词在艺术创作上多能出新，在北宋乃至整个词学史上其艺术成就都算得上独树一帜。正如王灼所评，"柳耆卿《乐章集》，世多爱赏其该洽，序事闲暇，有首有尾，亦间出佳语，又能择声律谐美者用之。惟是浅近卑俗，自成一体，不知书者尤好之。"（王灼《碧鸡漫志》）此评虽不屑柳乐章言语内容之浅近，但喜其在音律、叙事、遣词造句方面的优长。根据柳永词的思想内容和艺术表现，我们大概可以看出柳永的词基本上具备以下几个艺术特点：一、慢调为主，袭变兼备；二、当行本色，注重曲律；三、雅俗共赏，风格多样；四、结构完整，点染得法。

一、慢调为主，袭变兼长

柳永是一个一心一意创作词的作家，他对于词的喜爱，对于新词的钟情，可以说是发自肺腑的，甚至是融入血液的。"按新词，流霞共酌"（柳永《尾犯》；"唱新词，改难令，总知颠倒"（柳永《传花枝》）；"属和新词多俊格"（柳永《惜花郎》）。我们通常也会说柳永是第一个致力于创作慢调的作家，余以为这个说法并不十分准确。诚然，奠定了柳永在词坛上地位的词是慢词，是那些婉转多情、雅俗共赏、情景交融的慢词，但是这并不是说柳永的小令做得不好。总的来说，柳词的特点是慢调为主，屡有新创；兼习小令，风韵自存。

1. 风格多样的小令

一般来说，词的发展遵循着由小令到慢词的过渡，"诗之馀先有小令，其后以小令微引而长之，于是有《阳关引》《千秋岁引》《江城梅花引》之类；又谓之近，如《诉衷情近》《祝英台近》之类，以音调相近从而引之也；引而愈长者则为慢，慢与曼通，曼之训引也，长也，如《木兰花慢》《长亭怨慢》《拜星月慢》之类，其始皆令也。"（宋翔凤《乐府馀论》）

其实柳永的《乐章集》中，小令的数量也不少。在近200首的柳词中，约有50首小令，已占四分之一强。这说明柳永虽然是个创慢词的名家，但对于小令的创作应该也有一番自己的心得，并遵循一定的创作规范。

和柳永差不多前后的、风行于词坛的晏殊、欧阳修、张先均以创作小令出名。"晏元献，欧阳文忠，宋景文，则以其余力游戏，而风流闲雅，超出意表，又非其类也。谛味研究，字字皆有据，而其妙见于卒章，语尽而意不尽，意尽而情不尽，岂平生可得仿佛哉。"（李之仪《跋吴思道小词》）"晏元献公、欧阳文忠公，风流蕴藉，一时莫及，而温润秀洁，亦无其比。"（王灼《碧鸡漫志》）"张子野词，古今一大转移也。前此则为晏、欧，为温、韦，体段虽具，声色未开。后此则为秦、柳，为苏、辛，为美成、白石，发扬蹈厉，气局一新，而古意渐失。子野适得其中，有含蓄处，亦有发越处。但含蓄不似温、韦，发越亦不似豪苏腻柳。规模虽隘，气格却近古。"（陈廷焯《白雨斋词话》）虽然他们的词作各有优长，但都有一个共同的特点，那是含蓄蕴藉。可以说小令委婉含蓄的特点，是其本色。而柳永的小令除了继承了自唐五代以来发展的含蓄蕴藉、情词雅质的特点外，还容纳了唐五代民间词的直白与浅露；前者妙处可与晏公、欧公相颉颃，后者浅处泼辣媚俗可以民间词相媲美；前者雅质除了抒写闺情外，咏物、写景、抒发人生感慨亦是其专长，后者则很难跳出闺怨床第的藩篱。

　　一夜狂风雨，花英坠、碎红无数。垂杨漫结黄金缕。尽春残、萦不住。

　　蝶稀蜂散知何处。瓣尊酒、转添愁绪。多情不
惯相思苦，休惆怅、好归去。（柳永《归去来》）

　　柳永的这首小令表现了浓重的惜春、伤春之情。如果春
天必将逝去，多情的人也无须惆怅，就让它归去吧！因之有
情，故难忘怀。与晏殊的"无情不似多情苦，一寸还成千万
缕"（《木兰花》）情调近似，但不若晏词情深。柳永写离情
的小令写得亦让人肝肠寸断。

　　一声画角日西曛。催促掩朱门。不堪更倚危阑，
断肠已消魂。年渐晚，雁空频。问无音。思心欲碎，
愁泪难收，又是黄昏。（柳永《诉衷情》）

　　这首小词写闺情通俗易懂，不事词藻，与晏殊的风格颇
为相近。"红笺小字。说尽平生意。鸿雁在云鱼在水。惆怅此
情难寄。斜阳独倚西楼。遥山恰对帘钩。人面不知何处，绿
波依旧东流。"（晏殊《清平乐》）晏词以无情的"黄昏"
"绿水依旧东流"来反衬人的"愁旧难收""斜阳独倚西楼"，
晏柳写景抒情效果相近，只是在情感雅质的表现方面柳永略
显于晏殊。

　　参差烟树灞陵桥，风物尽前朝。衰杨古柳，几
经攀折，憔悴楚宫腰。
　　夕阳闲淡秋光老，离思满蘅皋。一曲阳关，断

肠声尽,独自凭兰桡。(柳永《少年游》)

　玉壶冰莹兽炉灰。人起绣帘开。春丛一夜,六
花开尽,不待剪刀催。

　洛阳城阙中天起,高下遍楼台。絮乱风轻,拂
鞍沾袖,归路似章街。(欧阳修《少年游》)

　和欧阳修的《少年游》相比,柳永的小令更着意在词语
的锤炼上,表现得更雅质,更具美感。柳永的小令除了表现
离情、闺怨之外,也在感慨自己沉沦下僚的个人遭遇,在这
一点上也异于当时的小令作家,颇开后世苏轼之词境。

　天幕清和堪宴聚。想得尽、高阳俦侣。皓齿善
歌长袖舞。渐引人、醉乡深处。

　晚岁光阴能几许。这巧宦、不须多取。共君把
酒听杜宇。解再三、劝人归去。(柳永《思归乐》)

　柳永的小令除了受文人小令的影响外,也深受唐五代民
间小令的滋养。在创作上,内容、情感表现上,语言的使用
上也多与唐五代民间小令相似。

　秋暮。乱洒衰荷,颗颗真珠雨。雨过月华生,
冷彻鸳鸯浦。

　池上凭阑愁无侣。奈此个、单栖情绪。却傍金
笼共鹦鹉。念粉郎言语。(柳永《甘草子》)

　莲脸柳眉休韵。青丝罢拢云。暖日和风花戴媚,

画阁雕梁燕语新。卷帘恨去人。

　　寂寞长垂珠泪。焚香祷尽灵神。应是潇湘红粉
继，不念当初罗帐恩。抛儿虚度春。（《破阵子》选
自《敦煌曲子词》）

柳永的《甘草子》在内容上无疑是继承了唐五代民间词
直白浅露的一面，直接表达了好孤单之思，单身之怨。与
《敦煌曲子词》的风格接近。更为可贵的是柳永的小令在题
材上也继承了民间词的特点，表现得委婉可喜。

　　淮岸。向晚。圆荷向背，芙蓉深浅。仙娥画舸，
露渍红芳交乱。难分花与面。

　　采多渐觉轻船满。呼归伴。急桨烟村远。隐隐
棹歌，渐被蒹葭遮断。曲终人不见。（《河传》）

这首《河传》将少女采荷花的场面细致地勾勒了出来，
与乐府诗歌有异曲同工之妙，又兼有文人画龙点睛之笔，做
到了"花面交相映""江上数青峰"的含蓄美。在语言风格
上继承了民间词的朴素质朴的美。

　　五两竿头风欲平，张帆举棹觉舡行。柔橹不施
停却棹，是舡行。

　　满眼风波多陕灼，看山恰似走来迎。仔细看山
山不动，是船行。（《浣溪沙》选自《敦煌曲子集》）

如果我们说柳永的小令具有和晏欧、张先一样的"含蓄蕴藉"的特点的话，那么，柳永的小令更难能可贵的优质在于，在广泛吸取前人创作成就的基础上，也有自己的创作心得。首先，柳永的小令中虽然亦有"曲终人不见""休惆怅、好归去"这样委婉的词令，但是更多的是情感直白的表现。虽然用语比较典雅，但是风味儿稍有变化。大体风格、格调处于柳永的慢词和雅词之间，虽亦有文人味儿，但倾向于市民化。

> 伫倚危楼风细细。望极春愁，黯黯生天际。草色烟光残照里。无言谁会凭阑意。
>
> 拟把疏狂图一醉。对酒当歌，强乐还无味。衣带渐宽终不悔。为伊消得人憔悴。（《凤栖梧》）

这首词是柳永小令中难得的佳作，其中"衣带渐宽终不悔。为伊消得人憔悴"历来为批评家所赞赏。但是这两句词句的表达又异乎张先那种"风不定。人初静。明日落红应满径"（张先《天仙子》）的含蓄唯美，亦异乎晏殊的"双燕欲归时节，银屏昨夜微寒"（晏殊《清平乐》）的清冷婉转。因此，看到此令内容含蓄的人认为此词后两句，"更柔厚。与'不辞镜里朱颜瘦'，同合风人之旨"（唐圭璋《唐宋词简释》）。看到此令在艺术表现上异于小令含蓄特点的人认为，"小词以含蓄为佳，亦有作决绝语而妙者，如韦庄'谁家年少足风游。妾似将身嫁与，一生休。纵被无情弃，不能羞'之类是也。牛峤'须作一生拼，尽君今日欢'，抑其次矣。

柳耆卿'衣带渐宽终不悔，为伊消得人憔悴'，亦即韦意而气加婉。"（王又华《古今词率》）二人的立论，各有优长，只是出发点不同而已。

柳永大概也想在小令的领域内做一些尝试和改变，但是并未下太大气力，可能晏欧等人在前很难有突破吧，也可能是志不在此吧。每一种文体大抵还是有相应的创作规范的，故柳永虽也曾尝试将慢词表现城市风光的内容用小令来表现，但是这种效果并不是十分明显，这种以小令写城市风光的词，仅见于一。

　　鸣珂碎撼都门晓，旌幢拥下天人。马摇金辔破香尘。壶浆迎路，欢动一城春。
　　扬州曾是追游地，酒台花径仍存。凤箫依旧月中闻。荆王魂梦，应认岭头云。（《临江仙》）

这首词和柳永其它写词市风光的慢词相比，无疑在结构上、在内容表现上都略逊一筹。作为一首干谒词，小令的题材本就不如慢词更容易铺衍。和《望海潮》相比，柳永就不可能拿出大量的篇幅来描摹扬州的自然风光、人文景观，就不能由自然人文景观自然而然地引入到干谒的目的上来。从表达含蓄的这个点上来看，这首小令无疑是太近直白，近于逢迎。和慢词相比，艺术效果和干谒效果都要逊色不少。

总之，我们应该辩证地来看待柳永的词作。柳永是擅长慢词，但并非不能为小令。其小令除了在风格上吸取了晏欧等人含蓄蕴藉的文人词的特点外，还借鉴了唐五代民间词的朴素质朴的风格，在二者的基础上，柳永创作出了同样具有"柳七风味"的小令。

2. 独具风味的慢词

根据现有的文献，我们通常定义小令、中调、长调的方法，是根据词作中的字数来划分的。"五十八字以内为小令，五十九字至九十字为中调，九十一字以外为长调。"（毛先舒《填词名解》）但是很多专家认为，慢词与小令最大的区别在于曲调。"慢者过节，急者激荡。"（《新唐书·礼乐志》）具体而言，"令词的名称当来自唐代的酒令。因唐人于宴会时即席填词，利用时调小曲当作酒令，遂称为令曲，又称为小令。"（夏承焘、吴熊和《读词常识》）"慢曲子大部分是长调，这是因为它声调延长，字句也就跟着加长。……其实曲子的急与慢是决定于音乐的曲度，是由曲度决定文字的韵数。急曲子与慢曲子不能根据调中的韵数来区分。"（夏承焘、吴熊和《读词常识》）应该说，小令和慢曲子各有风情，但是似乎慢调的曲子变化更为多方，声音更为悠扬舒缓。"词以慢名者，慢曲也。拖间袅娜，不欲辄尽。"（毛先舒《填词名解》）要之，我们既不能因为小令和慢调在表现方式上、声调上、曲风上具有不同的特点，就厚此薄彼；也不能因为小令和慢调在某些方面上的优长就对另一方求全责备。

宋翔凤称："余谓慢词，当始耆卿矣。"（宋翔凤《乐府余论》）其实，柳永并不是第一个创作慢词的人。慢词源于唐代，民间的敦煌词中已经存在着慢词，宫廷的大曲中也存在着慢词，甚至是在柳永之前，也有人已经开始尝试着写慢词。只不过慢词在他们那个时代没有流行起来罢了。据夏承焘、吴熊和先生考证："慢词的产生并不后于小令，唐代已有很多慢词。它一部分是从大曲、法曲里截取出来的，一部分则来自民间。"（《读词常识》）"敦煌词中已长至百字以上的词调，如《云谣集》里，《内家娇》有一百零四字，《倾杯乐》有一百一十字。"（《读词常识》）就慢词的起源的角度来看，夏承焘、吴熊和先生的观点并无任何龃龉之处。起源并不等兴盛。在某种程度上，对于词而言，一种音乐形式就可能对应存在着一种词调方式，就可能存在这种词调方式相对应的曲词。既然小令和慢调的根本差别在曲调上，那么和小令相对应的慢曲子也应该是存在的。即如任二北先生所言，"大抵唐时慢词，皆乐工肄习，文士少为之者。故今所见五代人词多小令。"（任二北《敦煌曲校录》）

　　窈窕逶迤，貌超倾国应难比。浑身挂绮罗装束，未省从天得知。脸如花自然多娇媚。翠柳画娥眉，横波如同秋水。裙生石榴，血染罗衫子。

　　观艳质语软言轻，玉钗坠素绾乌云髻。年二八久镇香闺，爱引猧儿鹦鹉戏。十指如玉如葱，银苏体雪透罗裳里。堪娉与公子王孙，五陵年少风流婿。（《倾杯乐》选自《敦煌曲子集》）

　　丝碧罗冠，搔头坠髻鬟，宝装玉凤金蝉。轻轻傅粉，深深长画眉渌，雪散胸前。嫩脸红唇，眼如刀割，口似朱丹。浑身挂异种罗裳，更薰龙脑香烟。

　　屧子齿高，慵移步两足恐行难。天然有灵性，不娉凡间。交招事无不会，解烹水银，炼玉烧金，

别尽歌篇。除非却应奉君王，时人未可趋颜。(《内家娇》选自《敦煌曲子集》)

这两首词在内容上均以表现女子的神貌为主，不似小令那般含蓄、点到为止，"小山重叠金明灭，鬓云欲度香腮雪"(温庭筠《菩萨蛮》)，而是极力地铺衍——从装束到表情，从整体到细节，从正面到侧面，可谓面面俱到。其实，除了民间词人创作慢调外，一些为我们所熟识的大家也在创作着慢词，尽管和柳永相比水平一般，但草创期间的作品在所难免。"文人创作的慢词，见于《花间集》的有薛昭蕴的《离别难》，八十七字；见于《尊前集》的有杜牧的《八六子》，九十字；尹鄂的《金浮图》，九十四字；李存勖的《歌头》，一百三十六字。"(夏承焘、吴熊和《读词常识》)

洞房深。画屏灯照，山色凝翠沈沈。听夜雨冷滴芭蕉，惊断红窗好梦。龙烟细飘绣衾。辞恩久归长信，凤帐萧疏，椒殿闲扃。

辇路苔侵。绣帘垂，迟迟漏传丹禁。蕣华偷悴，翠鬟羞整。愁坐、望处金舆渐远，何时彩仗重临。正消魂。梧桐又移翠阴。(杜牧《八六子》)

这首词在艺术特点上无疑是无法与后代的词作相比的，同样是写闺情、羁旅，但是结构单调，虽有人有景，但似与铺排的手法不一样，似有意地在以小令的方法创作慢调。大抵在慢调没有盛行之际，以小令创作慢调的方式是极为普遍的。

慢词在宋代兴盛，除了上述的创作尝试准备外，还有其社会经济发展上的基础，有其文化礼乐上的基础。"有宋词流之盛，多由君上之提倡。北宋则太宗为词曲第一作家；真、仁、神三宗俱晓声律；徽宗之词尤擅胜场，即所传十余篇，固已无愧作者。"（王易《词曲史》）"太宗洞晓音律，前后亲制大小曲及因旧曲创新声者，总三百九十，凡制大曲十八。"（《宋史·乐志》）"仁宗洞晓音律，每禁中度曲，以赐教坊，或命教坊使撰进，凡五十四曲。"（《宋史·乐志》）在上位者喜好音乐又亲自度曲，必然会促进词曲的流行。尤其太宗、仁宗所改所谱之曲乃大曲、教坊曲，基本上属于慢调，属于新声，适合用慢词来表现，这在某种程度上也促进了慢惆的发展。例如白居易在自己的作品《早发赴洞庭舟中》中提到，"出郭已行十五里，惟消一曲慢《霓裳》。"可见，我们所熟识的《霓裳》曲也属于慢曲子。

表现新声的慢词符合市民的审美，满足了市民的文化需求，受到市民的喜爱。"是处楼台，朱门院落，弦管新声沸腾。"（《安公子》）"省教成，几阕清歌，尽新声，好尊前重理。"（《玉山枕》）"风暖繁弦脆管，万家竞奏新声。"（《木兰花慢》）"帘下清歌帘外宴，虽爱新声，不见如花面。"（《凤栖梧》）总之在上述内外条件都具备的条件下，慢词得以在宋代兴起。故李清照有云："逮至本朝，礼乐文武大备，又涵养百余年，始有柳屯田永者，变旧声，作新声，出《乐章集》，大得声称于世。虽协韵律，而词语尘下。"（李清照《词论》）

柳永评传

柳永是第一个致力于创作慢词的作家，他的创作推动了慢词的发展。"词自南唐以后，但有小令。其慢词盖起宋仁宗朝。中原息兵，汴京繁庶，歌台舞席，竞赌新声。耆卿失意无俚，流连坊曲，遂尽收俚俗语言，编入词中，以便伎人传习，一时动听，散播四方。其后东坡、少游、山谷辈，相断有作，慢词遂盛。"（宋翔凤《乐府余论》）其实在柳永之前，很多人尝试创作了慢词，无论是民间词人，还是士大夫们都尝试过慢词。只不过他们创作的慢词没有形成风气，没有像柳永的慢词那样受到大众的广泛喜欢。据袁行霈的《中国文学史》记载，"与柳永同时而略晚的张先、晏殊和欧阳修，仅分别尝试写了 17 首、3 首和 13 首慢词。据全宋词统计，柳永一人就创作了慢调 87 调 125 首。"

和柳永同时代的张先创作的慢词也很有特点，在当时时人常以"张柳"并称张先和柳永，在某种程度上也肯定了二者在词调创作上的尝试。

> 声转辘轳闻露井。晓引银瓶牵素绠。西园人语
> 夜来风，丛英飘坠红成径。宝猊烟未冷。莲台香蜡
> 残痕凝。等身金，谁能得意，买此好光景。
> 粉落轻妆红玉莹。月枕横钗云坠领。有情无物
> 不双栖，文禽只合常交颈。昼长欢岂定。争如翻作
> 春宵永。日瞳晓，娇柔懒起，帘押残花影。（张先
> 《归朝欢》）

张先的这首慢调写闺情，在内容上与唐五代小令并无甚

190

区别。但与柳永的慢词相比，在"本色当行"这个点上就要稍逊一筹了。张先，时人称"张三影"，其词作以写得含蓄隽永著称，擅于描摹画面，以景写情。意象繁密，不似柳永的铺叙那样辗转反复，曲尽其妙。故张先的慢词美则美矣，但不属于当行。"子野词凝重古拙，有唐五代之遗音，慢词亦多用小令作法。"（夏敬观《手批张子野词》）用小令写慢调，自然含蓄，但是与声调配合的角度来看，就与慢调音乐婉转舒缓不相符。画面感极强的小令手法，实不利于表现容量变大的慢调格局，缺少慢调"一笔到底，始终不懈"（夏敬观《手批张子野词》）的特点。但是后人往往只看到张先"用字繁密，自在苏、辛之上"（万树《词律》的特点，就否定柳词在慢调创作上的功绩，就以小令含蓄隽永的特点来绳规柳永慢词，亦有夫偏颇"子野、耆卿齐名，而时以子野不及耆卿者。子野韵高，是耆卿所乏处。""子野词胜乎情，耆卿情胜乎词。"（沈雄《古今词话》）意象繁密，自然韵高；意境高远，自然词胜于情。这是必然的。但是就慢词本身的特点和效果而言，无疑耆卿的创制才是当行，子野的创作只是变体。总的来说，古代的批评家们多从意境出发，虽肯定柳永慢词善于铺叙的特点，但以小令含蓄隽永的特点来批评柳永的慢词，略失公允。"耆卿词，善于铺叙，羁旅行役，尤属擅长。然意境不高，思路微左，全失温、韦忠厚之意。词人变古，耆卿首作俑者也。（陈廷焯《白雨斋词话》）

随着慢词的渐渐繁盛，随着人们对慢词特点的认识，越来越多的现代学者认可并赞扬柳永在慢词发展史上的作用。例如，吴熊和先生认为，"（柳永慢词）二百多首，凡十六宫调，一百五十曲，所增新声绝大多数为长调慢曲。其曲名在教坊曲、敦煌曲中为小令的，柳永大都衍为长调。《长相思》本双调三十六字，柳永度为双调一百零三字；《浪淘沙》本双调五十四字，柳永度为三叠一百四十四字。"（吴熊和《唐宋词通论》）袁行霈先生认为，"在两宋词坛上，柳永是创用词调最多的词人。他现存 213 首词，用了 133 调。而在宋代所用的八百八十多个词调中，有一百多调是柳永首创或首次使用。词至柳永，体制始备。令、引、近、慢、单调、双调、三叠、四叠等长调短令，日益丰富。形式体制的完备，为宋词的发展和后继者在内容上的开拓提供了前提条件。"（袁行霈《中国文学史》）由此，柳永作为创调名家的身份是被大家认可的。

创调，如同破体。"破体，往往是一种创造或者改造。不同文体的融合，时时给文体带来新的生命力。"（吴承学《中国古代文体形态研究》）钱钟书先生有言，"名家名篇，往往破体，而文体亦因以恢弘焉。"由此，我们可以想见柳永在慢词创调的改革、创新上的成就。柳永作为创调名家的身份深入人心。柳永对慢词的词慢进行了多方面的变革与尝试，终于打开了慢词创作的局面。柳永对词调的改革体现了袭旧创新的精神，主要表现在以下几个方面。一是对旧有词调的沿用；一是袭旧词调变新声；一是对唐五代小令的改造；一是自创新调。

根据陶尔夫、诸葛忆兵的《北宋词史》记载，在慢调的改革上，柳永首先沿用了《敦煌曲子词》中常见的词调。"《敦煌曲子词集》中的词调近 80 个，见于《乐章集》的有

16 个。如《倾杯乐》、《凤归云》《内家娇》《斗百花》《玉女
摇仙珮》《凤衔杯》《慢卷紬》《征部乐》《洞仙歌》《抛球
乐》。"（《北宋词史》）《两宋文学史》对这种袭旧词调的使
用特点，也有进一步的阐述。"敦煌曲子词调名见于《乐章
集》者共十六阕，其中《倾杯乐》全同，《凤归云》《内家
娇》部分相同，此外如《斗百花》《玉女摇仙珮》《凤衔杯》
《慢卷紬》《征部乐》《洞仙歌》等调也有直接或间接的继承
关系。"（程千帆、吴新雷《两宋文学史》）柳永在这些已有
的词调的基础上，在结构和内容上进行了创新，将闺情融入
羁旅，铺叙展衍，曲尽其妙。

　　柳永对慢调的改造还体现在袭旧词调变新声。随着音乐
形式的变化，市民审美情趣的变化，人们需要对原有的音乐
形式和音乐特点进行改造。这个特点在宋初已经形成。例如，
"大宗洞晓音律，前后新制大小曲及因旧曲创新声者，总三百
九十。"（《宋史·乐志》）在这种情势的，柳永也对一些原有
的教坊乐进行了改造。这些乐曲有的可能旧曲遗失，有的可
能不适合新声的发展需求，总之，柳永袭旧词调，变新声，
对旧曲进行了改造。"《教坊曲》共有调名 324。见于《乐章
集》的有 67 个，其中 26 个名称完全相同，41 个名称略异。"
（陶尔夫、诸葛忆兵《北宋词史》）例如"法曲献仙音"一
调，《乐章集》、《清真集》并入"小石调"，与陈旸《乐书》
所记载的略有出入。"法曲兴于唐，其声始出清商部，比正律
差四律，有铙、钹、钟、磬之音。《献仙音》其一也。"（陈
旸《乐书》）我们所熟识的《雨霖铃》乃唐教坊名曲，"帝幸
蜀，初入斜谷，霖雨弥旬，栈道中闻铃声。帝方悼念贵妃，

采其声为《雨淋铃曲》以寄恨。时梨园弟子惟张野孤一人，善筚篥，因吹之，遂传于世。"（王灼《碧鸡漫志》）但王灼同时也言明，"今双调《雨淋铃慢》，颇极哀怨，真本曲遗声。"大抵柳永之调沿袭了"雨霖铃"调的腔调，但是在曲调上乃为新创。

柳永改制小令创慢词，也并非空穴来风之举。大概是受了曲调相同但曲子缓急不同的影响吧，即"敦煌发现的唐代琵琶乐谱，往往在一个调名之内有急曲子又有慢曲子。"（夏承焘、吴熊和《读词常识》）柳永将原有的现存的一些小令衍变为慢词。例如：

（《定风波》）一作《定风波令》。《张子野词》入"双调"。六十二字，上片三平韵，错叶两仄韵，下片两平韵，错叶四仄韵。《乐章集》演为慢词，一入"双调"，一入"林钟商"，并全用仄韵。（龙榆生《唐宋词格律》）

（《玉蝴蝶》）唐曲，《金奁集》入"仙吕调"。四十一字，前片四平韵，后片三平韵。宋教坊衍为慢曲，《乐章集》亦入"仙吕调"。九十九字，前片五平韵，后片六平韵。（龙榆生《唐宋词格律》）

（《望远行》）唐教坊曲，原只小令，《金奁集》入"中吕宫"。北襟演为慢调，《乐章集》入"仙吕调"，又入"中吕调"，句豆小有出入。（龙榆生《唐宋词格律》）

　　由此可见，宋初绝大多数词人在慢词的创制上多采用的是沿袭旧制、化旧为新、变小令为慢词的方法。将小令变为慢词，有时是将曲子衍为慢曲，但宫调不变；有时是曲子变缓，宫调亦发展变化。大概是在这些有益的尝试推动下，有一定音乐素养和天赋的柳永也开始走上了独创之路。

　　如果说上述三种创调方法只是柳永对前代的继承与改造，尚未体现柳永的创新精神的话，那么，自创新调确实体现了柳永在音乐上的天赋，也为柳永慢词创作打开了一条新的道路，奠定了柳永在词学史上的地位。邹祗谟即称，"僻调之多，以柳屯田为最。此外则周清真、史梅溪、姜白石、蒋竹山、吴梦窗、冯艾子集中，率多自制新调，余家亦复不乏。"（邹祗谟《远志斋词衷》）所谓僻调，大抵就是指的那些柳永独创的新调吧。其实，就史书所载，我们很难确定到底柳永创制了多少新调。《词苑》称此词首见于《乐章集》者89调，《词谱》称柳永首创之调18调，没有其它词作可参校者37调，《词律》称只有柳永有此词，无他人可校者13调。例如：

　　　　（《望海潮》始见《乐章集》，入"仙吕调"。一百七字，前片五平韵，后片六平韵。亦有于过片二字增一韵者。（龙榆生《唐宋词格律》）

　　　　（《黄莺儿》）《乐章集》入"正宫"，殆为柳永创调，即咏黄莺儿。九十六字，前片四仄韵，后片五仄韵。前后各片以一平声字领五言对句。（龙榆生《唐宋词格律》）

> （《戚氏》）始见《乐章集》，入"中吕调"。兹
> 以柳词为准。二百十二字，分三段。前段九平韵，
> 一仄韵，中段六平韵，三仄韵，后段六平韵，三仄
> 韵，同部参错互叶。（龙榆生《唐宋词格律》）

柳永新创的这些词调，符合了当时慢词的声腔，在情趣上也符合了百姓的审美，扩大了词的表现范畴，体现了他在移宫换羽方面的天分，以及他对词调音乐的理解。在创制慢词的过程中，在具体的操作上，柳永对于同调异体转换宫调、同曲犯调、同宫调的令引近慢的转换，运用自由，极具音乐美。

同调异体，指的是就是同一词牌，本应字数相同、腔调相同，但是柳永却能在规则之外幻化异数之美。他的词作中存在"同调异体"现象的词调达 31 个之多。（参看陶尔夫、诸葛忆兵《北宋词史》）

> 鹜落霜洲，雁横烟渚，分明画出秋色。暮雨乍歇，小楫夜泊，宿苇村山驿。何人月下临风处，起一声羌笛。离愁万绪，闻岸草、切切蛩吟如织。
> 为忆。芳容别后，水遥山远，何计凭鳞翼。想绣阁深沉，争知憔悴损、天涯行客。楚峡云归，高阳人散，寂寞狂踪迹。望京国。空目断、远峰凝碧。（《倾杯》）
> 水乡天气，洒蒹葭、露结寒生早。客馆更堪秋杪。空阶下、木叶飘零，飒飒声干，狂风乱扫。当

无绪、人静酒初醒，天下征鸿，知送谁家归信，穿
云悲叫。

蛩响幽窗，鼠窥寒砚，一点银釭闲照。梦枕频
惊，愁衾半拥，万里归心悄悄。往事追思多少。赢
得空使方寸扰。断不成眠，此夜厌厌，就中难晓。
（《倾杯》）

金风淡荡，渐秋光老、清宵永。小院新晴天气，
轻烟乍敛，皓月当轩练净。对千里寒光，念幽期阻、
当残景，早是多情多病。那堪细把，旧约前欢重省。

最苦碧云信断，仙乡路杳，归鸿难倩。每高歌、
强遣离怀，惨咽、翻成心耿耿。漏残露冷。空赢得、
悄悄无言，愁绪终难整。又是立尽、梧桐碎影。
（《倾杯》）

这三首《倾杯》，均铺写秋景，表现羁旅漂泊的孤寂之
感，尤其是第一首历来被人欣赏，被谭献称为"耆卿正锋，
以当杜诗"（《复堂词话》）。这三首词，词调相同，但字数略
有差异，分别是 104 字，108 字，108 字。这三首词不仅字数
不同，在腔调亦不相同，分别为林钟商、黄钟羽、大石调。
"宫调限定腔调用音的高低，同一词调而入数宫调，它的腔调
必有一定的改变。"（夏承焘吴熊和《读词常识》）同一词调，
适应腔调的变化，字数略有变化。"转调者，摊破句法，添入
衬字，转移宫调，自成新声耳。"（《词谱》）转调可能字句和
原调的词句相同，也可能和原调的词句不相同。总之，这些
改变体现了音乐的变化美与柳永的音乐修养，以及柳永对词

197

的内容要与音乐内容相协调的认识。

同宫调的令引近慢的转换，表现了柳永对令、引、近、慢创作体制的了解。《碧鸡漫志》称："凡大曲，就本宫调制引、序、慢、近、令，盖度曲者常态。"（王灼《碧鸡漫志》）这种创制方式也不是柳永新创的，但是体现了柳永对各种词调的熟悉程度，以及灵活运用的能力。在创制的过程中，柳永或者根据词作表现的内容情思，或者根据音乐形式变化的需要，移宫换羽。

> 一声画角日西曛。催促掩朱门。不堪更倚危阑，断肠已消魂。
> 年渐晚，雁空频。问无音。思心欲碎，愁泪难收，又是黄昏。（柳永《诉衷情》）
> 雨晴气爽，伫立江楼望处。澄明远水生光，重叠暮山耸翠。遥认断桥幽径，隐隐渔村，向晚孤烟起。
> 残阳里。脉脉朱阑静倚。黯然情绪，未饮先如醉。愁无际。暮云过了，秋光老尽，故人千里。竟日空凝睇。（柳永《诉衷情近》）

《诉衷情》本为唐教坊名曲，本为小令。柳永依词牌改新声创作了小令《诉衷情》，运用了林钟商；依小令词牌自制曲，创作了《诉衷情近》，依然运用林钟商。二者一为急曲，一为慢曲。一快一慢，但都为柳永所创之新曲。

同曲犯调。据夏承焘、吴熊和先生考证，"犯调始于唐代，盛于北宋末。""犯调就是西乐中的"转调"，是取各宫调之律合成一曲而宫商相犯的。"（《读词常识》）犯调需要一定的音乐素养，一般人很难为之。姜夔《凄凉犯》序说："凡曲言犯者，谓以宫犯商、商犯宫之类。如道调宫'上'字住，双调亦'上'字住，所住字同，故道调曲中犯双调，或于双调曲中犯道调。其他准此。唐人《乐书》云：'犯有正、旁、偏、侧宫，犯宫为正宫，犯商为旁宫，犯角为偏宫，犯羽为侧宫'，此说非也。十二宫所住字各不同，不容相犯，十二宫特可犯商、角、羽耳。"

薛瑞生的《乐章集校注》称："词中犯调有两种。一是宫调相犯，即取各宫调的声律合成一曲，使宫商相犯以增加曲调的变化，有三犯、四犯、八犯之称，但限于注字，即全曲末一字，亦称'杀声'，相同的调子方可互犯。二是句法相犯，集合各调中的句法另成一调，有似南曲中的集曲。"

　　　　夜雨滴空阶，孤馆梦回，情绪萧索。一片闲愁，
想丹青难貌。秋渐老、蛩声正苦，夜将阑、灯花旋
落。最无端处，总把良宵，祇恁孤眠却。

　　　　佳人应怪我，别后寡信轻诺。记得当初，剪香
云为约。甚时向、幽闺深处，按新词、流霞共酌。
再同欢笑，肯把金玉珠珍博。（柳永《尾犯》）

柳永词中有两首尾犯，一首是林钟商，一首是这首正宫调。沈义父认为这首尾犯的情况应该属于第一种，"古曲亦有拗者，盖被句法中字面所拘牵，今歌者亦以为碍。如《尾

犯》之用'金玉珠珍博','金'字当用去声字,如《绛园春》之用'游人月下归来','游人'合用去声字之类是也。"(沈义父《乐府指迷》)柳永能用尾犯的方法来创作词,足以见其对声韵、音韵、曲律的了解。

总之,柳永为创调名家名不虚传。正是其对宫调、曲调、词调的研究,开拓了宋代慢词的发展空间,拓展了宋词的表现力。这种表现力不仅仅体现在上述所谈及的音乐方面,也体现在内容与表现方式方面。正是柳永的音乐天赋与得天独厚的语言表达能力,为宋词的发展迎来了慢调的春天。正如龙榆生所言:"由于他有深厚的文学素养,对付这些格律很严的长调,不论抒情写景,都能够运用自如;这就使一般学士文人对这些民间流行的曲调,不再存轻视心理,而乐于接受这种新形式,从它的基础上予以提高。如果不是柳永大开风气于前,说不定苏轼、辛弃疾这一派豪放作家,还只是在小令里面打圈子,找不出一片可以纵横驰骋的场地来呢!"

二、注重曲律,雅俗共赏

柳永的词不仅俗子易悦,士子亦易感。一方面,柳永发展了慢词,《乐章集》中曲词应歌而作者多,体现了柳永词注重曲律的特点。柳词之所以能够深受大家喜爱,一定有他的词音律谐婉,内容浅白可喜,体现了词的当行本色特点的原因;另一方面,柳永毕竟是一位文人士大夫,具有较高文化素养,运用语言文字的能力较高,而且又一辈子蹉跎仕途,所以词作中羁旅漂泊孤独寂寞之感,随处可见。因此,我们说柳永的词一方面体现了词注重曲律、风格婉媚的当行本色的特点，另一方面也体现了士子词写景典雅、情景相生、风格多样的特点。

1. 注重曲律，本色当行

　　柳永词沿承了唐五代以来词在内容和形式上的一些特点，采纳了当时容纳的新声，颇具有婉约之特点，故批评家们多看重柳永词的当行本色。"李氏、晏氏父子、耆卿、子野、美成、少游、易安、至矣，词之正宗也。温、韦艳而促，黄九精而刻，长公丽而壮，幼安辨而奇，又其次也，词之变体也。词兴而乐府亡矣，曲兴而词亡矣，非乐府与词之亡，其调亡也。"（王世贞《艺苑卮言》）

　　词要做到音律谐婉，除了词作家要具备一定的音乐素养，懂得音律之外，还要注意词牌与腔调的选择、曲律与词韵的搭配，还要有一定的创作经验。故非有一番甘苦不能理解；非有一番创作尝试，不能达到词曲谐律的水平。后人称"柳耆卿音律甚协"（沈义父《乐府指迷》）绝非虚语。但是词要做到当行，做到曲词音律谐婉却并非易事。"盖能见耆卿之骨，始可通清真之神。不独声律之空积忽微，以岁世绵邈而求之至难。即文字之托于音，切于情，发而中节，亦非深于文章，贯串百家，不能识其流别。近之作者，思如玉田所云妥溜者，尚不易得，况语以高健耶。其故在学人手眼太高，不屑规规于一艺。不学者又专于此中求生活，以为豪健可以使气，哀艳可以情喻，深究可以言工。不知比兴，将焉用文。元、明迄今，迷不知其门户，噫亦难矣。"（陈锐《裒碧斋词话》）

　　因柳永词写当行艳情的内容在上文已经备述，故此处专就柳永词注重曲律的特点来略叙一二。柳永十分注重词的选调，这种对词调的重视主要体现在两个方面，一是对宫调的选择；一是对腔调的选择。大概是因为宫调曲谱的遗失，一般的批评家多注重的是对腔调的选择。"《乐章集》中，多存旧谱，故音拍繁促，乃词家本色。南渡后，乐部放失，故曲坠逸，大半虚谱无辞，赖是以传，亦审音所宜究心者也。"（郑文焯《批校乐章集》）

　　柳永词往往一个词调，选用不同的宫调，相应的字数也不相同。一个调名多个宫调，大抵是根据词要表现的内容和情感来决定的。据夏承焘、吴熊和的《读词常识》记载，元代的周德清的《中原音韵》就对当时北曲所使用的六宫十一调的声情做到比较细致的分析：

　　　仙吕宫清新绵邈　南吕宫感叹伤悲
　　　中吕宫高下闪赚　黄钟宫富贵缠绵
　　　正宫惆怅雄壮　道宫飘逸清幽
　　　大石风流酝藉　小石旖旎妩媚
　　　高平条畅滉漾　般涉拾掇坑堑
　　　歇指急并虚歇　商角悲伤宛转
　　　双调健捷激袅　商调凄怆怨慕
　　　角调呜咽悠扬　宫调典雅沉重　越调陶写冷笑

　　我们可以从柳永的词作中对宫调的情思特点略窥一二。柳永词作中《木兰花》一调多见，有沿用小令者，有演为慢

202

调者，但所用的宫调不尽相同。

　　花心柳眼。郎似游丝常惹绊。独为谁怜。绣线金针不喜穿。深房密宴。争向好天鑫聚散。绿锁窗前。几日春愁废管弦。（柳永《减字木兰花》）

　　心娘自小能歌舞。举意动容皆济楚。解教天上念奴羞，不怕掌中飞燕妒。玲珑绣扇花藏语。宛转香茵云衬步。王孙若拟赠千金，只在画楼东畔住。（柳永《木兰花》）

　　古繁华茂苑，是当日、帝王州。咏人物鲜明，风土细腻，曾美诗流。寻幽。近香径处，聚莲娃钓叟簇汀洲。晴景吴波练静，万家绿水朱楼。凝旒。乃眷东南，思共理、命贤侯。继梦得文章，乐天惠爱，布政优优。鳌头。况虚位久，遇名都胜景阻淹留。赢得兰堂酝酒，画船携妓欢游。（柳永《木兰花慢》）

第一首《减字木兰花》采用了仙吕调，此词写花间之事，内容绮艳幽情，虽有伤感但不悲凄，故选择了"清新绵邈"之调；第二首《木兰花》采用了林钟商，林钟商属于商调。此词在内容上描摹了心娘的容止，有羡慕、倾慕之处，似悲凄之情不明显。第三首《木兰花慢》采用了南吕调，此词古之繁华为虚，干谒求进为实，虽内容多有谀媚之嫌，但柳永的内心深处大抵是悲凉的吧！因此此词选用南吕"感叹伤悲"之调，亦属情理之中，从词的内容来看应该是感慨多于悲伤的。

柳永的词除了注意宫调的选择之外，还注意腔调的选用。一般来说，词的内容要与词牌所要表现的内容和情感相近。据刘师培先生考据，"唐人之词多缘题生咏，如填【临江仙】之调者，皆咏水仙；填【女冠子】之调者，皆咏道情；填【河渎神】之调者，皆咏崇祠；填【巫山一段云】之调者，皆咏巫峡。以调为题，此固唐人之遗法也。"（刘师培《论文杂记》）

最初古人作词的时候，还是比较讲究词腔调的选择的。因此，古人认为作词最主要的任务是选择好词调，"第一要择腔"（杨缵《作词五要》）、"作慢词看是甚题目，选择曲目，然后命意。"（张炎《词源》）一般来说，不会遇到词的内容词调无法表现的情况，尤其是在唐五代宋初。故"唐词多缘题，所赋《临江仙》则言仙事，《女冠子》则述道情，《河渎神》则咏祠庙，大概不失本题之意。尔后渐变，去题远矣。"（黄昇《唐宋诸贤绝妙词选》）当然，凡事总有例外，在唐代也会出现词作与所咏调名本意相去甚远的情况，但绝大多数词作的内容与词调之间的关系比较明显。如吴熊和在《唐宋词通论》中将一些表现特殊内容的词调整理如下：

用于祠神 《竹枝歌》《黄帝盐》《苏合香》《四朵子》《满江红》

用于应制 《醉蓬莱》《黄河清》《舜韶新》《并蒂芙蓉》《寿星明》

咏物 《黄莺儿》《汉宫春》《荷华媚》《惜红

衣》《双双燕》《暗香》《疏影》

　　节序　　《鹊桥仙》《人月圆》《龙山会》《水调歌头》

　　用于祝寿　　《长寿仙》《大椿》《庆寿光》《寿楼春》

　　用于酒词　　《落梅》《解愁》《鸳鸯》《抛球乐》《上行杯》《摘得新》《三台》《劝金船》《金蕉叶》《荷叶杯》

　　用于佛曲、道曲　　《梁州》《八相》《太常引》《三皈依》《柳含烟》《渔父》《拔棹子》《渔家傲》《千秋岁》

　　但是，有的时候我们也无法推断词牌的内容与词的内容之间的关系，这种情况主要缘于两种原因，一种原因是此词乃宋代后期的作品，大抵是一方面词序的存在对词的内容起到了必要的补充，词牌与词二内容之间的关联逐渐淡化；一方面应歌之作越来越少。另外一种原因是此词纯粹是应歌之作。"凡歌辞，考之与事不合者，但因其声而作歌尔。"（温庭筠《黄昙子歌序》）柳永的词大多为应歌之作，但多能注意到腔调的内容与词的内容的和谐一致，而且柳永的自创词在这一方面也颇多注意。如柳永的《醉蓬莱》为仁宗皇帝祝寿，《雨霖铃》题写别情离绪，《昼夜乐》题写闺房乐事，《巫山一段云》题写游仙，咏真宗之事。

　　此外柳永的词在用调上符合了曲调"依月用律"的特点。杨缵《作词五要》："第二要择律，律不应月则不美，如十一月调须用正宫，元宵词必用仙吕宫为宜也。"柳永《乐章集》中的《倾杯乐·禁漏花深》即用了仙吕调。综上，我们说柳永在词的创制方面确实颇有心得，也当得起时人之评，"柳耆卿《乐章集》，世多爱赏该洽，序事闲暇，有首有尾，亦间出佳语，又能择声律谐美者用之。"（王灼《碧鸡漫志》）

柳永的词除了在宫调、腔调的选择上，屡屡体现了当行本色之外，还在具体词的创作方面体现了他在遣词造句方面的功底，有些字韵的运用、声律的讲究实开周邦彦之先。柳永对词韵、字韵的讲究，主要体现在四声的变化上。夏承焘、吴熊和在《读词常识》中提到，"一调有一调的风度声响，作词须过关平仄四声，就是以文字的声调来相应地配合乐曲的声调，以文字本身的音乐性来加强乐曲的音乐性。歌词的抗坠抑扬，全在字声的配合恰当。"但是"唐五代的词只分平仄，不问四声"、"到柳永分上去声，尤谨于入声；到周邦彦用四声，变化最多，四声的用法遂趋精密，但也仅限于警句和结拍。"（夏承焘、吴熊和《读词常识》）四声运用得好，具有画龙点睛的作用，"但看句中用去声字最为紧要。"（沈义父《乐府指迷》）而且，上声去声的连用，会起到抑扬顿挫的效果。"上声舒徐和软，其腔低。去声激厉劲远，其腔高。相配用之，方能抑扬有致。"（万树《词律》）关于这一点，陶尔夫、诸葛忆兵对柳永词的这个特点有进一步的阐述。"柳词词中还特别注意去声和上声的连用。如《雨霖铃》中的'骤雨''纵有''更与'等。……他的词，不仅去上连用，有的还能做到四声（平上去入）兼备。如'多情自古伤离别'，'多'是阴平，'情'是阳历平，'自'是去声，

'古'是上声，'伤'是阴平，'离'是阳平，'别'是入声，不仅四声兼备，而且还使阴声阳声交错使用，音韵丰富而又多变化。"（陶尔夫、诸葛忆兵《北宋词史》）深入乐工之中的柳永大抵是深谙此术的吧！

此外，柳永词的用韵与词调配合得天衣无缝，使得词作音律谐婉，动听悦人。

> 离宴殷勤，兰舟凝滞，看看送行南浦。情知道世上，难使皓月长圆，彩云镇聚。算人生、悲莫悲于轻别，最苦正欢娱，便分鸳侣。泪流琼脸，梨花一枝春带雨。
>
> 惨黛蛾、盈盈无绪。共黯然消魂，重携纤手，话别临行，犹自再三、问道君须去。频耳畔低语。知多少、他日深盟，平生丹素。从今尽把凭鳞羽。
>
> （《倾杯》）

柳永的这首《倾杯》是林钟商调，易于表现"凄怆怨慕"之情。此词的韵角为'浦''聚''侣''雨''绪''去''语''素''羽'。其用韵的特点是疏密相间，和词作的曲律合起来看，恰好体现了词作因分别而产生的依依不舍之情，缓处描景铺写，急处叙情离别，将词曲情三者紧密地融合为一体。

总之，柳永的词对音律十分讲究。无论是宫调、腔调，还是字词的平仄用韵，都体现了他作为曲词家的深厚的功底和高深的音乐素养。这也是柳永在当时风靡一时、一时无两的原因吧！

2. 风格多样，雅俗共赏

柳永以艳词当行著称于世，"其词虽极工致，然多杂以鄙语，故流俗人尤善道之。"（徐度《却扫篇》）"（柳词）惟是浅近卑俗，自成一体，不知书者尤好之。予尝以比都下富儿，虽脱村野，而声态可憎。"（王灼《碧鸡漫志》）"然大概非羁旅穷愁之词，则闺门淫媟之语。"（胡仔《苕溪渔隐丛话》）但是，这并不意味着柳词只有一种风格，柳永词集中有很多写人生羁旅漂泊的作品，描写城市风光的作品，抒发自我人生感慨的作品以及描物写情的作品。这些作品绝不浅俗，这些作品"音律谐婉，语言妥帖，承平气象，形容曲尽"（陈振孙《直斋书录解题》），这些作品"铺叙委宛，言近意远，森秀幽淡之趣在骨"（周济《介存斋论词杂著》），这些词"曲处能直，密处能疏，鼻处能平，状难状之景，达难达之情"（冯煦《蒿庵论词》）。因此说柳永词也并非只有一种风格，艳俗有之，浅近有之，高浑有之，秀淡有之，雍容亦有之。故清代的郑文焯对柳词推崇备至，"学者能见柳之骨，始能通周之神，不徒高健可以气取，淡苦可以言工，深华可以意胜，哀艳可以情切也。"（郑文焯《批校乐章集》）

毫无疑问，柳永词作的首要风格应该是俗媚。因之本色当行，故柳词沿袭唐代以来作品的思想内容，多写闺情，只不过柳永所写之闺情，在士大夫的眼中实在是低俗早陋，不登大雅之堂。"唐人词，风气初开，已分二派。太白一派，传为东坡，诸家以气格胜，于诗近江西。飞卿一派，传为屯田，诸家以才华盛，于诗近西昆。"（沈祥龙《论词随笔》）此处沈祥龙虽未言明，传为屯田一派、以才气取胜的作家，到底是以哪方面的才华取胜。但是从温庭筠的写作风格和特点以及"于诗近西昆"的特点来看，大概是指飞卿一派词作家在描写情思，尤其在闺情方面的特长。只不过后代作家，尤其注重的是柳永词"词语尘下"的特点罢了。

柳永词俗大体体现在两个方面，一是其词内容俗艳，与花间派内容一脉相通；一是用语浅俗，多用市民口语及白话，正如胡仔所言，"彼其所以传名者，直以言多近俗，俗子易悦故也。"（胡仔《苕溪渔隐丛话后集》）在某种程度上，这两方面内容是相通的。柳词写艳情，因之内容，所以市民易喜；因之本色当行，取悦于市民，故言语不得过雅。故黄昇称其"长于纤艳之词，然多近俚俗，故市井之人悦之"（黄昇《唐宋诸贤绝妙词选》）。

> 晚晴初，淡烟笼月，风透蟾光如洗。觉翠帐、凉生秋思。渐入微寒天气。败叶敲窗，西风满院，睡不成还起。更漏咽、滴破忧心，万感并生，都在离人愁耳。
>
> 天怎知、当时一句，做得十分萦系。夜永有时，分明枕上，觑着孜孜地。烛暗时酒醒，元来又是梦里。
>
> 睡觉来、披衣独坐，万种无聊情意。怎得伊来，重谐云雨。再整余香被。祝告天发愿，从今永无抛弃。（《十二时》）

这首柳词确实写得艳俗，故多为世人所诋。"柳屯田情语多俚浅。如'祝告发天愿，从今永无抛弃。'开元曲一派，词流之下乘者也。"（毛先舒《诗辨坻》）但是有的时候我们也应该辩证地看待柳永的这些词。这些词作确实描摹了市井百姓"小市民式"的爱恋，也确实在用语选词上浅近，格调不高。但是其仕雅为俗的方式，确有值得称道之处。一雅一俗，将士大夫的情趣和市民的审美完美对接。

> 飞琼伴侣，偶别珠宫，未返神仙行缀。取次梳妆，寻常言语，有得几多姝丽。拟把名花比。恐旁人笑我，谈何容易。细思算、奇葩艳卉，惟是深红浅白而已。争如这多情，占得人间，千娇百媚。
>
> 须得画堂绣阁，皓月清风，忍把光阴轻弃。自古及今，佳人才子，少得当年双美。且恁相偎倚。未消得、怜我多才多艺。愿奶奶、兰心蕙性，枕前言下，表余心意。为盟誓。今生断不孤鸳被。（《玉女摇仙佩》）

这首词历来为士人不耻，"粗鄙之流为调笑，调笑之变为谄媚，是也。"（沈雄《古今词话》）"余谓屯田轻薄子，只能道'奶奶兰心蕙性'耳。"（王国维《人间词话》）而清人沈谦则从反面入手，看到了不同的境界。"'云想衣裳花想容'，此是太白佳境。柳屯田'拟把名花比，恐旁人笑我，谈何容易'，大畏唐容，尤见温存，又可悟翻旧为新之法。"（沈谦《填词杂说》）此"翻旧为新"之说确实不错，但更难能可贵的在于柳永词"化雅为俗"的浅白风格。

和柳永俗词"俗媚"风格最相近的柳词风格是"浅近"，刘熙载称其词"明白而家常"（刘熙载《词概》），王国维认为，"以宋词比唐诗，则东坡似太白，欧、秦似摩诘，耆卿似乐天，方回、叔原，则大历十子之流。"（王国维《人间词话》）白香山的作品以其通俗易懂著称，此处王国维将柳永比香山，其用意不仅仅在于二者作品内容的通俗化，更在于柳永词作本身的口语化特点。

"俗子易悦"的柳永，必要使用一些让百姓们能听得懂、读得懂的词语。据梁丽芳教授统计，柳永的词中喜欢用带有口语化特点的词，如"恁"使用了 58 次，"争"使用了 36 次，"处"使用了 20 多次，"怎"使用了 10 多次，"得"字使用了 49 次，"成"字使用了 20 多次，"了"字使用了 10 多次。（《柳永及其词之研究》）这些词中有副词，有句尾词，具有明显的口语化特点。此外，据曾大兴的《柳永和他的词》一文记载，柳词中还使用了一些当时常见的诸如代词、语气词、形容词、动词之类的俗词。"此外，诸如代词妳妳、那人人、我、自家、伊、伊家、你、阿谁、些子事、这些儿、何时；语气词如何、奈何、如何向、争奈、无那、则个、端的；动词消得、陡顿、抵死、伸剖、孜煎、颠倒、抛弹、诵谈、计科、悔懊、举措、催挫、看承、拖逗、可可、可意；形容词巴巴、的的、尖新、经年价等等，使用频率也很高。"

这些口语化的词语在柳永那些俗词中使用得特别的多。

坠髻慵梳，愁蛾懒画，心绪是事阑珊。觉新来

211

憔悴，金缕衣宽。认得这疏狂意下，向人诮譬如闲。
把芳容整顿，恁地轻孤，争忍心安。

依前过了旧约，甚当初赚我，偷翦云鬟，几时
得归来，香阁深关。待伊要、尤云殢雨，缠绣衾，
不与同欢。尽更深、款款问伊，今后更敢无端。
（《锦堂春》）

这首词在一些虚词的使用上，完全体现了口语化的特点。
如认得、向人、恁地、争、甚、几时、不与、伊、今后。除
此之外，也使用了当时方言口语。"'诮譬'，北语，犹言谐
谑也。红友以为'认得'以下难解，恐必有误。案：此云
'向人诮譬'即用北语。诮譬者，言善谑浪，作罕辟讥笑之
语，如闲中信口诙谐也。"（郑文焯《乐章集校》）

由此我们不难发现柳永此词所要取悦的对象，可以看出
柳永词"词语尘下"的特点，并可以推测出其词俗子易悦的
特点，但是另一方面，我们也应该看到柳永在语言使用上的
当行本色。正是这些俗词、口语化的词语的频繁使用，在某
种程度上推动了柳词的流传。柳永这首词虚词的使用，使得
整个词作在语言的结构上变得松散，疏处容情，更易于表现
记叙、赋叙的内容，更易于慢词的铺衍。其实，柳永除了在
这些俗词中倾向于使用口语化的语言外，我们惯常认为的雅
词，也时有口语化的词语出现。

寒蝉凄切。对长亭晚，骤雨初歇。都门帐饮无
绪，留恋处、兰舟催发。执手相看泪眼，竟无语凝

噎。念去去、千里烟波，暮霭沉沉楚天阔。

多情自古伤离别，更那堪、冷落清秋节。今宵酒醒何处。杨柳岸、晓风残月。此去经年，应是良辰、好景虚设。便纵有、千种风情，更与何人说。

（《雨霖铃》）

这首《雨霖铃》是柳永的名作，常被文人盛赞。"此首写别情，尽情展衍，备足无余，浑厚绵密，兼而有之。宋于庭谓柳词多'精金碎玉'，殆谓此类。"（唐圭璋《唐宋词简释》）这首词柳永依然使用了他熟悉的民间百姓的口语，例如无绪、去去、那堪、便纵有。这些语言的使用，配合着柳岸分别时所使用的寒蝉、长亭、兰舟、杨柳、晓风、残月等意象，使得叙事完整，结构紧凑，虚实结合，画面感强。和绝律相比，看似语言结构松散了，但适当的松加强了叙事的宽度和广度，使得空间性变强，诵唱起来节奏感，结构往复，情深意绵。正如沈谦所评，"词不在大小浅深，贵于移情。'晓风残月'、'大江东去'，体制虽殊，读之皆若身历其境，惝恍迷离，不能自主，文之至也。"（《填词杂说》）

总之，柳词的语言浅白易懂。大抵考虑到民间百姓的语言鉴赏能力，再加上柳词曲调与曲词的谐调，以及慢调铺衍、意象渐疏的特点，都或多或少地使得柳永词作语言不晦涩、不隐晦，浅近易懂。因此，刘熙载称："词品喻诸诗，东坡、稼轩，李杜也。耆卿，香山也。"（刘熙载《艺概》）但是，柳词虽然浅近却不并等同于没有文采，缺少兴寄，缺少士大夫的"雅"精神。所以除了俗媚的风格外，最能表现柳词特点的风格是秀淡。当然表现高雅气质、秀淡风格的柳词，多数是那些写景当行、情景交融的雅词。周济评称"耆卿于写景中见情，故淡远"（周济《宋四家词选》）。

柳永的雅词多为士大夫激赏。"柳耆卿以词名景祐、皇祐间。《乐章集》中，冶游之作居其半，率皆轻浮猥媟，取誉筝琶。如当时人所讥，有教坊丁大使意。惟《雨霖铃》之'今宵酒醒何处，杨柳岸晓风残月'，《雪梅香》之'渔市孤烟袅寒碧'，差近风雅。《八声甘州》之'渐霜风凄紧，关河冷落，残照当楼'，乃不减唐人语。'远岸收残雨'一阕，亦通体清旷，涤尽铅华。昔东坡读孟郊诗作诗云：'寒灯照昏花，佻处时一遭。孤芳擢荒秽，苦语余诗骚。'吾于屯田词亦云。"（邓廷桢《双砚斋词话》）大多数人的评价和邓廷桢的相似，多看重的是其局部的雅词。某些灵光突现的雅语具有以一当十的效果。还是以柳永的传世佳作《雨霖铃》为例，我们约略可以看出批评家对柳永雅词欣赏的着眼点。

> "今宵酒醒何处，杨柳外、晓风残月。"与秦少游"酒桅处，残阳乱鸦"，同一景事，而柳尤胜。（王世贞《艺苑卮言》）
> 柴虎臣云："语境则'咸阳古道'、'汴水长流'，语事则'赤壁周郎'、'江州司马'，语景则'岸草平沙'、'晓风残月'，语情则'红雨飞愁'、'黄花比瘦'，可谓雅畅。"（王又华《古今词话》引）
> 沈谦《填词杂说》：词不在大小浅深，贵于移

情。"晓风残月"、"大江东去",体制虽殊,读之皆
若身历其境,惝恍迷离,不能自主,文之至也。(王
又华《古今词话》引)

送别词,清和朗畅,语不求奇,而意致绵密,
自尔稳惬。(黄苏《蓼园词选》)

此首写别情,尽情展衍,备足无余,浑厚绵密,
兼而有之。宋于庭谓柳词多"精金碎玉",殆谓此
类。(唐圭璋《唐宋词简释》)

"杨柳岸"七字,千古名句,从魏承班之"帘
外晓莺残月"化出;而少游之"酒醒后,残阳乱
鸦",则又由柳词出。细细咀嚼,当知其味。盖不独
与写景工致,而一宵之易过,乍醒之情怀,说来极
浑脱且极深厚也。"此去经年"四句,尽情倾吐,
老笔纷披,北宋拙朴本色,不得以率笔目之。至由
"今宵"以推到"经年",亦见层次。(陈匪石《宋
词举》)

柳词确实做到了雅畅,而不仅仅是"精金碎玉"。毫无
疑问,柳词的秀雅体现在他词作的遣词造句以及化用典故方
面。"(《乐章集》)《过涧歇》亦有'避畏景,两两舟人夜
语',可知柳词恒见,原于《文选》。耆卿取字,不仅在温、
李诗中,盖熟于六朝文,故语多艳冶,无一字无来处。"(郑
文焯《乐章集校》)由此我们可以看出柳永雅词秀淡的特点。
"清真词多从耆卿夺胎,思力沉挚处往往出蓝。然耆卿秀淡幽
艳,是不可及。"(周济《宋四家词选》)析而言之,柳词的

秀淡体现在写景有情，情随景现。

> 雨晴气爽，伫立江楼望处。澄明远水生光，重叠暮山耸翠。遥认断桥幽径，隐隐渔村，向晚孤烟起。
>
> 残阳里，脉脉朱阑静倚。黯然情绪，未饮先如醉。愁无际。暮云过了，秋光老尽，故人千里。竟日空凝睇。（《诉衷情近》）

这首词上片写景，意境恬淡、幽静。"澄明远水生光，重叠暮山耸翠"一句仿佛一幅笼罩着淡淡雾气的山水画，优雅自来。"断桥幽径""隐隐渔村"都在孤烟的映衬上朦胧唯美。词的下片写情，画面感极强。秋晚独立，举目远眺。故陈廷焯评其"词中有画。此情此景，黯然消魂"（陈廷焯《别调集》）。柳词除了写景词多表现出秀淡的特点外，咏物词也多具有此种特点。

> 园林晴昼春谁主？暖律潜催，幽谷暄和，黄鹂翩翩，乍迁芳树。观露湿缕金衣，叶映如簧语。晓来枝上绵蛮，似把芳心，深意低诉。
>
> 无据。乍出暖烟来，又趁游蜂去。恣狂踪迹，两两相呼，终朝雾吟风舞。当上苑柳浓时，别馆花深处。此际海燕偏饶，都把韶光与。（《黄莺儿》）

此词柳永咏黄莺，用语明白晓畅，描物细致，妙在露与

不露之间。故黄苏称："语意隐有所指，而词旨颖发，秀气独饶，自然清隽。"（黄苏《蓼园词评》）

柳词除了秀淡的风格外，尚具有高浑、雍容的风格。高浑的风格多见于柳永羁旅词，雍容的风格多见于柳永城市风光词。秋景萧瑟中，长期羁旅形成的漂泊、孤独之感，自然浑成地融入到了写景之中。所以从词的风格上来看，这些词颇有些浑厚孤高之情。最典型的莫过于柳永的《八声甘州》。

> 对潇潇、暮雨洒江天，一番洗清秋。渐风霜凄惨，关河冷落，残照当楼。是处红衰翠减，冉冉物华休。惟有长江水，无语东流。
>
> 不忍登高临远，望故乡渺邈，归思难收。叹年来踪迹，何事苦淹留。想佳人、妆楼颙望，误几回、天际识归舟。争知我、倚栏干处，正恁凝愁。（《八声甘州》）

这首词写秋景一片萧瑟，"关河冷落，残照当楼"亦是韵骨奇高，"'风霜凄紧，关河冷落，残照当楼。'此语于诗句，不减唐人高处。"（赵德邻《侯靖录》）。整首词写景韵高写情雅正，正如陈廷焯所评，"情景兼到，骨韵俱高，无起伏之情，有生动之趣，古今杰构，耆卿集中仅见之作。"（陈廷焯《大雅集》）柳永写羁旅多写秋景，故在写景的意境上多有独到之处，写景多能架构佳境。如《抛球乐·晓来天气浓淡》一词的结拍"对绿蚁翠蛾，怎忍轻舍"，"与《破阵乐》'渐觉云海沉沉，洞天日晚'，语意俱有掉入苍茫之慨，骨气

雄逸，与徒写景物情事，意境不同。"（郑文焯《乐章集校》）

总的来说，批评家们多能注意到柳永词高浑的风格，并且不独将品评要点放在字句上，更看重的是整体的景的意境的营造，和情感表达的铺写方面。郑文焯喜读周、柳词，认为柳词在写景寄情方面自有其他人不可超越之处。"周、柳词高健处，惟在写景，而景中人自有无限凄异之致，令人歌笑出地。"（郑文焯《大鹤山人论词遣札》）"柳词浑妙深美处，全在景中人、人中意，而往复回应，又能托寄兴远，达之眼前，不嫌凌杂，诚如化人城郭，惟见非烟非雾光景，殆一片神行，虚灵四荡，不可以迹象求之也。"（朱祖谋《手书柳永词》）此说虽说略有夸张，但亦可想见柳永词写景风格深美浑妙之处。

柳永有一部分描写城市风光、节俗、干谒的词作，这些作品将大宋开国初年的经济发展、城市繁荣的景象铺写得极其到位。《望海潮》一词不仅描写了自然景观，还有人文景观；不仅有历史古迹，还有城市文明。

> 东南形胜，三吴都会，钱塘自古繁华。烟柳画桥，风帘翠幕，参差十万人家。云树绕堤沙，怒涛卷霜雪，天堑无涯。市列珠玑，户盈罗绮，竞豪奢。
>
> 重湖叠巘清嘉。有三秋桂子，十里荷花。羌管弄晴，菱歌泛夜，嬉嬉钓叟莲娃。千骑拥高牙。乘醉听箫鼓、吟赏烟霞。异日图将好景，归去凤池夸。
>
> （《望海潮》）

柳永的这类作品风格无疑是雍容典雅的。城市之风光，到自然之风光，再到城市文明，百姓生活，方方面面铺衍到位，确实宋初繁荣的城市文明表现得淋漓尽致。大概就是因为这个特点吧，个别批评家认为以诗喻词柳永词的风格像杜甫，"杜诗、柳词皆无表德，只是实说。"（张端义《贵耳集》）其实，这种说法并不是说柳永作品的语言风格像杜甫，只不过在描摹时代、反映时代的这个特点上，柳词的风格与杜甫近似。其实，柳永的很多词风格更近似于白居易的风格。宋代黄裳的解释大抵能帮助我们理解"学诗当学杜诗，学词当学柳词"（张端义《贵耳集》）的说法。

> 予观柳氏乐章，喜其能道嘉祐太平气象，如观杜甫诗，典雅文华，无所不有。是时予方为儿，犹想见其风俗，欢声和气，洋溢道路之间，动植咸若。令人歌柳词，闻其事，听其词，如丁斯时，使人慨然所感。呜呼，太平气象，柳能一写于乐章，所谓词人盛世之黼藻，岂可废也？（张端义《贵耳集》）

综上，柳永乐章的风格并不是唯一的。概而言之，雅俗并陈；析而言之，秀淡有之，典雅有之，浅近有之，高浑有之。大抵目光深邃犀利的研究者能够看透其中的关键。"耆卿为世訾謷久矣，然其铺叙委宛，言近意远，森秀幽淡之趣在骨。"（周济《介存斋论词杂著》）"屯田则宋专家，其高浑处不减清真，长调尤能以沉雄之魄，清劲之气，写奇丽之情，作挥绰之声，犹唐之诗家，有盛、晚之别。"（郑文焯《大鹤山人词话》）"学者能见柳之骨，始能通周之神，不徒高健可以气取，淡苦可以言工，深华可以意胜，衰艳可以情切也。"（郑文焯《乐章集校》）虽说郑文焯的评价难免有过誉之嫌，但是他能够不持偏见，从细微处入手，更为全面地看到柳永乐章的各种风格。持论与郑文焯相似的是陈匪石，他认为："柳永高浑处、清劲处、体会入微处，皆非他人展齿所到。"（陈匪石《声执》）如果从风格论的角度来论，陈匪石所持之论亦可称公允。

三、结构完整，点染得法

柳永慢词在结构上的处理历来为人所欣赏。即使是对柳词思想内容不甚欣赏的批评家们，也多认可柳词的音律美和结构美。如陈廷焯认为，"耆卿词，善于铺叙，羁旅行役，尤属擅长。然意境不高，思路微左，全失温、韦忠厚之意。词人变古，耆卿首作俑也。"（《白雨斋词话》）又如夏敬观认为，"耆卿词当分雅、俚二类。雅词用六朝小品文赋作法，层层铺叙，情景兼融，一笔到底始终不懈。"（夏敬观手批《乐章集》）柳永词在结构上的特点，主要表现在三个方面：一是行文的铺叙展衍；一是慢调时空关系的处理；一是行文中的点染之法。

柳永集中多慢词，因为慢词的曲律变缓，字数加多，所以小令含蓄委婉的表现方式不再适合于慢词。柳永的处理方式是加大叙事的力度，极力地铺衍，增强了词的表现力。故蔡嵩云极称其词之章法，"至其佳词，则章法精严，极离合顺逆贯串映带之妙，下开清真、梦窗词法。""而章法大开大阖，为后起清真、梦窗诸家所取法，信为创调名家。"（蔡嵩云《柯亭词论》）

其实将同调的小令和慢调对比，更容易体会出柳永慢词铺衍展叙的特点。

> 一声画角日西曛。催促掩朱门。不堪更倚危阑，断肠已消魂。

> 年渐晚，雁空频。问无音。思心欲碎，愁泪难收，又是黄昏。（柳永《诉衷情》）

> 雨晴气爽，伫立江楼望处。澄明远水生光，重叠暮山耸翠。遥认断桥幽径，隐隐渔村，向晚孤烟起。

> 残阳里。脉脉朱阑静倚。黯然情绪，未饮先如醉。愁无际。暮云过了，秋光老尽，故人千里。竟日空凝睇。（柳永《诉衷情近》）

这两首词可以说都是柳永的羁旅词，只不过前者为小令，后者为慢调。尽管《诉衷情》这首小令，在写作视角上不是十分清晰——既可以是因良人漂泊在外而思心欲碎的女子，也可以是因羁旅漂泊而愁泪难收的男子。但是无论是哪种情况在环境的描写上颇有创见，以画角、日西的意象交代背景，以年节渐至，长雁空飞暗含情感，以"又是黄昏"照应开篇，文章结构回环往复，内容含蓄蕴藉。整首词沿袭了唐五代以来小令的特点。而《诉衷情慢》一词，虽也写秋景，但极尽铺衍之能事：因为江楼远望，故能看见远处之山光，层叠的暮色下的绿山以及远处的隐现的渔村；因为是夜暮远望，独倚江楼，故愁绪渐生。整个词写景极尽铺衍，不遗余力。尤其是"竟日空凝睇"的写法更是情景交融，画面感极强，引人遐思。

> 望处雨收云断，凭阑悄悄，目送秋光。晚景萧疏，堪动宋玉悲凉。水风轻、蘋花渐老，月露冷、梧叶飘黄。遣情伤。故人何在，烟水茫茫。
>
> 难忘。文期酒会，几孤风月，屡变星霜。海阔山遥，未知何处是潇湘。念双燕、难凭远信，指暮天、空识归航。黯相望。断鸿声里，立尽斜阳。
>
> (《玉蝴蝶》)

柳永的词一般结构上比较严谨。慢调在铺衍的过程中，十分注重景物的铺排，即利用小品文赋的手法来铺衍景色，"水风轻、蘋花渐老，月露冷、梧叶飘黄"，使得秋景宜人。在结构上也比较关注词的首尾照应，在词的结尾上也比较注重采用以景结情或者刻画人物细节的方式来收束全篇。"断鸿声里，立尽斜阳"一句不仅照应开篇之凭阑，而且画面感极强。而在过片的处理上，也会注意到上下片的联系。登高望远自然悲怀难遣，自然悲思难忘；因之难忘，故怀念往日生活。由时间的变幻，写到空间的变换，最后再写回已经变幻的时空。故陈匪石称："耆卿善使直笔、劲笔，一起即见此种作法，且全篇一气贯注。"（陈匪石《宋词举》）唐圭璋对此词亦欣赏有加："此首"望处"两字，统撮全篇。起言凭阑远望，"悄悄"二字，已含悲意。"晚景"二句，虚写晚景足悲。"水风"两对句，实写萍老、梧黄之景。"遣情伤"三句，乃折到怀人之感。下片，极写心中之抑郁。"难忘"两句，回忆当年之乐。"几孤"句，言文酒之疏。"屡变"句，言经历之久。"海阔"两句，言隔离之远。"念双燕"两句，言思念之切。末句，与篇首相应。"立尽斜阳"，伫立之久可知，羁愁之深可知。"（唐圭璋《唐宋词简释》）

对于词而言，写景抒情是其创作的主要手法。柳词也概莫能外。柳词写羁旅之词更是如此，对于秋景的描摹深得慢调创制三昧。

　　　　江枫渐老，汀蕙半凋，满目败红衰翠。楚客登临，正是暮秋天气。引疏砧、断续残阳里。对晚景、伤怀念远，新愁旧恨相继。
　　　　脉脉人千里。念两处风情，万重烟水。雨歇天高，望断翠峰十二。尽无言、谁会凭高意。纵写得、离肠万种，奈归云谁寄。（《卜算子》）

暮秋天气到底如何？柳永极尽所能地铺叙——"江枫渐老，汀蕙半凋，满目败红衰翠。"写景所为何事？——残阳里满目新愁旧恨。新愁旧恨若奈何？——借两处风景与风情，写离愁万种，即使是归云亦难寄相思。故周济称："后阙一气转注，联翩而下，清真最得此妙。"（周济《宋四家词选》）蔡嵩云赞曰："柳词胜处，在气骨，不在字面。其写景处，远胜其抒情处。而章法大开大阖。为后起清真、梦窗诸家所取法，信为创调名家。如《卜算子慢》……写羁旅行役中秋景，均穷极工巧。"（蔡嵩云《柯亭词话》）

柳永词除了在整体上具有铺叙展衍的特点外，在词的篇章结构上，在对词的时间和空间的处理上也是颇为讲究的。有的时候柳永按时间顺序叙事，在叙事中容纳空间转换；有的时候柳永以空间转换为线索，其间交织时间变化；有的时候柳永将时间和空间的转换交织在一起；有的时候就时间或者空间的变化单独为文。

> 梦觉、透窗风一残，寒灯吹息。那堪酒醒，又闻空阶，夜雨频滴。嗟因循、久作天涯客。负佳人、几许盟言，便忍把、从前欢会，陡顿翻成忧戚。
>
> 愁极。再三追思，洞房深处，几度饮散歌阑，香暖鸳鸯被，岂暂时疏散，费伊心力。殢云尤雨，有万般千种，相怜相惜。
>
> 恰到如今、天长漏永，无端自家疏隔。知何时、却拥秦云态。愿低帏昵枕，轻轻细说与，江乡夜夜，数寒更思忆。（《浪淘沙》）

这首词的三阕按照时间顺序来行文，采用了虚实相间的手法，实现了实景、虚景、实景的转换。第一片铺写了做惯了天涯客的良人，酒后空阶思负佳人；第二片因思负佳人，故将叙事场景引向了欢娱的过往，引向了洞房深处；第三片因为两人相怜相惜却分隔两地，故虚写美好的未来——"愿低帏昵枕、轻轻细说与"，但是明明知道这是不可能实现的，故现实中"江乡夜夜，数寒更思忆"。

> 晚秋天。一霎微雨洒庭轩。槛菊萧疏，井梧零乱惹残烟。凄然。望乡关。飞云黯淡夕阳间。当时宋玉悲感，向此临水与登山。远道迢递，行人凄楚，倦听陇水潺湲。正蝉吟败叶，蛩响衰草，相应喧喧。
>
> 孤馆度日如年。风露渐变，悄悄至更阑。长天净，绛河清浅，皓月婵娟。思绵绵。夜永对景，那堪屈指，暗想从前。未名未禄，绮陌红楼，往往经岁迁延。
>
> 帝里风光好，当年少日，暮宴朝欢。况有狂朋怪侣，遇当歌、对酒竟留连。别来迅景如梭，旧游似梦，烟水程何限。念名利、憔悴长萦绊。追往事、空惨愁颜。漏箭移、稍觉轻寒。听呜咽、画角数声残。以闲窗畔，停灯向晓，抱影无眠。（《戚氏》）

这首《戚氏》甚得王灼赞赏，"《离骚》寂寞千载后，《戚氏》凄凉一曲终。"（王灼《碧鸡漫志》）这首词不独在写景的工巧、慢调的创制方面，备受古人好评。就是在词的结构的处理上，也颇具特色。这首词以时间为序描摹了秋日黄昏、深夜以及清晨的景色，并将彼时彼刻产生的愁思以及对往日生活的追思融入其中。曲终人静，以"停灯向晓"照应时间的变化，以"以闲窗畔"照应地方的转换。蔡嵩云对此词颇为喜爱，称："《戚氏》为屯田创调，'晚秋天'一首，

写客馆秋怀，本无甚出奇，然用笔极有层次。初学慢词，细
玩此章，可悟谋篇布局之法。第一遍，就庭轩所见，写到征
夫前路。第二遍，就流连夜景，写到追怀昔游。第三遍，接
写昔游经历，仍落到天涯孤客，竟夜无眠情况，章法一丝不
乱。惟第二遍'夜永对景'至'往往经岁迁延'，第三遍自
'别来迅景如梭'至'追往事空惨愁颜'，均是数句一气贯
注。屯田词，最长于行气，此等处甚难学。后人遇此等处，
多用死句填实，纵令琢句工稳，其如恹恹无生气何。（蔡嵩云
《柯亭词论》）

　　　　　寒蝉凄切。对长亭晚，骤雨初歇。都门帐饮无
　　绪，留恋处、兰舟催发。执手相看泪眼，竟无语凝
　　噎。念去去、千里烟波，暮霭沉沉楚天阔。
　　　　　多情自古伤离别。更那堪、冷落清秋节。今宵
　　酒醒何处，杨柳岸、晓风残月。此去经年，更是良
　　辰、好景虚设。便纵有、千种风情，更与何人说。
　　（《雨霖铃》）

柳永的《雨霖铃》将词的时空转换，也运用得十分巧
妙，转接无痕。长亭分别时，天色已晚；夜色深沉时，却不
知是何地柳岸、何地残月；再相会时，又不知是何时年月，
何地风情。

　　　　　冻云黯淡天气，扁舟一叶，乘兴离江渚。渡万
　　壑千岩，越溪深处。怒涛渐息，樵风乍起，更闻商

旅相呼。片帆高举。泛画鹢、翩翩过南浦。

望中酒旆闪闪，一簇烟村，数行霜树。残日下，渔人鸣榔归去。败荷零落，衰杨掩映，岸边两两三三，浣沙游女。避行客、含羞笑相语。

到此因念，绣阁轻抛，浪萍难驻。叹后约丁宁竟何据。惨离怀，空恨岁晚归期阻。凝泪眼、杳杳神京路。断鸿声远长天暮。（《夜半乐》）

这首词似游记，柳永用三阕铺写了自己在旅途中的见闻——所见所感。郑文焯认为这首词写得特别高妙，自己都不敢下笔和作，"清空流宕，天马行空，一气挥洒。为柳屯田绝唱。屡欲和之，不敢下笔。"（郑文焯《乐章集校》）陈廷焯更是从结构入手，对整首词进行了细致地分析。"此篇层次最妙，始而渡江直下，继乃江尽溪行，'渐'字妙，是行人语。盖风涛虽息耳中，风涛犹未息也。'樵风'句，点缀荒野尚未依村落也。继见'酒旗'，继见'渔人'，继见'游女'，则已傍村落矣。因游女而触离情，不禁叹归期无据。别时邀约，不过一时强慰语耳。'绣阁轻抛，浪萍难驻'，飘零岁暮，悲从中来。继而'断鸿声远'，白日西颓，旅人当此，何以为情。层次之妙，令人寻味不尽。陈直斋谓耆卿最工于行役羁旅，信然。"（陈廷焯《别调集》）

柳永词在行文结构上除了铺叙、时空安排的特点外，点染法也是柳永创制慢调一个方法。"与铺叙手法相联系的另一艺术特点便是'点染'。'点染'，本是中国绘画的传统技法之一，作者将它创作性地运用于词的写作之中，并形成了自己的风格特点。""点,就是中锋突破;染,就是侧翼包抄。这二者相互配合,里呼外应,便造成强大攻势,给读者留下深刻印象。点染,又很像是议论文中的总说和分说。"(陶尔夫、诸葛忆兵《北宋词史》)关于"点染"法刘熙载的解释是,"词有点有染,柳耆卿《雨淋铃》云:'多情自古伤离别。更那堪、冷落清秋节。今宵酒醒何处,杨柳岸、晓风残月。'上二句点出离别。'冷落'、'今宵'二句,乃就上二句意染之。点染之间,不得有他语相隔。隔则警句亦成死灰矣。"(刘熙载《艺概·词概》)

> 鹜落霜洲,雁横烟渚,分明画出秋色。暮雨乍歇。小楫夜泊,宿苇村山驿。何人月下临风处,起一声羌笛。离愁万绪,闻岸草、切切蛩吟如织。
>
> 为忆。芳容别后,水遥山远,何计凭鳞翼。想绣阁深沉,争知憔悴损、天涯行客。楚峡云归,高阳人散,寂寞狂踪迹。望京国。空目断、远峰凝碧。
>
> (《倾杯》)

羁旅之中雁鹜已经画出秋色,但这个秋色仅仅是点。这个秋色不仅是秋雨乍歇,而且羌笛声声;不仅是离愁万种,而且是蛩声阵阵。别后山遥水阔无处传书信,此处是点。无法传递音讯会怎样呢?对面落笔,远方的佳人也会思念我,而我这个寂寞高阳客也只能目断京国。整首词大抵能做到"点与染分开说,而引词以证之,阅者无不点首。得画家三昧,亦得词家三昧"(江顺诒《词学集成》)。

第四章　柳永词的文艺思想

综上，柳永词体现了唐五代以来词当行本色的特点，又在唐五代小令的基础上，运用慢调的方式、采用铺叙的方式继承和发展了词的本色。一方面继承了词写艳词的本色，一方面发展了词声律谐婉的特点。在吸取民间词浅俗风格的基础上，柳永词在容纳文人词特点的基础上，创作出媚俗、浅近、高浑、典雅、秀淡等多样风格的词作。由此，柳永词得到了后人的盛赞，实属必然。

耆卿词以属景切情，绸缪宛转，百变不穷，自是北宋倚声家妍手。其骨气高健，神韵流宕，实惟清真能与颉颃。盖自南唐二主及正中后，得词体之正者，独《乐章集》可谓专诣已。以前作者，所谓长短句皆属小令。至柳三变乃缵其未备，而曲尽其变。讵得以工为俳体而少之？尝论乐府原于燕乐，故词者，声之文也，情之华也，非娴于声，深于情，其文必不足以达之，三者具而后可以言工，不蓦难乎？求之两宋，清真外微耆卿其谁欤？世士恒苦其无音节排纂，几不可句读。言如贯珠，又不复易撷拾，类它词之可以字句剿袭。用是以蝶黦相诟病，诚勿学淫佚。美之者，或附于秦七、黄九之末，诚不自知其浅妄，甚可悯笑也。学者能见柳之骨，始能通周之神，不徒高健可以气取，淡苦可以言工，深华可以意胜，哀艳可以情切也。必先能为学人词，然后可语专诣，知此盖寡。（朱祖谋《手书柳永词》）

第五章　柳永词对后世雅文学的影响

　　大抵每一种文学样式都有自己独一无二的语言风格，例如诗庄词媚。从本质上来看，词是一种言情的文体，是一种适宜于言情的配乐文体。而长期流连成康的柳永要创作出适合市民阶层审美的词作则必然具有"本色当行"的特点，既婉转言情，又俗媚宜人。所以说，柳永所创作的词不是普通意义上的适合传统士大夫审美情趣的文学样式，不是"雅"的，而是"俗"的。但是这并不能说明柳永词作的风格完全是近俗的。对于一个成名的作家来说，他的风格应该是独一无二的。柳七的风格不等同于秦九，也不等同于苏轼，"近却颇作小词，虽无柳七郎风味，亦自是一家。"（苏轼《与鲜于子骏书》）能够得到苏轼的认可，自成一家，足以见得柳永的词有其独到之处，不独以俗艳惊人。所以说，以柳永的文学积淀以及音乐素质，再加上他长期的民间创作经验，他的词必然有其婉转可人、雅润入体的一面。就是因为这两种风格如此矛盾地集中地体现在柳永的创作中，后世批评家对柳永词的态度也不尽相同。品其词辞者认为其词"唐人为之最

230

工者，柳耆卿后出，掩众制而尽其妙，好之者以谓不可复
加。"（胡寅《向子諲酒边词序》）品其情致者认为"耆卿于
写景中见情，故淡远。方回于言情中布景，故浓至。"（周济
《宋四家词选》）訾其言俗不尽美者则认为"其词虽极工致，
然多杂以鄙语，故流俗人尤善道之。"（徐度《却扫集》）随
着文体意识的深入与辨析，后世的批评家们也越来越能以更
为通达的态度与立场来看待柳永的词。他们不仅仅着眼于柳
词雅俗的风格，更看重柳词的风骨、情思与音韵。这种通达
的观点尤其以清代为最。例如清代的陈廷焯就在自己的前期
作品中从多个角度全方面地品评了柳永的词。其中有褒奖的，
也有否定的，观点比较通达。

　　　　清秀是柳词本色，凄婉胜过飞卿。（《云韶集》）
　　　　秦、柳自是作家，然却有可议处。东坡诗云：
　　"山抹微云秦学士，露华倒影柳屯田"，微以气格为
　　病也。（《词坛丛话》）
　　　　秦写山川之景，柳写羁旅之情，俱臻绝顶，有
　　不可以言语形容者。（《词坛丛话》）
　　　　耆卿词以情胜，音调凄婉，动摇人心，自是一
　　代作手。（《云韶集》）

　　当然陈廷焯后期转宗常州词派后，对柳永词的态度也发
生了改变。"蔡伯世云：'子瞻辞胜乎情，耆卿情胜乎辞，辞
情相称者，惟少游而已。'此论陋极。东坡之词，纯以情胜，
情之至者，词亦至。只有情得其正，不似耆卿之喁喁儿女私

情耳。论古人词，不辨是非，不别邪正，妄为褒贬，吾不谓然。"(《白雨斋词话》)

就时代的发展和文体的变迁来看，每个时代对柳永词的接受程度不一样，柳永对后世的影响也不一样。大体而言，历代文人对柳词的评价主要着眼于以下六个方面：一是对其词受民间百姓喜爱的品评；一是对其生平及人品的品评；一是对其俗词的品评；一是对其雅词的品评；一是对其词音韵特点的品评；一是对其创作影响的品评。

一、深受民间百姓喜爱的柳词

无论柳永为人在宋代被多少人批评，无论柳永词的思想内容和艺术水平被多少人不喜，柳永词在宋代广受世人喜爱，这都是不争的事实。徐度《却扫篇》记载了这样一段故事：

> 刘季高侍郎，宣和间，尝饭于相国寺之智海院。因谈歌词，力诋柳氏，旁若无人者。有老宦者闻之，默然而起，徐取纸笔，跪于季高之前，请曰："子以柳词为不佳者，盍自为一篇示我乎？"刘默然无以应。(徐度《却扫篇》)

当一个人的作品真正地为他人所喜欢的时候，那些痴迷者就会自觉不自觉地站出来维护这个人。柳永的境况大抵即是如此。他不是高官，他没有厚禄，他的作品没有得到士大夫们的广泛认可，但是却有普通的爱好者为他鸣不平。想必此种情况如果柳永生时得知，必将老泪纵横。

柳永的慢词曲调婉转动听，正是"遏天边，乱云愁凝。言语似娇莺，一声声堪听"（柳永《昼夜乐》）；柳永的慢词多描写良辰美景才子佳人，自是人间一大美事，"日上花梢，莺穿柳带，犹压香衾卧。暖酥消、腻云亸，终日厌厌倦梳裹。无那。恨薄情一去，音书无个。"（柳永《定风波》）大抵正是如此，虽然柳永多为士大夫所不耻，"然大概非羁旅穷愁之词，则闺门淫媟之语。若以欧阳永叔、晏叔原、苏子瞻、黄鲁直、张子野、秦少游辈较之，万万相辽。彼其所以传名者，直以言多近俗，俗子易悦故也。"（《艺苑雌黄》）柳永词以其婉转多情、所歌多为世俗所喜闻乐见之情事，故为世人所喜爱。陈师道《后山诗话》称，"柳三变游东都南、北二巷，作新乐府，骫骳从俗，天下咏之，遂传禁中。仁宗颇好其词，每对酒，必使侍从歌之再三。"因此，柳永不仅受统治阶级喜欢，更是受到百姓的追捧。

> 柳永，字耆卿。为举子时，多游狭邪。善为歌辞，教坊乐工每得新腔，必求永为辞，始行于世，于是声传一时……余仕丹徒，尝见一西夏归朝官云：凡有井水饮处，即能歌柳词。言其传之广也。（叶梦得《避暑录话》）

就史料所记载的内容来看，柳词在北宋受百姓喜爱的程度绝非虚语。时人在不同的笔记体中不约而同地记载了这种现象。

> 唐人为之最工者，柳耆卿后出，掩众制而尽其妙，好之者以谓不可复加。（胡寅《向子諲酒边词序》）

> 柳三变游东都南、北二巷，作新乐府，骩骳从俗，天下咏之，遂传禁中。（陈师道《后山诗话》）

> 进士柳三变，好为淫冶讴歌之曲，传播四方。（吴曾《能改斋漫录》）

> 耆卿居京华，暇日遍游妓馆。所至，妓者爱其词名，能移宫换羽；一经品题，身价十倍。妓者多以金物资给之。（罗烨《醉翁谈录》）

柳永词的流传还是与市民文化、市民审美紧密相连的。在某种程度上，歌楼舞馆、平康柳巷的发展促进了词的发展，同时也促进了词的流传，而以表现市民审美情趣的柳词的流传更是仰仗于此；另一方面，歌妓的声名也有赖于熟识百姓品味的曲词作家创作出善歌的好词才能更好地流传。歌妓与基于民间审美的词作家，就是宋代市民经济发展的一个缩影，二者相辅相承，合作共赢。一个朝代的更替在文化上的表现其实是非常明显的。大宋王朝由北宋向南宋，士人的心态发生了重大的转变，北宋末年尤其是南宋应该不需要软歌细语来点染昇平才对。但是在这种情况下，不知统治者是出于虚饰昇平的需要，还是掩饰内心的怯懦，他们都并没有放弃享乐生活。"山外青山楼外楼，西湖歌舞几时休。暖风吹得游人醉，直把杭州当汴州。"（林升《题临安邸》）在这种情况下，柳永的词在南宋的百姓中仍然风靡一世。成书于绍兴十五年

到绍兴十九年的《碧鸡漫志》记载了柳永词的流传情况，
"柳耆卿《乐章集》，世多爱赏该洽。"而生活在南宋末年的
罗烨在《醉翁谈录》中也将柳词在南宋受百姓喜爱的情况记
载了下来。"柳永……词名由是盛传天下不朽。……至今柳陌
花巷、歌姬舞女，凡吟咏讴歌，莫不以柳七官人为美谈。"

　　此外，我们也可以从南宋坊间的一个词集的刊选，略窥
柳词所受百姓喜爱的程度。《草堂诗余》最初收柳永作品 9
首，南宋末年增修笺注，收柳永词 18 首，包括《斗百花》
（煦色韶光明媚）、《西江月》（凤额秀帘高卷）、《夏云峰》
（宴堂深）、《诉衷情近》（景阑昼永）、《过间歇》（淮楚）、
《女冠子》（淡烟飘薄）、《大圣乐·初夏》、《尾犯》（夜雨滴
空阶）、《玉蝴蝶》（望处云收雨断）、《白苎》（秀幕重）、
《望远行》（长空降瑞）、《倾杯乐》（禁漏花深）、《二郎神》
（炎光谢过）、《醉蓬莱》（渐亭皋叶下）、《望海潮》（东南形
胜）、《玉女摇仙佩》（飞琼伴侣）、《黄莺儿·咏莺》。其选取
标准不以"雅"词为主，而是以表现情感、受百姓喜爱的词
为主，正如何良俊所言："勿谓其文句之工，足以备歌曲之
用，为宾燕之娱耳。"（《草堂诗余序》）由此可见，南宋坊词
流传的选本在柳词的选择上表现出对婉约、柔媚风格的柳词
的偏好。

　　柳永词在宋代之后的流传情况逐渐转入案头，不再受到
百姓过多的关注，当然，这也与元明清三代市民文化娱乐载
体的转变有关。元杂剧、南戏等文学样式的出现，取代了词
成为市民娱乐生活的新贵，柳词也渐渐淡出了市民的视野。
当然，这并不意味着柳永不再受市民的关注与喜爱。柳永以

其特有的落魄文人形象在其它文学样式中继续存在，继续丰富着百姓的业余生活。关于柳永形象对后世俗文学的影响，将在下一章详细论述。

二、不被世人看好的言行举止

柳词深受百姓喜爱，但是柳永的个人形象往往受士大夫訾诟。大概深受儒学思想影响的人士大夫们，是无法容忍柳永这样的言行举止的以词为正事，以花街平康为常驻地，以写词娱众为乐事。这样的人即使才情再高，也将不容于正统思想。这大概也是柳永困于科第、沉沦下僚的都分原因吧。

宋代统治者对士大夫业余生活的限制很少，更是鼓励士子们纵情享乐。士大夫们业余生活甚是丰富，"各为燕集，以至高楼酒肆，往往皆供帐饮为游息之地"（沈括《梦溪笔谈》），甚至皇帝们也鼓励他们组织宴会，参加宴饮。"时和岁丰，中外康阜，恨不与卿等日久相会。太平难遇，此物助卿等燕集之资。"（沈括《梦溪笔谈》）但是这并不意味着以儒礼兴邦的宋代统治者不重视礼乐文化，不再以儒家思想约束士大夫们的行为，任士大们的言行放荡无定检。尽管后世的批评家不再仅将批评的眼光放在柳永个人的言行、品性上，基本上做到了不因人废言，但是自始至终，除了在明代，柳永的形象就未曾提升过，就未曾普遍得到过士大夫的认可。

宋代市民虽然喜欢柳永的词，因为其音韵谐婉、柔媚悦人，但是一般士大夫对其曾经放浪形骸的生活是不屑一顾的。宋代的张舜民在他的作品《画墁录》提及了这样一个故事：

"柳三变既以词忤仁庙，吏部不放改官，三变不能堪，诣相府。晏公曰：'贤俊作曲子么?'三变曰：'只如相公亦作曲子。'公曰：'殊虽作曲子，不曾道：彩线慵拈伴伊坐。'柳遂退。"作为笔记体，这个故事不定真实，可能会有虚构的成份在，但是由此我们也可以看出柳永之所以被统治者排斥，是因为他的言行不符合宋代统治阶层的规范。关于柳永因言行不拘而影响其仕途的情况，叶梦得更是直接地发出叹婉之慨："永亦善为他文辞，而偶先以是得名，始悔为己累。后改名三变，而终不能救，择术不可不慎。"（叶梦得《避暑录话》）

如果说柳永所作的多为表现柔媚男女私情的作品，已经让士大夫们很不满意了，那么他不拘小节、流连平康的行为更是为宋代最高统治者所不容。

　　柳三变字景庄，一名永，字耆卿，喜作小词，然薄于操行。当时有荐其才者，上曰："得非填词柳三变乎。"曰："然。"上曰："且去填词。"由是不得志，日与狎子纵游娼馆酒楼间，无复检约，自称云"奉圣旨填词柳三变"。呜呼，小有才而无德以将之，亦士君子之所宜戒也。柳之《乐章》，人多称之。然大概非羁旅穷愁之词，则闺门淫媟之语。若以欧阳永叔、晏叔原、苏子瞻、黄鲁直、张子野、秦少游辈较之，万万相辽。彼其所以传名者，直以言多近俗，俗子易悦故也。（严有翼《艺苑雌黄》）

可见，柳永在宋代不仅因作俗词被士人不喜，而且因为言行不检而被统治者所不容，所以严有翼才发出了"小有才而无德以将之，亦士君子之所宜戒也"的感叹！严有翼甚至将柳永的品行和时下同样写词的名士大夫进行比较，得出了"万万相辽"的结论。总之，柳永在宋代士大夫眼中是一个才气较高但又不可救药的浪荡子。

宋人认为柳永为人品性不佳，这个印象在元代依然没有改变，甚至有变本加厉的趋势。宋元话本《柳耆卿诗酒玩江楼记》一书，不仅沿袭了柳永在现实生活中浪荡不羁、流连花街的形象特点，更是从元代市民审美的角度，颠覆了以往我们对柳永的认识，将其塑造成了一位好色、城府、道貌岸然的浪子。"当日酒散，柳县宰看了月仙，春心荡漾，以言挑之。月仙再三拒之，弗从而去。柳七官人交人打听，原来这周月仙自有个黄员外，精密甚好。其黄员外宅，与月仙家离古渡一里有余，因此每夜用船来往。耆卿备知其事，乃密召其舟人至，分付交伊：'夜间船内强奸月仙，可来回覆，自有重赏。'其舟人领台旨去了。"到了明代，柳永的形象终于翻身了，柳不再是被世人不耻的士大夫，而是深受士大夫同情的文人当然这个形象的塑造，与明代话本小说、市民的审美需求有很大的关系，与冯梦龙的审美品味亦有很大的关系。经过改造，冯梦龙于《众名妓春风吊柳七》一文中，将柳永塑造成了一名知书达礼、蔑视权贵、重情重义、体恤歌妓、怀才不遇、诗酒自娱的文人，颠覆了前此以往柳永"鄙俚浅薄"（冯梦龙《古今小说序》）的形象。可以说，冯梦龙对柳永人物品性的评价是古往今来最高的了。清代的学者对柳永的评价多集中在他词作的艺术构思和表现手法方面，很少关注其为人品性。当然关注柳永品性的批评家，从儒家礼教的规范、约束性出发，也多是以批评为主。"昔柳耆卿、康伯可未尝学问，乃以其鄙嫚之辞，缘饰音律以投时好，而词品以坏。"（董士锡《餐华吟馆词叙》）柳永的浪子形象，放荡不羁的言行，无疑是他仕途上的一个污点，是其化途的一块绊脚石。但是所幸柳永的这些言行并没有影响到他作品的流传，甚至在某种程度上反而助推了他词作的流行。更幸运的是，后世的批评者们虽然偶尔会涉及柳永人品的批判，但并没有因人废言，更多的是对其作品内容和表现形式公正、通达的品评。

三、士大夫眼中毁誉不等的俗词

大抵每一种文学样式的产生与兴盛，都或多或少与民间的文学样式有一定的联系。诗如此，词如此，曲如此，小说亦如此，概莫能免。当这些文学样式本质上还具有民间文学"质朴"的本质属性时，我们说这些作品具有"当行本色"的特点；但是一旦这些文学样式进入了文人的视野，文人们扩大了它的表现范畴，张扬了它的表现力后，这些作品往往会不可避免地出现一些"雅"化过度的特点。尤其是市民经济兴起之后的文学样式，如曲、小说，过度地雅化使得这些作品变成了案头文学甚至丧失了文体活动。在某种程度上，词的发展也经历了这样的雅化过程。

词，被称为"艳科"，这与早期的民间词的特点有关，与词的音乐形式有关。词是配乐的作品，但是词所配之乐乃是燕乐，燕乐不同于典雅但沉闷的庙堂之乐传统。燕乐即所谓当时的俗乐，"自宣武已后，始爱胡声，泊于迁都屈茨，琵琶、五弦、箜篌……，铿锵镗鞳，洪心骇耳，抚筝新靡绝丽，歌音全似吟哭，听之者无不凄怆。"（《文献通考》）而燕乐适于女声歌唱的特点，在民间词作、花间词作内容的推动下，使得词作为艳科的特点在唐五代渐趋定型。到了宋代，词开始朝着两个方向发展，一是以柳永为代表的作家继续以"典雅"的言词演绎着"艳俗"的内容；一是将词变俗为雅，这一派是宋词发展的主流。以晏殊、欧阳修为主的作家尽量在词的表现内容上将词雅化；以苏轼为代表的作家扩大了词的表现范围，为宋词指出了向上一途，拓展了词的发展空间；以黄庭坚、秦观为主的作家在词的表现力方面尽量以缠绵的词情表现词的张力。由此可见，在词的这种完全不对等的发展空间中，柳永还能坚持着以词的"俗艳"的本色来创作作品，是需要多大的勇气！而另一方面柳永在逆水中行舟、百折不悔的态度，也说明了他对俗词的热爱与执着！

既然是俗词，表现的是世俗百姓的审美，取悦的是世俗的百姓，那么这样的作品在某种程度上是不会受到文人士大夫的喜爱的。以诗三百和乐府为例，虽然是和乐之作、体现了当行本色的特点。但文人雅化后的诗三百和乐府诗歌的内容都是"一言以蔽之，思无邪"的，不似柳永之作，虽然音乐谐婉，但是内容上依然是"词语尘下"。其实，就俗词内容方面的批评而言，在士大夫的眼中，柳永的俗词无疑是缺点多于优点、毁大于誉的。批判的声音是要高于赞赏的声音的。从柳永所生活的宋代开始，人们对柳词的态度就是爱其典雅而毁其浅俗。

对柳永雅词甚为赞赏的苏轼曾言："世言柳耆卿曲俗，非也。如《八声甘州》云：'霜风凄紧，关河冷落，残照当楼。'此语于诗句，不减唐人高处。"（赵令畤《侯鲭录》）但是，对于柳词中软媚的俗词苏轼却是不喜的，"苏子瞻于四学士中最善少游，故他文未尝不极口称善，岂特乐府，然犹以气格为病，故常戏云：'山抹微云秦学士，露花倒影柳屯田。''露花倒影'，柳永《破阵子》语也。"（叶梦得《避暑录话》）就连肯定柳永词"大得声称于世"的李清照，也批评柳永词"词语尘下"（《词论》）。

柳永的士子形象在北宋本就不高，到了南宋，经王灼之手，其词浅近卑俗的特点更是被定型了。"惟是浅近卑俗，自成一体，不知书者尤好之。予尝以比都下富儿，虽脱村野，而声态可憎。前辈云：'《离骚》寂寞千年后，《戚氏》凄凉一曲终。'《戚氏》，柳所作也。柳何敢知世间有《离骚》，惟贺方回、周美成时时得之。"（王灼《碧鸡漫志》）此后经过徐度和黄昇、沈义父的品评，在南宋国运衰微的情况下，柳词格调不高、俗子易悦的特点基本上成为定型，颇受时人批评。"其词虽极工致，然多杂以鄙语，故流俗人尤善道之。其后，欧、黄诸公继出，文格一变，至为歌词，体制高雅，柳氏之作，殆不复称于文士之口，然流俗好之自若也。"（徐度《却扫篇》）"长于纤艳之词，然多近俚俗，故市井之人悦之，今取其尤佳者。"（黄昇《唐宋以来绝妙词选》）"康伯可、柳耆卿音律甚协，句法亦多有好处。然未免有鄙俗语。"（沈义

241

父《乐府指迷》）而张炎的《词源》甚至从情感表现的角度来阐发柳词受风月羁绊的特点。人们甚至从接受学的角度，开始从根源上寻找柳永俗词不受士大夫喜欢的原因，"词欲雅而正，志之所之，一为情所役，则失其雅正之音。耆卿、伯可不必论，虽美成亦有所不免。康亦自批风抹月中来，风月二字，在我发挥，二公则为风月所使耳。"（张炎《词源》）

应该说，整个南宋人们对柳词的格调并不看好，这种态度影响到了金代。金代的词学思想多受苏轼影响。在这种情况下，批评家们必然对柳词婉约的风格不喜，甚至对柳永过于浅俗的词作不屑一顾。"风韵如东坡，而谓不及于情，可乎？彼高人逸才，正当如是，其溢为小词而间及于脂粉之间，所谓滑稽玩戏，聊复尔尔者也。若乃纤艳淫亵，入人骨髓，如田中行、柳耆卿辈，岂公之雅趣也哉？"（王若虚《〈滹南诗话〉》）

到了元代，人们似乎将文艺批评的视野投向了元曲、元杂剧，我们只能从元人的文艺作品中略窥对人对柳永俗词的态度。

> 柳七乐章集，把臂双歌真先味。幽欢美爱成佳
> 配。效连理鹣鹣比翼。云窗共寝。闻子规，似繁华
> 晓梦惊回。（贯云石《斗鹌鹑》）

我们可以看出贯云石的这篇《斗鹌鹑》表现了对柳永的《乐章集》的欣赏。从词句"把臂双歌真先味，幽欢美爱成佳配。效连理鹣鹣比翼"的内容来看，即能看出贯云石对柳

永的俗词是十分喜爱的。但是，这种喜欢明显带有世俗的审美情趣，与元曲这种艺术形式所表现的思想内容也是相合的。当然，贯云石的这篇作品没有对于柳永俗词的审美风格进行分析，尚属比较浅层面的批评。和元代的这种浅尝辄止的评价相比，明代批评家们对柳永俗词的欣赏就表现得更为全面，理解和分析的层次也比较深。而且明代的批评家多能从词作正变的理论高度上去肯定柳永俗词的地位和水平——此举不仅肯定了柳永的俗词，更是肯定了婉约派的词作。

　　苏轼的作品历来为世人赏爱，但是王骥德却从词作正变的角度，认为苏轼和辛弃疾的作品只能算是登入两庑，不能登堂，遑论入室。"词曲不尚雄劲险峻，只一味妩媚闲艳，从称合作。是故苏长公、辛幼安并置两庑，不得入室。"（《曲律》）王世贞更是从正变的角度，认为词本就应该具有婉转多情的特点，认为词本来就应该表现浅俗绵丽之内容。

　　　　《花间》以小语致巧，世说靡也。《草堂》以丽
　　　字取妍，六朝隃也。即词号称诗余，然而诗人不为
　　　也。何者？其婉娈而近情也，足以移情而夺嗜。其
　　　柔靡而近俗也，诗嘽缓而就之，而不知其下也。之
　　　诗而词，非词也。之词而诗，非诗也。言其业，李
　　　氏、晏氏父子、耆卿、子野、美成、少游、易安至
　　　矣，词之正宗也。（王世贞《艺苑卮言》）
　　　　词须婉转绵丽，浅至儇俏，挟春月烟花，于闺
　　　襜内奏之。一语之艳，令人魂绝；一字之工，令人
　　　色飞，乃为贵耳。至于慷慨磊落，纵横豪爽，抑亦

其次，不作可耳。作则宁为大雅罪人，勿儒冠而胡
服也。（王世贞《艺苑卮言》）

而徐渭则从词之当行的角度，肯定了词浅近通俗的特点。
虽然这一点特点不仅仅是表扬柳永俗词的特点，但是从选取
的批判对象学习杜诗的角度来看，徐渭否定的是那些士大夫
眼中的雅词，他更喜爱那些贴近百姓审美情趣的俗词。"晚
唐、五代，填词最高，宋人不及，何也？词须浅近，晚唐诗
文最浅，邻于词调，故臻上品。宋人开口便学杜诗，格高气
粗，出语便自生硬。其间若淮海、耆卿、叔原辈，一二语入
唐者有之，通篇则无有。"（《南词叙录》）

尽管柳永的俗词在王世贞、徐渭那里彻底地翻了身，但
是明代依然有批评家坚持就儒家礼教的立场批判柳永俗词内
容的低下。"东坡云：'人皆言柳耆卿词俗，如"霜冷凄紧，
关河冷落，残照当楼"，唐人佳处不过如此。'按其全篇云：
'对潇潇雨洒江天，……正恁凝愁。'盖《八声甘州》也。
《草堂诗余》不选此，而选其如'愿奶奶兰心蕙性'之鄙俗，
及'以文会友'、'寡信轻诺'之酸文，不知何见也。"（杨慎
《词品》）杨慎的这段话其实也还算是持论中肯的。在肯定柳
永雅词特点的基础上，否定了柳永俗词的低俗的内容，也算
得上持论公允了。

而明代对于豪放派和婉约派词作风格都给予肯定的要数
孟称舜。孟称舜对各家短长的评价也多为凭心而论，对柳永
俗词的态度也是肯否参半，不偏不倚。

乐府以曒逖扬厉为工，诗余以婉丽流畅为美。
故作词者率取柔音曼声，如张三影、柳三变之属。
而苏子瞻、辛稼轩之清俊雄放，皆以为豪而不入格。
宋伶人所评《雨霖铃》、《醉江月》之优劣，遂为后
世填词者定律矣。子窃以为不然。盖词与诗曲，体
格虽异，而本于作者之情。古来才人豪客，淑姝名
媛，悲者喜者，怨者慕者，怀者想者，寄兴不一。
或言之而低徊焉，宛娈焉；或言之而缠绵焉，凄伦
焉；又或言之而嘲笑焉，愤怅焉，淋漓痛快焉。作
者极情尽态，而听者洞心耸耳。如是者皆为当行，
皆为本色，宁必淑淑媛媛学儿女子语而后为词哉！
故幽思曲想，则张、柳之词工矣，然其失则俗而腻
也，古者妖童冶妇之所遗也；伤时吊古，苏、辛之
词工矣，然其失则莽而俚也，古者征夫放士之所托
也。两家各有其美，亦各有其病，然达其情而不以
词掩，则皆填词之所宗，不可以优劣言也。（孟称舜
《古今词统序》）

在某种程度上，柳永俗词在元明两代得到比较高的评价，
与元明两代市民文化的兴起约略相关。元明两代批评家对男
欢女爱、不压抑人性、表现人性真美的作品持肯定的态度，
这使得批评家在品评柳永俗词的时候也带上了时代的烙印，
对待柳永俗词的艺术特点也就表现得相对通达。同时对柳永
俗词的重新认识，也有赖于明代文艺理论的发达。但是，任
何一件事走向了一个极端就必然会遭遇拨乱反正，清代就是

这样一个时代。各种文体在清代大盛，各种创作亦在清代能够找到了相应的创作典范。走回了儒家"温柔敦厚"的文艺传统的清代的批评家对柳永俗词的批评又指向了原点。

> 毛驰黄云：柳七不足师，此言可为献替。盖《乐章集》多在旗亭北里间，比《片玉词》更宕而尽。（邹祗谟《远志斋词衷》）
>
> 特其词婉而不文，语纤而气雌下，盖骫骳从俗者。以发乎情止乎礼义之旨绳之，则望景先逝矣。（张德瀛《词徵》）
>
> 然好为俳体，词多蝶䙝，有不仅如《提要》所云，以俗为病者。《避暑录话》谓"凡有井水饮处，即能歌柳词"。三变之为世诟病，亦未尝不由于此，盖与其千夫竞声，毋宁《白雪》之寡和也。（冯煦《蒿庵论词》）
>
> 惟绮罗香泽之态，所在多有，故觉风期未上耳。（刘熙载《艺概·词概》）

这些批评的言论多着眼于柳永俗词的内容艳俗，多写艳情，为士大夫不喜。其实我们不能因为喜欢柳永就一味地维护柳永，柳永俗词中那些过分描写男女艳情的作品，也确实是格调不高。故王国维说："艳词可作，唯万不可作俶薄语。"（王国维《人间词话》）而柳永的那些俗词，也确实是体现了"屯田轻薄子"（王国维《人间词话》）的特点。相比之下，周济的品评就更为公允了。"耆卿乐府多，故恶滥可笔者多，使能珍重下笔，则北宋高手也。"（周济《介存斋论词杂著》）周济在指出柳永俗词滥恶的同时，也指出时人对柳永也颇有些求全责备的味道。"清真词多从耆卿夺胎。思力沉挚处往往出蓝。然耆卿秀淡幽艳，是不可及。后人摭其《乐章》，訾为俗笔，真瞽说也。"（周济《宋四家词选》）时人多喜清真词，喜其雅质、清新，但是柳永的秀淡幽艳，却是周邦彦不可企及之处。

柳永这一生，词作受世人喜爱，正是成也俗词，败也俗词。一方面俗词成其名声，有井水处即歌柳词，这不是一般人能够做到的；一方面俗词毁其前途，艳情僈薄，骫骳从俗，不合儒家风旨。自古所评除明代多否定其俗词，鲜有盛评。所幸柳永俗词逢有明一代，遇一也知音，可谓无撼矣。

四、对雅词精金美玉的品评

柳永的《乐章集》中的作品水平参差不齐，因之俗词受世人訾诟，因之雅词颇受赏识。幸有雅词，柳永将自己从"花间"的藩篱中解放了出来，人们将批评的视野投向了柳永写羁旅、城市风光、节日风俗、写景、送别、怀古等方面的词作。"今人论词，动称辛、柳，不知稼轩词以"佛狸祠下，一片神鸦社鼓"为最，过此则颓然放矣。耆卿词以'关河冷落，残照当楼'与'杨柳岸、晓风残月'为佳，非是则淫以亵矣。此不可不辨。"（田同之《西圃词说》）所以说，柳永那些倍受后世人关注和肯定的词，也大多是这一类作品。

世人对柳永雅词的关注主要集中在三个方面，一是柳永

247

雅词的题材及其表现范畴；一是柳永雅词的情景关系，及其情感表现；一是柳永雅词的句法结构。

其实，批评家对柳永雅词的肯定，首先并不是体现在词的内容和音律的特点上，而是体现在词的内容表现与题材上。这也从一个方面反映了时下批评家对柳永作品的批评现状。大抵因为一些批评家对柳永俗词的不满，而将柳词贬得一无是处，"精郁之流为调笑，调笑之变为诙媚，是也。……诙媚之极，变为秽亵，秦少游'怎得香香深处，作个蜂儿抱'。柳耆卿'愿奶奶兰心蕙性，枕前言下，表余心意'。所以'销魂当此际'，来苏长公之诮也。"（沈雄《古今词话》）所以一些比较通达的批评家思虑比较全面，站出来肯定了柳永雅词的表现范畴。

> 予观柳氏乐章，喜其能道嘉祐中太平气象，如观杜甫诗，典雅文华，无所不有。是时予方为儿，犹想见其风俗，欢声和气，洋溢道路之间，动植咸若。令人歌柳词，闻其声，听其词，如丁斯时，使人慨然所感。呜呼，太平气象，柳能一写于乐意，所谓词人盛世之黼藻，岂可废耶？（黄裳《书乐章集后》）

> 前辈谓有井水处，皆唱柳词。余谓耆卿直留连光景歌咏太平尔。（刘克庄《辛稼轩集序》）

> 范蜀公少与耆卿同年，爱其才美，闻作乐章，叹曰："缪其用心。"谢学之后，亲旧间盛唱柳词，复叹曰："仁宗四十二年太平，吾身为史宦二十年，

不能赞述，而耆卿能尽形容之。"（谢维新《古今合璧事类备要》）

　　其词格固不高，而音律谐婉，语言妥帖，承平气象，形容曲尽，尤工于羁旅行役。若其人则不足道也。（宋陈振孙《直斋书录解题》）

　　宋代的批评家们基本上都比较看重柳永的雅词，虽无拔乱反正之念，但确实避免了矫枉过正现象的出现。这些评价的出现，将人们的视野引向了更为宽广的境界，让人们得以重新审视柳永词的特点；让人们认识到柳词除了描写缠绵的爱情，还有更多写实、歌颂太平的作品。柳永的写实性作品，很多批评家认为其风格是浅俗的，直白的，不事雕琢的，风格类似杜甫和白居易乐府诗的特点。尽管不少人将柳词类比杜诗、白诗，但是大家品评的出发点不一样。若就词作浅俗直白的风格而言，刘熙载认为，"词品喻诸诗，东坡、稼轩，李杜也。耆卿，香山也。"（刘熙载《艺概》）若就词作应该写实，铺写实事，不矫情虚饰的角度而言，项平斋认为，"诗当学杜，词当学柳，杜诗、柳词，皆无表德，只是实说。"（朱祖谋《手书柳永词》）若就语言风格而言，王国维认为，"以宋词比唐诗，则东坡似太白，欧、秦似摩诘，耆卿似乐天，方回、叔原，则大历十子之流。南宋惟一稼轩可比昌黎。而词中老杜，则非先生（清真）不可。昔人以耆卿比少陵，犹为未当也。"（王国维《人间词话》）若就语言的精雕、篇章的布局而言，尤侗认为，"唐诗以李、杜为宗，而宋词苏、陆、辛、刘，有太白之风；秦、黄、周、柳，得少陵之体。

此又画疆而理，联骑而驰者也。""抒发性情，自然天成，太白；柳周之长调，重雕琢，以结构章法取胜，颇似杜甫之诗。"（尤侗《许漱石粘影轩词序》）总之，对于柳永雅词的艺术水平，批评家从不同的角度出发，给出了不同的评价。我们无法说这些艺术风格的品评孰对孰错，尽管这些比较评价的出发点不同，但都看到了柳永雅词在不同方面的优长。

对柳永雅词的鉴赏，最为突出的朝代应该是清代。柳永词作为慢调体现了当行本色的特点。与小令颇具兴寄的特点相比，确实是直白的，不是含蓄的。有的批评家看出了柳词慢调不具备含蓄蕴藉的特点，例如宋徵璧就认为，"苟举当家之词，如柳屯田哀感顽艳，而少寄托。"（田同之《西圃词说》）这种说法其实也是在宋代词学鉴赏理论的基础上发展起来的。关于柳词不具备当时小令韵味儿的特点，宋人也曾指出过，"张子野与柳耆卿齐名，而时以子野不及耆卿。然子野韵高，是耆卿所乏处。"（宋代吴曾《能改斋漫录》）所以，清代的批评家们对柳永雅词的鉴赏尽管有高于前人之处，但也不是凭空出现的，也是在前代的基础上形容发展起来的。尽管前代的表述比较精简，尽管前代的持论者比较少，但是清代批评家对柳词在结构上的特点确实是在宋代词学理论的基础上丰富延展来的。"至唐末，遂因其声之长短句而以意填之，始一变以成音律，大抵以《花间集》中所载为宗，然多小阙。至柳耆卿始铺叙展衍，备足无余。形容盛明，千载如逢当日。较之《花间》所集，韵终不胜。由是知其为难能也。"（李之仪《跋吴师道小词》）只不过到了清代，批评家们的持论更为严谨，思考维度更为全面。

第五章 柳永词对后世雅文学的影响

铺叙点染是慢调的典型特点，以叙事为主，铺叙点染，时空多变，结构严谨。蔡嵩云似乎特别喜欢研究柳永词的结构特点，关于柳永雅词在结构上的特点有比较深入的分析。

宋初慢词，犹接近自然时代，往往有佳句而乏佳章。自屯田出而词法立，清真出而词法密，词风为之丕变。如东坡之纯任自然者，殆不多见矣。

屯田为北宋创调名家，所为词，得失参半。其倡楼信笔之作，每以俳体为世诟病，万不可学。至其佳词，则章法精严，极离合顺逆贯串映带之妙，下开清真、梦窗词法。而描写景物，亦极工丽。《雨霖铃》调，在《乐章集》中，尚非绝诣。特以"杨柳岸，晓风残月"句得名。

柳词胜处，在气骨，不在字面。其写景处，远胜其抒情处。而章法大开大阖，为后起清真、梦窗诸家所取法，信为创调名家。如《玉蝴蝶》"望处雨收云断"、《夜半乐》"冻云黯淡天气"、《安公子》"远岸收残雨"、《倾杯乐》"木落霜州"、《卜算子慢》"江枫渐老"、《甘州》"对潇潇暮雨洒江天"诸阕，写羁旅行役中秋景，均穷极工巧。

周词渊源，全自柳出。其写情用赋笔，纯是屯田家法。特清真有时意较含蓄，辞较精工耳。细绎《片玉集》，慢词学柳而脱去痕迹自成家数者，十居七八。字面虽殊格调未变者，十居二三。陈裒碧有言："能见耆卿之骨，始能通清真之神。"目光如

251

炬，突过王晦叔、张玉田诸贤远甚。（蔡嵩云《柯亭词论》）

蔡嵩云提出了柳永词创作有章法，即"屯田家法"，到底屯田蹊径、屯田家法，内容为何呢？细品《柯亭词论》，大抵与柳词的句法结构有关，大概包括以下几个方面：首先，和乐之词有一定的词法；其次，词的章法严谨，前后呼应，转承连贯；再次，描写景物工整典丽；再次，词胜在气骨，不在字面；最后，柳词一任赋笔，铺叙展衍。蔡嵩云的说法无疑比李之仪的词论要丰富、深刻、全面。

关于词铺叙点染的结构特点，亦有人从创作的结构角度给予品评和指导。

柳词总以平叙见长。或发端、或结尾、或换头，以一二语勾勒提掇，有千钧之力。（周济《宋四家词选》）

作词有三要，重、拙、大。吾读屯田词又得一字曰"宽"。"宽"之一字未易几及，即或近似之矣，总不能无波澜。屯田则愈抒写愈平淡。林宗云：叔度汪洋如千倾之波，澄之不清，淆之不浊。吾谓屯田词境亦然。向来行文之法最忌平铺直叙，屯田却铺叙擅场，求之两宋词人，政复不能有二。（况周颐《历代词人考略》）

尽管对于柳永慢词的结构，大家肯定的多，批评的少。

但是如果将结构与柳词的情感结合在一起考量，也有人认为柳永词不够含蓄，表现得太过直露。"词家之旨，妙在离合，语不离则调不变宕。情不合则绪不联贯。每见柳永，句句联合，意过久许，笔犹未休，此是其病。"（沈雄《古今词话》）

表情直露浅白，作为绝句和小令来说，绝对是硬伤。但是对于以铺叙展衍擅长的长调来说，算不得是大毛病。可是如果以儒家"温柔敦厚"的思想绳之的话，无疑又是一个不容忽视的缺点。所以，后世对柳永雅词艺术特点的品评，也包含了柳永词情景关系方面的鉴赏。对于柳词写景融情技巧的品鉴，可谓仁者见仁，智者见智。细品其别，大体有两种看法。

有人认为，和词作写情的感染力相比，柳永词的写景水平不如写情水准高。"秦写山川之景，柳写羁旅之情，俱臻绝顶，有不可以言语形容者。"（陈廷焯《词坛丛话》）大抵是因为柳永写景的水平不高，反而使得高雅的景色变得浅俗了吧。"'云想衣裳花想容'，此是太白佳境。柳屯田'拟把名花比，恐旁人笑我，谈何容易'，大畏唐突，尤见温存，又可悟翻旧为新之法。"（沈谦《填词杂说》）化用水平虽然很高，但是却将阳春白雪变成了下里巴人。和柳永写景浅俗相比，柳永词表现情感的感染力还是很强的。"柳屯田'每到秋来'一曲，极孤眠之苦。予尝宿御儿客舍，倚枕自歌，能移我情，不知文之工拙也。"（沈谦《填词杂说》）如此可见，柳永的羁旅漂泊孤独之感是渗透到骨髓里面的了。但是，如果太用情了必然不会含蓄，必然太过直白。故沈谦又说："学周、柳，不得见其用情处。学苏、辛，不得见其用气处。当以离

处为合。"（沈谦《填词杂说》）

除了上述观点外，有人认为柳永的雅词情景相生，骨高气健，动人肺腑。这些持论难免溢美，却也真实地反映了柳永在描摹景物上所下的功夫，以及作品中真情实感的流露。其中尤以郑文焯和朱祖谋的评价为优。

> 尝以北宋词之深美，其高健在骨，空灵在神。而意内言外，仍出以幽窈咏叹之情。故耆卿、美成，并以苍浑造端，莫究其托谕之旨。卒令人读之歌哭出地，如怨如慕，可兴可观。有触之当前即是者，正以委曲形容所得感人深也。（郑文焯《大鹤山人词话》）

> 周、柳词高健处，惟在写景，而景中人自有无限凄异之致，令人歌笑出地。正如黄祖叹祢生，悉如吾胸中所欲言，诚非深于比兴，不能到此境也。（郑文焯《大鹤山人词话》）

> 屯田则宋专家，其高浑处不减清真，长调尤能以沉雄之魄，清劲之气，写奇丽之情，作挥绰之声，犹唐之诗家，有盛、晚之别。（郑文焯《大鹤山人词话》）

> 耆卿词以属景切情，绸缪宛转，百变不穷，自是北宋倚声家妍手。其骨气高健，神韵流宕，实惟清真能与颉颃。盖自南唐二主及正中后，得词体之正者，独《乐章集》可谓专诣已。以前作者，所谓长短句皆属小令。至柳三变乃缵其未备，而曲尽其

变。讵得以工为俳体而少之？尝论乐府原于燕乐，
故词者，声之文也，情之华也，非娴于声，深于情，
其文必不足以达之，三者具而后可以言工，不綦难
乎？求之两宋，清真外微者卿其谁欤？世士恒苦其
无音节排戛，几不可句读。言如贯珠，又不复易撷
拾，类它词之可以字句剽袭。用是以喋鰈相诟病，
诚勿学淫佚。美之者，或附于秦七、黄九之末，诚
不自知其浅妄，甚可悯笑也。学者能见柳之骨，始
能通周之神，不徒高健可以气取，淡苦可以言工，
深华可以意胜，哀艳可以情切也。必先能为学人词，
然后可语专诣，知此盖寡。　（朱祖谋《手书柳永
词》）

柳词深妙深美处，全在景中人，人中意，而往
返回应，又能寄托清远。达之眼前，不嫌凌杂。诚
如化入城郭，非烟非雾光景。殆一片神行，虚灵四
荡，不可以迹象求之也。余索玩是集，每与作者着
意机括转关处，慎审揣得，以墨为注之，真词中之
眼，如画龙点睛，神观超越，使观者目送其破壁飞
去，安得不惊叹叫绝！（朱祖谋《手书柳永词》）

郑文焯和朱祖谋的评价多着眼于柳词的气骨、风格，写
景高健，写情清劲。这二人也算得上柳永百年后的知音了。
他们能够持论公允，不因人废言，看重柳词的艺术水平，表
达自己内心深处的想法，不被他人想法所左右，实属难得。
这也使得柳词的艺术鉴赏水平在清代走向一个新的高峰。

五、对音律谐婉的品评

柳永是第一个致力于创作慢词的词作家，在此之前，晏殊也好，欧阳修也罢，他们都以创作小令闻名。柳永以其多变的创调丰富了词的表现形式，改变了小令一统词坛的局面，使得慢词与小令平分天下。在某种程度上，可以说没有柳永对慢词的改造与创新，就没有苏轼、辛弃疾对宋词的丰富与发展，就没有风行天下的豪放风格的创立。所以，柳永在词调改革上的功劳是不可磨灭的。

柳永的创调并不是哗众取宠、单纯地为取悦百姓而作的，而是顺势而为的。清代的朱彝尊对此种情况是这样总结的："宋之初，太宗洞晓音律，制大小曲，及因旧曲造新声，施之教坊舞队。曲凡三百九十，又琵琶一器，有八十四调。仁宗于禁中度曲，时则有若柳永；徽宗以大晟名乐，时则有若周邦彦、曹组、辛次膺、万俟雅言，皆明于宫调，无相夺伦者。"（朱彝尊《群雅集序》）

适应了市井文化而发展起来的音乐越来越需要另外一种有别于小令的、曲风缓慢的曲子，而这种慢曲子必然要求词在内容上曲尽婉转，字数增多，叙事写景言情节奏放慢。而宋初的这种慢曲子，结合着词写当行的特点，必然柔媚婉转，谐美动人。尽管历来的批评家对柳永词的音韵美有一定的夸赞，但是每个时代批评的着眼点不一样。

北宋的批评家们多看重的是因词风不同而带来的不同的曲风。大抵词内容上的婉约和豪放的风格，是与词的音乐风格相一致的。所以柳永词格调柔婉，其曲风必然是啴缓谐韵的。所以创作豪放词风的苏轼，一直都清醒地知道自己的词风曲风与柳永的不一样，不是"柳七郎风味"。"近却颇作小词，虽无柳七郎风味，亦自是一家。呵呵！数日前猎于郊外，所获颇多，作得一阕，令东州壮士抵掌顿足而歌之，吹笛击鼓以为节，颇壮观也。"（苏轼《与鲜于子骏三首》）苏轼的这段话不仅表达了对自己所创制的不同于柳七风味的词的骄傲心情，同时也从一个侧面反映出柳永词在当时受欢迎的程度，柳词在当时具有标杆作用。而俞文豹在《吹剑续录》中对豪放词和婉约词音律曲风不一致的问题，有进一步的分析。

> 东坡在玉堂，有幕士善讴，因问："我词与柳词何如？"对曰："柳郎中词只好十七八女孩，执红牙板，唱'杨柳岸，晓风残月'；学士词，须关西大汉，执铁板，唱'大江东去'。"公为之绝倒。

这则材料从柳词和苏词，歌唱的对象和乐器入手，分析了二者词作歌唱内容的异同。较之苏东坡在《与鲜于子骏三首》中的表述认识更为深刻。到了南北宋之交，李清照的《词论》从旧声、新声的角度，对柳永词的内容和音律进行了评价。"逮至本朝，礼乐文武大备，又涵养百馀年，始有柳屯田永者，变旧声，作新声，出《乐章集》，大得声称于世。虽协音律，而词语尘下。"（李清照《词论》）李清照的评论肯定了柳永变旧声为新声的功绩，她认为同样是和乐的词作，小令和慢调有本质的区别。

南宋一朝对柳永词作音律性的评价，并无更多新意，主要着眼于词作的音律谐美上。

> 柳耆卿《乐章集》，世多爱赏该洽，序事闲暇，有首有尾，亦间出佳语，又能择声律谐美者用之。（王灼《碧鸡漫志》）
>
> 其词格固不高，而音律谐婉，语言妥帖，承平气象，形容曲尽，尤工于羁旅行役。若其人则不足道也。（陈振孙《直斋书录解题》）
>
> 康伯可、柳耆卿音律甚协，句法亦多有好处。然未免有鄙俗语。（沈义父《乐府指迷》）

元代的批评者们除了关注到了柳永词作女声歌唱、音律谐美之外，"今曲行而参差不齐，不复可以充口而发，随声而协矣，然犹未至于大曲也。及柳耆卿辈以音律造新声，少游、美成以才情畅制作，而歌非朱唇皓齿如负之矣。"（刘将孙《新城饶克明集词序》）还关注到了词作本身的韵律美。以柳永的《木兰花慢》为例，吴师道认为此词"得音调之正"。

> 拆桐花烂漫，乍疏雨、洗清明。正艳杏烧林，缃桃绣野，芳景如屏。倾城。尽寻胜去，骤雕鞍绀幰出郊坰。风暖繁弦脆管，万家竞奏新声。
>
> 盈盈。斗草踏青。人艳冶、递逢迎。向路旁往往，遗簪堕珥，珠翠纵横。欢情。对佳丽地，任金罍罄竭玉山倾。拼却明朝永日，画堂一枕春醒。

（《木兰花慢》）

"《木兰花慢》，柳耆卿清明词，得音调之正。盖'倾城'、'盈盈'、'欢情'，于第二字中有韵。近见吴彦高中秋词，亦不失此体，余人皆不能。……然元遗山集中凡九首，内五首两处用韵，亦未为全知者。"（吴师道《吴礼部词话》）

有清一代，批评家们对柳词音律的看法和态度，更为通达和全面，对于柳永在创调方面的尝试和成就，从各个方面给予了肯定和批评。

僻调之多，以柳屯田为最。此外则周清真、史梅溪、姜白石、蒋竹山、吴梦窗、冯艾子集中，率多自制新调，余家亦复不乏。（邹祗谟《远志斋词衷》）

清真、《乐章》以短调行长调，故滔滔莽莽处，如唐初四杰作七古，嫌其不能尽变。（邹祗谟《远志斋词衷》）

小令中调有排荡之势者，吴彦高之'南朝千古伤心事'、范希文之'塞下秋来风景异'是也。长调极狎昵之情者，周美成'衣染莺黄'、柳耆卿'晚晴初'是也。于此足悟偷声变律之妙。（沈谦《填词杂说》）

长调推秦、柳、周、康为协。（贺裳《皱水轩词筌》）

柳屯田不着笔墨，似古乐府。辛稼轩俊逸似鲍

明远……皆苦心孤造，是以被弦管而格幽明，学者
但于面貌求之，抑末矣。（陈锐《裒碧斋词话》）

邹祗谟看重柳永的创调之功，但是同时也指出虽极尽长
调之美却僻调过多，譬如初唐四杰的七古虽有新创但不足以
变古。邹祗谟所持之论看似公允，然不免求全了。时至北宋
初年，柳词能以创新的姿态出现，以慢调来改变小令盛行的
状态，适应新的音乐形式的审美的需求，已属难能，何必苛
求呢？沈谦则从小令向慢词过渡的词作中，看出了柳永"偷
声换律之妙"。贺裳和陈锐的评价稍稍简单，肯定了柳永词作
在音律上的特点。此外，陈锐认为被弦客情而格幽明，才是
柳永词的妙处所在。

总之，柳永词的音乐美基本上还是得到历代批评家的肯
定的，这也是柳词受士大夫们喜爱的一个原因，这也将柳词
从因词作低俗而受批判的层面中拉了回来，让人们的艺术审
美品评重新归到了艺术层面。

六、柳词创作对后世影响

柳永的词内容上多写歌楼舞台、羁旅、城市风光、节俗、
闺情、送别，除羁旅、城市风光、节俗、送别词外，绝大多
数词涉闺情，格调婉约，音律谐婉。无论批评家们对这种柔
媚的当行风格是否喜欢，柳词除了深受市民喜欢外，一些文
士大夫对柳词也非常喜欢。正如张端义《贵耳集》所载，
"项平斋自号江陵病叟，余侍先君往荆南，所训：学诗当学杜

诗，学词当学柳词。扣其所云：'杜诗、柳词皆无表德，只是实说。'盖词本管弦冶荡之音，而永所作旖旎近情，故使人易入。虽颇以俗为病，然好之者终不绝也。"（张端义《贵耳集》）将柳词作为创作之典范，可见某些人对柳永词作的欣赏。有的人喜欢柳词的柔媚婉转，有的人喜欢柳词的铺叙点染，有的人喜欢柳词的慢词格调，有的人喜欢柳词的情景相生。总之，后世学柳之人，依之本人的喜好，学柳之词，各有所得。

词在宋代风格多样，具首创之功的才子辈出。但是即使在这种情况下，深受柳永词作影响的作家也大有人在。受柳词影响的人，有的能跳出藩篱自成一家，有的袭旧出新自成风格，有的囿于规范鲜有新创。

第一种人毫无疑问以苏轼为代表。苏轼的词豪放、洒脱，表面上看苏、柳二人词风差之千里，毫无关系，但实际上，正是柳永对慢词的开拓，才使得苏轼能够在慢调的范围内拓展出自己的天地。非是慢词，不能铺写出三国赤壁之景，不能叙写出大江东去的气魄吧！所以，龙榆生说，"如果不是柳永大开风气于前，说不定苏轼、辛弃疾这一派豪放作家，还是在小令里面打圈子，找不出一片可以纵横驰骤的场地来呢！"（龙榆生《词曲概论》）此外，就具体的词作内容而言，柳永的羁旅词对苏轼的影响也是深远的。

　　　　有情风、万里卷潮来，无情送潮归。问钱塘江
　　上，西兴浦口，几度斜晖。不用思量今古，俯仰昔
　　人非。谁似东坡老，白首忘机。

记取西湖西畔，正暮山好处，空翠烟霏。算诗
人相得，如我与君稀。约他年、东还海道，愿谢公、
雅志莫相违。西州路，不应回首，为我沾衣。（苏轼
《八声甘州》）

苏轼此篇与柳永的《八声甘州》相比，在摹写景物上有
异曲同工之妙，在表现羁旅的情怀上亦千古同悲。但是坡公
的妙处在于格调高远、风格雄健，不像柳永那样终归又回到
"想佳人、妆楼颙望，误几回、天际识归舟。争知我、倚栏干
处，正恁凝愁"的柔情中去了。这在某种程度上，也印证了
东坡对柳永《八声甘州》的好评。"'风霜凄紧，关河冷落，
残照当楼。'此语于诗句，不减唐人高处。"（赵德邻《侯鲭
录》）有所取，故学柳词之佳景；有所弃，故舍柳词之柔景。
慢词的兴起，虽功劳首推柳永，但继起之功必首推苏轼，故
宋翔凤称"东坡、少游辈继起，慢词遂盛"（宋翔凤《乐府
馀论》）。

袭旧能出新之人，无疑以周邦彦为代表。周济曾在《宋
四家词选》中这样评价，"清真词多从耆卿处夺胎，思力沉
挚处往往出蓝。然耆卿秀淡幽艳，实不可及。"周邦彦的词音
律谐婉，章法纡回往复，语言精雕细琢。柳永的词在结构上
和音律上对周邦彦都具开创之功，而与柳永的清新秀艳相比，
周邦彦的词无疑是讲究的。二者的关系无疑是紧密的，"周词
渊源，全自柳出。"（蔡嵩云《柯亭词论》）

在音律方面，周邦彦继承了柳永所开创的慢调而有所推
演发展。"美成诸人又复增演慢曲、引、近，或移宫换羽，为

三犯、四犯之曲，按月律为之，其曲遂繁。"（张炎《词源》）
在结构上，周邦彦将柳词中时空关系的处理推上了一个新的
高度。"周邦彦的主要贡献是在慢词写作上开创了一种全新的
写法，这就是以叙事手法写慢词。"（孙维城《宋韵——宋词
人文精神与审美形态探论》）以周邦彦的《花犯·梅花》为
例，黄昇就曾称赞道，"此只咏梅花，而纡徐反覆，道尽三年
间事。"（《唐宋诸贤绝妙词选》）

　　第三种人学柳词，却囿于柳词的天地而难于有所突破。
他们虽然学了柳词柔媚可喜的风格、谐婉动人的音律，但是
在内容的表现上，多学的是柳永词"词语生下"的风格特
点，因此，往往被后人批判。因为以袭旧为主，不以创新为
要，故很难走出自己的天地。故王灼批评到，"今少年妄谓东
坡移诗律作长短句，十有八九，不学柳耆卿，则学曹元宠，
虽可笑，亦毋用笑也。"（王灼《碧鸡漫志》）

　　曹元宠的作品，多用俗语、俚语，风格俗艳，与柳永俗
词有相似之处。但与柳永相比，有过之无不及。曹元宠将柳
永词作的浅俗特点发挥到了极致，以至于自己的作品中词味
浅淡，一味媚俗，向下一路，境界不高。

　　　雨细云轻，花娇玉软，于中好个情性，争奈无
　　缘相见，有分孤零。香笺细写频相问，我一句句儿
　　都听。到如今，不得同欢，伏惟与他耐静。
　　　此事凭谁执证。有楼前明月，窗外花影。挤了
　　一生烦恼，为伊成病。只恐更把风流逞。便因循、
　　误人无定。恁时节、若要眼儿厮觑，除非去圣。（曹

263

元宠《忆瑶姬》）

除此之外，王灼还提到了其他几位风格和柳永比较相似的作家。"沈公述、李景元、孔方平、处度叔侄、晁次膺、万俟雅言，皆有佳句，就中雅言又绝出。然六人者，源流从柳氏来，病於无韵。雅言初自集分两体，曰雅词，曰侧艳，目之曰胜萱丽藻。後召试入官，以侧艳体无赖太甚，削去之。再编成集，分五体，曰应制、曰风月脂粉、曰雪月风花、曰脂粉才情、曰杂类，周美成目之曰大声。次膺亦闲作侧艳。"（王灼《碧鸡漫志》）

这几人的作品似乎与柳永俗词风格相近。万俟咏将自己的集子取为《胜萱丽藻》就很能说明问题，虽然之后万俟咏将侧艳体之词删去，但其词作的总体风格还是近于柳永的。如他的《三台·清明应制》词与柳永的描摹城市风光、节俗、干谒、谀圣词的风格极为接近。

见梨花初带夜月，海棠半含朝雨。内苑春，不禁过青门，御沟涨，潜通南浦。东风静、细柳垂金缕。望凤阙、非烟非雾。好时代、朝野多欢，遍九陌、太平箫鼓。

乍莺儿百啭断续，燕子飞来飞去。近绿水、台榭映秋千。斗草聚、双双游女。饧香更、酒冷踏青路。会暗识、天桃朱户。向晚骤、宝马雕鞍，醉襟惹、乱花飞絮。

正轻寒轻暖漏永，半阴半晴云暮。禁火天、已

264

是试新妆，岁华到、三分佳处。清明看、汉宫传蜡
炬。散翠烟、飞入槐府。敛兵卫、闾阖门开，住传
宣、又还休务。（《三台·清明应制》）

万俟咏此词对清明节俗的描写，与柳永的写法近似。此
词将清明之景致、风俗描写得曲尽其妙。但是在写景遣词方
面与柳永相比略逊。"拆桐花烂漫，乍疏雨、洗清明。正艳杏
浇林，缃桃绣野，芳景如屏。倾城。尽寻胜去，骤雕鞍绀幰
出郊坰。风暖繁弦脆管，万家竞奏新声。"（《木兰花慢》）以
写俗词而论，晁端礼的艳词写得狎昵、浅俗，比之柳永的
《柳初新》无不及。

　　　旋剔银灯，高褰斗帐，孜孜地、看伊模样。端
相一晌，揉搓一晌，不会得、知他甚家娘家。
　　　不见些儿，行思坐想。分飞后，怎生█向。天
天若许，长长偎傍。顶戴著、一生也即不枉。（《殢
人娇》）

此处"天天若许，长长偎傍。顶戴着、一生也即不枉"
的写法，与柳永"愿奶奶、兰心蕙性，枕前言下，表余心意。
为盟誓。今生断不孤鸳被"的写法异曲同工。
　　宋代之后模仿柳永词风格的词作家，水平稍逊一筹。因
此大家世不二出，规行矩步者实难逃脱模仿而丧失自我的命
运。柳永词在金代并不是十分受欢迎。"北国气候干烈祁寒，
北地山川浑莽恢阔；北方风俗质直开朗；北疆声乐劲激粗犷。

根于斯，故金词之于北宋，就较少受到柳永、秦观、周邦彦等婉约词人的影响，而更多地继承了苏轼词的清雄伉爽。"（钟振振《论金元明词》）所以学柳词者甚少。但是全真教的王重阳却对柳词情有独钟，"爱看柳词，遂成。"（《解佩令》小序）

> 平生颠傻，心猿轻忽。《乐章集》，看无休歇。逸性摅灵，返认过，修行超越。仙格调，自然开发。
>
> 四旬七上，慧光崇兀。词中味，与道相谒。一句分明，便悟彻，耆卿言曲。杨柳岸，晓风残月。
>
> （王重阳《解佩令》）

对柳永的《乐章集》王阳明是"看无休歇"，这是多么地喜欢啊！更有甚者，王阳明将悟道与言曲相提并论，认为"杨柳岸，晓风残月"，颇有些玄味。

元代是以元曲、杂剧擅长的时代，柳永词作的影响并不是十分地广。但是柳词中一些带有娱乐性质的词作，对关汉卿的元曲创作还是有一定的影响的。

> 平生自负，风流才调。口儿里、道知张陈赵。唱新词，改难令，总知颠倒。解刷扮，能咮嗽，表里都峭。每遇着、饮席歌筵，人人尽道。可惜许老了。
>
> 阎罗大伯曾教来，道人生、但不须烦恼。遇良辰，当美景，追欢买笑。剩活取百十年，只恁厮好。

若限满、鬼使来追，待倩个、掩通著到。　（柳永
《传花枝》）

　　我是个普天下郎君领袖。盖世界浪子班头。愿
朱颜不改常依旧。花中消遣，酒内忘忧。分茶，擿
竹；打马，藏阄。通五音六律滑熟。甚闲愁到我心
头。伴的是银筝女银台前理银筝笑倚银屏，伴的是
玉天仙携玉手并玉肩同登玉楼，伴的是金钗客歌金
缕捧金樽满泛金瓯。你道我老也，暂休。占排场风
月功名首，更玲珑又剔透。我是个锦阵花营都帅头。
曾玩府游州。（关汉卿《南吕·一枝花·不伏老·
梁曲》）

　　这种略带有娱乐大众性质的词作，启发了关汉卿元曲中
曲词的创作。大抵是二者有相似的人生经历，人生际遇吧，
一个寄情闺情，一个寄情曲剧，虽平生志愿难遂，但坦荡
真实。

　　从明清开始，学习柳永词作的作家，已经不再规矩柳作
了，而是博彩众家之长，成己之佳作。如明代的陈铎就曾经
和过7首柳词，陈词在内容表现上模仿柳词写闺情，虽内容
情感近似，但在语言的运用上，意境的营造上稍膈，与柳永
的"当行本色"略异。

　　　琐窗寒烛影摇红。春意方舒。酒兴方浓。三唱
邻鸡。数声残角。几杵疏钟。梦回也。珊枕畔乌云
乱拥。人去也，玉腕上宝钏微松。两意匆匆。回首

西东，一个为相思拨断冰弦。一个望音书候杀归红。

（《南双调·风入松》）

陈铎之词在明代可以算得上数一数二之作，他的词虽然用柳永《望海潮》之韵，但不全是柳词风味。正如况周颐所评，"陈大声词，全明不能有二。……其词境约略在余心目中，兼乐章之敷腴，清真之沉着，漱玉之绵丽。"（况周颐《蕙风词话》）清代的曲作家吴传业喜柳词风味。"余少喜学词，每自恨香奁艳情，当升平游赏之日，不能渺思巧句，以规摹秦、柳。"（《题余谈心〈玉琴斋词〉》）也尝试着做柳永风味的词。《四库全书总目提要》称，"以其余技，度曲倚求指导，亦复允足接迹屯田，嗣音淮海。"虽风格近似，但相差甚远。

　　低头一霎风光变。多大心肠，没处参详，做个
　生疏故试郎。
　　何须抵死推侬去，后约何妨？却费商量，难道
　今宵是乍凉。（《丑奴儿令·艳情》）

和吴伟业的这首不以含蓄蕴藉擅长的小令相比，彭孙遹的词作在风味上要与柳词更为接近。

　　点清霜、一夜渡河来，木叶竦高秋。最伤心时
　候，西风旅梦，残月当楼。何事南来北往，行役不
　知休。回首当年事，飙散云流。

可惜舞茵歌管，任蛛丝马迹，狼藉谁收。便吴
姬楚艳，值得几回留。忆分襟、木兰花下，怅佳期、
怯上此花舟。料伊也，恹恹终日，长为侬愁。（彭孙
遹《八声甘州·秋怨和柳七韵》）

以慢调行文，摹景用情，情随景生。景致细腻，秀雅幽
情。颇具柳词雅词风情。正如邹祗谟所评，"柳七'关河冷
落'三语，坡公亦服为唐人语。六百年而羡门以'西风旅
梦，残月当楼'二语胜之，乃知太白咏凤凰台，终是胆怯司
勋也。"（冯金伯《词苑粹编》）彭孙遹在本质上还是喜欢柳
永的雅词的，他认为柳永雅词自有唐人高妙之境。"柳七亦自
有唐人妙境，今人但从浅俚处求之，遂使《金荃》、《兰畹》
之音，流入《桂枝》、《黄莺》之调，此学柳之过也。"（彭孙
遹《金粟词话》）

任何一种文风作品的流行，都有其存在的原因、价值和
意义。尽管柳永词不像苏轼、辛弃疾的词作那样受到后世词
家的普遍好评，后世对柳词的品评也颇有些披沙拣金的味道。
但是综合历代批评家对柳永的批评，却让我们清晰地看清楚
了柳词在内容上的雅俗问题，让我们感受到了柳永的创调之
功，体味到了柳词的柔媚婉约艺术风格，学会了欣赏柳词的
"当行本色"。正所谓"环肥燕瘦"各有优长！

第六章　柳永形象对后世俗文学的影响

　　清代的很多批评家都认定柳永的词与后世盛行的曲有非常密切的关系。例如清代的张德瀛认为："诗衰而词兴，词衰而曲盛，必至之势也。柳耆卿词隐约曲意。至黄鲁直《两同心》词，则有'女边著子，门里挑心'之语，彭骏孙《金粟词话》，已经言其鄙俚。杨补之《玉抱肚》词云：'这眉头强展依前锁。这泪珠强收依前堕。'此类实为曲家导源，在词则乖风雅矣。"（张德瀛《词徵》）又李渔称，"柳七词多，堪称曲祖，精魄不肯葬蒿莱。"（《笠翁全集》）但是事实上，柳永一生向往科第却困守科场、仕途，寄情声娱的生活，即他本人传奇的一生对后世俗文学的创作所产生的影响才是最为深远的。柳永所创造的"柳七风味"在宋代曾风靡一时，以情意深长、曲调缠绵、曲词通俗的特点深受歌妓们的喜爱。"教坊乐工，每得新腔，必求永为辞，始行于世。"（叶梦得《避暑录话》）其词作所传之处，受到了市民阶层的激赏，一时市井唱遍，风骚无比。一时之间，有井水处即能歌柳词。这样一个深受市民喜爱的文人，一生沉沦下僚，困于选调，官场不如意，羁旅漂泊之中又多有令人艳羡的、郎才女貌的、符合市民审美的故事在民间流传。这些都变成了人们口耳相传、茶余饭后的热议话题。可以说在某种程度上，适应市民经济的发展，柳永的形象促进了俗文学的发展。而柳永故事在笔记体、话本小说和戏曲中的流传，恰恰说明了世人对柳永故事的喜爱，同时我们也可以通过对不同文艺作品中柳永形象的品评，体味不同时代的文艺思想和时代风貌。

一、宋元笔记体中的柳永故事与形象

笔记体是一种介于史实与传奇小说、白话小说、章回小说、话本、拟话本之间的一种文体。所记述的内容大抵有三，"其一叙述杂事，其一记录异闻，其一缀辑琐语"（《四库全书总目提要》）。因此在对历史的叙事方面，笔记体可以不必秉笔直书，但对故事的演绎却也不能像后世小说那样不着边际的虚构。因此，虽然笔记体是后世小说的萌芽，但在根本属性上并不属于后世小说的范畴。

其实，关于柳永的品性、言行、人品的评价自宋代开始就屡屡出现在笔记体中，《独醒杂志》《芥舟撮记》《方舆胜览》《艺苑雌黄》《避暑录话》《侯鲭录》《古今词话》《醉翁谈录》《新编醉翁谈录》《能改斋漫录》《却扫篇》《清波杂志》《渑水燕谈录》《石林燕话》《苕溪渔隐丛话》这些笔记体就记载了一些柳永的故事。这些笔记体对柳永事迹的记载，现在看来与后世所流传的关于柳永故事的小说还是有本质上的区别的。有些是介于文艺批评与史实记述之间的作品，有些则是后世有关柳永小说故事的萌芽，当然这并不是说这些笔记体已经开始有意地虚构有关柳永的故事，它们也只是从史实的角度出发去记叙柳永的故事。或许其间夹杂着些许民间故事的成分，或者其间有记叙失当的部分，但是这些笔记体的记事态度不是虚构的，而是纪实的。而这些笔记体的存在价值就在于弥补了正史没有记载柳永传记的不足，补了史实之阙，给读者留下了想象的空间。而另一方面，我们说这些笔记体尚不成熟，尚未发展成为小说故事的原因也在于这些笔记体对于柳永故事的记载和评价多着眼于柳永高超的词学水平、创作方法以及柳永不为世人所看重的品性。尽管，其中的一些笔记体已经和纯粹的史实记载有明显的区别，猎奇的成分也在增加，内容中也已经穿插了一定的虚构成分，但是我们说这些笔记体尚不是小说。

就目前的研究现状而言，笔记体对于柳永形象的记述，主要有三种类型。第一种是为史实型；第二种是本之民间故事的传说型；第三种是虚构型。而这三种类型恰好反映了柳永形象在笔记体小说中的演变历程。因之史料之缺，史实型笔记起到了补阙的作用；因之民间故事，传说型笔记起到了茶余饭后丰富市民业余生活的作用；因之柳永坎坷、传奇的身世，虚构型笔记完善了故事情节，演绎了故事内容，满足了市民阶级的审美需求。

1. 史实型

史实型的笔记体，对柳永史实故事的叙述主要集中表现在两个方面：一是柳永的生平，例如科第选调问题；一是柳永词创作的艺术水平。

第六章　柳永形象对后世俗文学的影响

柳永的一生就像是一团雾，谜点多多——生卒年不清，归葬何处不解，史实资料昧惑不明，但是以史实的态度来记载柳永生平的笔记体，却多关注的是柳永科第较晚、选调坎坷的事实。这也从一个侧面反映了当时的社会风尚、人们的思想观念。以儒学治国的宋代，尽管儒学已经改变了它最初的面貌，但是举人性喜邪狎、言行不端的话还是会受到世人的讥讽，而柳永就是这样的人物。这些笔记体的作者看到了柳永与时俗格格不入的品性和其生平经历的关系，在否定柳永人品的同时，也在宣扬着社会风气。《避暑录话》第三卷记载了柳永登第后困于选调的事实，叶梦得记叙的这段内容，向我们传达这样几个信息。首先，柳永曾经有机会越格超迁，但是被驳回，而初任的官员需要任期完整、考核合格后方能得到长官的荐举、方能升迁的惯例是从柳永开始的；其次，柳永困于选调的原因在于"语不称旨"，忤逆了仁宗；再次，柳永词的艺术成就较高，深爱百姓喜爱，"凡有井水饮处，即能歌柳词"。

> 柳永，字耆卿，为举子时多游狭邪，善为歌辞。教坊乐工每得新腔，必求永为辞，始行于世。于是声传一时。初举进士登第，为睦州掾。旧初任官荐举法不限成考。永到官，郡将知其名与监司连荐之，物议喧然。及代还，至铨，有摘以言者，遂不得调。自是诏初任官须满考乃得荐举，自永始。永初为《上元辞》有"乐府两籍神仙，梨园四部管弦"之句，传禁中，多称之。后因秋晚张乐，有使作《醉

273

蓬莱辞》以献，语不称旨，仁宗亦疑有欲为之地者，
因置不问。永亦善为他文辞，而偶先以是得名，始
悔为己累，后改名三变，而终不能救。择术不可不
慎。余仕丹徒，尝见一西夏归明官云："凡有井水饮
处，即能歌柳词。"言其传之广也。永终屯田员外
郎，死旅，殡润州僧寺。王和甫为守时求其后不得，
乃为出钱葬之。

综合上述叙述，根据社会风尚，叶梦得大概想向我们传
达这样一个信息——作为士大夫，柳永是有超擢的可能的，
但是不符合规矩，所以作罢；作为士子，柳永应该谨言慎行，
不能忤逆皇帝，一旦失律，后果严重；作为才子，柳永以词
学擅名，但是"择术不慎"，故沉沦下僚。至于文章末段对
柳永逝后殡葬问题的记述，虽然可能与真实的历史不符，略
失于考证，但这都不妨碍叶梦得从史实精神出发去记叙柳永
的故事。

叶梦得的另一本笔记体《石林燕语》的记载，与此大略
相同，这说明叶梦得在记叙柳永以及与柳永相关的史实的时
候，他的记述态度是纪实的，而不是虚构的，他并没有把柳
永当成小说中的文学形象去塑造，这也从某种层面上说明了
笔记体与小说两种文体在本质上还是有区别的。

祖宗时，选人初任，荐举本不限成考，景佑中，
柳三变为睦州推官，以歌辞为人所称，到官才月余，
吕蔚知州事，即荐之，郭劝为侍御史，因言三变释

谒到官始逾月，善状安在，而遽荐论？因诏州县官，
初任未成考不得举，后遂为法。

另外一种着眼于柳永故事的史实型笔记体，关注的内容
多是柳永词的创作情况和艺术水平，而这类笔记体对柳永词
艺术水平的记述及其评论往往透着几分訾诟的味道。这类笔
记体虽然以评价柳永的思想内容、艺术特征和考证柳词的出
处为主，但一般也会略微涉及到柳永的生平及人品，往往以
此为引子，切入到对柳词的评价上来。这种类型的笔记体以
胡仔的《苕溪渔隐丛话》为代表。

《苕溪渔隐丛话》最大的特点就在于它对柳词的赏鉴与
词句的考证，就凭着这一点，就可以看出胡仔的创作目的
——通过柳永创作词的经历，反映柳词的特点，评价柳词的
艺术水平。《苕溪渔隐丛话》后集卷三十九引《艺苑雌
黄》称：

柳三变字景庄，一名永，字耆卿，喜作小词，
然薄于操行，当时有荐其才者，上曰："得非填词柳
三变乎。"曰："然。"上曰："且去填词。"由是不
得志，日与缫子纵游娼馆酒楼间，无复检约，自称
云"奉圣旨填词柳三变"。呜呼，小有才而无德以
将之，亦士君子之所宜戒也。柳之《乐章》，人多
称之。然大概非羁旅穷愁之词，则闺门淫媒之语。
若以欧阳永叔、晏叔原、苏子瞻、黄鲁直、张子野、
秦少游辈较之，万万相辽。彼其所以传名者，直以

言多近俗，俗子易悦故也。皇祐中，老人星现，永应制撰词，意望厚恩。无何，始用渐字，终篇有"太液波翻"之语。其间"宸游凤辇何处"，与仁庙挽词暗合，遂致忤旨。士大夫惜之。余谓柳作此词，借使不忤旨，亦无佳处。如"嫩菊黄深，拒霜红浅"，竹篱茅舍间，何处无此景物。方之李谪仙、夏英公等应制辞，殆不啻天冠地屦也。世传永尝作轮台子蚤行词，颇自以为得意。其后张子野见之云："既言匆匆策马登途，满目淡烟衰草，则已辨色矣，而后又言楚天阔，望中未晓，何也。柳何语意颠倒如是。"

这段文字首先点明了柳永因为行为不检而不得志，而被迫"奉旨填词"的事实。和叶梦得《避暑录话》的记述相似的是，二人都认为有才无德终将误其终身；和前者不同的是，胡仔以"奉旨填词"为切入点，将主要的叙事精力放在了对柳永词作的分析上，包括柳词的创作内容、创作风格。尤其是柳词的创作风格，和其他的大家相比，柳永的词"言多近俗"。由此可见，胡仔对柳词的评价并不是很高。文章的最后，通过对柳词具体篇章的艺术价值和文思结构的分析，胡仔得出了柳词不过尔尔的结论。其实，引述了如此多的内容，胡仔无非要表达他的词作思想——他不喜欢柳词，如此费力地翻检柳作、考证柳词，无非是想说："然大概非羁旅穷愁之词，则闺门淫媟之语。"毫无疑问，柳词的狎妓之作在思想内容上往往被大家诟病，但是柳永的羁旅行役之作，确实是柳词中的上乘之作，这里胡仔的评价似乎失之公允。

柳词能够在宋代流传开来，在南宋亦有很多人去模仿创作，还是足以说明柳词的艺术水平的。胡仔于文章中给予批评的《醉蓬莱》，也是妙绝一时的作品，清代的焦循就曾从音律的角度对此词有过好评。"柳屯田《醉蓬莱》词，以篇首'渐'字与'太液波翻''翻'字见斥。有善词者问，余曰：'词所以被管弦，首用"渐"字起调，与下"亭皋落叶，陇首云飞"，字字响亮。尝欲以他字易之，不可得也。至"太液波翻"，仁宗谓不云"波澄"，无论"澄"字，前已用过。而"太"为徵音，"液"为宫音，"波"为羽音，若用"澄"字商音，则不能协，故仍用羽音之"翻"字。两羽相属，盖宫下于徵，羽承于商，而徵下于羽。"太液"二字，由出而入，"波"字由入而出，再用"澄"字而入，则一出一入，又一出一入，无复节奏矣。且由"液"字接"澄"字，不能相生。此定用"翻"字。"波翻"二字，同是羽音，而一轩一轾，以为俯仰，此柳氏深于音调也。'"（《雕菰楼词话》）但是，胡仔却认为此词不过如此。当大家神话了柳词的艺术水平时，胡仔又从自己的立场出发对柳词进行了批评。

> 苕溪渔隐曰："回仙于京师景德寺僧房壁上题诗云：'明月斜，秋风冷，今夜故人来不来，教人立尽梧桐影。'相传此词自国初时即有之。柳耆卿词云：'愁绪终难罄，人立尽，梧桐碎影。'用回仙语也。《古今词话》乃云：'耆卿作倾杯秋景一阕，忽梦一妇人云：妾非今世人，曾作前诗，数百年无人称道，

公能用之。梦觉说其事，世传乃鬼谣也。'此语怪
诞，无可考据，盖不曾见回仙留题，遂妄方尔。"
（《苕溪渔溪丛话》后集卷三十八）

从艺术水平来说，柳词《倾杯》"又是立尽，梧桐碎影"
的结句意境幽远，言有尽意无穷。"又是"一词，强调主人
公不仅一次，而是反复经历着这种分别两地、空念远的情况。
"尽"字又描绘出长时间地、独立望远的神态，而"又是立
尽，梧桐碎影"一句，不仅描摹出主人公梧桐树下直立望远
的情态，更是采用以景结情的方法来含蓄地表达情感——斑
驳的梧桐树影虽然摇曳多姿，但又是凄美的，在夜中的碎影
中立尽，何种地孤独，何种地希企，何种地绝望！大抵时人
还是比较看重柳永这首《倾杯》的艺术水平的，因而当人们
附会这首词的时候，胡仔的态度是批判的。

胡仔的《苕溪渔隐丛话》除了以史实的态度对柳永的词
作进行了批评外，它还具有由史实向虚构过渡的特点——它
对柳永故事的叙述方面尽管态度是纪实的，但是在无意识地
叙述过程中，会采用一些民间的说法，无意中丰富了史料的
可读性。例如在谈及柳永作品之前，对柳永故事的叙述，就
增加了一些虚构的成分。"柳三变游东都南北二巷，作新乐
府，骫骳从俗，天下咏之，遂传禁中。宋仁宗颇好其词，每
对酒，必使侍妓歌之再三，三变闻之，作宫词，号《醉蓬
莱》，因内官达后宫，且求其助。后仁宗闻而觉之，自是不复
歌此词矣。会改京官，乃以无行黜之。后改名永，仕至屯田
员外郎。"此段对柳永生平内容的记述，其实和《石林燕语》

和《避暑录话》还是稍有所不同的。叶梦得是将柳永放在历史的架构中、以着秉史直书的态度去记叙柳永的身世和去留。而胡仔这里对柳永生平的描述，虽然只是概述了柳永一生大体的发展轨迹，但是阅读性明显加强了，叙事的结构更加严谨了。作者以一条暗线——即柳三变的人品问题穿插于整个故事的叙述，次第交待了柳永的生平。首先，柳永是一个游荡于花间柳巷的浪子；其次，他所做的词多从俗之喜；再次，因之仁宗喜好，故想借《醉蓬莱》一词获得升迁；最后，因为行为定检而被罢官。同样是被罢官，《石林燕语》和《避暑梦录》的表述不带有感情色彩，而《苕溪渔隐丛话》表述具有明确的褒贬色彩，而这一点正是文学性笔记与史实类笔记的区别所在。

　　但是《苕溪渔隐丛话》毕竟不同于传说类的笔记和虚构类的笔记。尽管在语言的表述上，作者无意中受到民间审美的影响，使用了小说虚构的笔法，但是从写作态度上来看，胡仔的记叙毕竟与后两者不同。对柳词《倾杯》是否是梦中妇人所授，是否是回仙语，这段内容也见引于《古今词话》，但是后者在记叙的态度上与《苕溪渔隐丛话》相比，略有不同。"柳耆卿作倾杯秋景一阕，忽梦一妇人云：'妾非今世人，曾作诗云："明月斜，秋风冷。今夜故人来不来，教人立尽梧桐影。"数百年无人称道，公能用之。'梦觉说其事，世传乃鬼谣也。"《古今词话》的记叙态度略似于魏晋时的志怪小说，虽然只是直言陈述，只是本之民间传说，但是记叙者是相信这段史实的真实性的。而胡仔之所以引述这段材料，并不是相信这段民间传说的真实性，而是以批判的态度来指摘柳词的疏漏之处——一方面此词不见于回仙语，一方面妇人传梦授词的行为亦是荒诞。

盖言之，史实类笔记体对柳永形象的概述，对柳永史实的记叙，基本上是以"史"为纲的；其记叙的态度或是纪实，或是批判。因此，我们能够从他们的记叙当中看到柳永言行当中放荡不羁的一面，能够看出当时的社会风尚，能够看出柳永言行举止与主流思想的矛盾性，对于补阙史实确实裨益良多。

2. 本之民间故事的传说型

对于柳永史实的本之民间故事的传说型的笔记体以《古今词话》为代表，当然《古今词话》这种本之传说的特点与它的记述宗旨也有一定的关系——"乃隶事之作，大多出于传闻"。作者杨湜在这本书中一共记载了四条跟柳永相关的故实，而这些故事也基本上是以民间的传说为蓝本，内容与后世的小说相比，虽然有虚构的成分，但是虚构的内容还不是十分丰富，所占比重也较少。

首先，本之民间传说的《古今词话》也记载了关于柳永祝仁宗皇帝圣寿的故事。和史实型的笔记体相比，杨湜的记叙也增加了很多民间的传说，增加了更多虚构的成分，丰富了笔记的内容。

> 柳耆卿祝仁宗皇帝圣寿，作醉蓬莱一曲云：
>
> 渐亭皋叶下，陇首云飞，素秋新霁。华阙中天，锁葱葱佳气。嫩菊黄深，拒霜红浅，近宝阶香砌。
>
> 玉宇无尘，金茎有露，碧天如水。正值升平，万机

多暇，夜色澄鲜，漏声迢递。南极星中，有老人呈瑞。此际宸游，凤辇何处，动管弦清脆。太液波翻，披香帘卷，月明风细。

此词一传，天下皆称妙绝。盖中间误使宸游凤辇挽章句，耆卿作此词，惟务钩摘好语，却不参考出处。仁宗皇帝览而恶之。及御注差注至耆卿，抹其名曰："此人不可仕宦，尽从他花下浅斟低唱。"由是沦落贫窭。终老无子，掩骸僧舍。京西妓者，鸠钱葬于枣阳县花山。既出效原，有浪子数人戏曰："这大伯做鬼也爱打哄。"其后遇清明日，游人多狎饮坟墓之侧，谓之吊柳七。

史实型笔记体一般会将柳永忤逆仁宗的原因归结于柳永词作的"语不称旨"，将柳永的困于选调归结于柳永的人品问题。此段文字杨湜将柳永作《醉蓬莱》忤逆仁宗的原因，归结为用词不当，没有参考出处——"盖中间误使宸游凤辇挽章句"，而不是人品的问题。至于文章后半部分记叙的柳永因无子而无法举丧、掩骸于僧舍的故事，则纯属民间传言。此外，京西妓女酬钱安葬柳永的故事，亦属民间故事。从此两段民间故事的内容来看，确实符合了市民阶层的审美情趣。一个以才华名世的才子虽然在生前不见得有多么显赫，但也不至少死后身后事如此凄凉，需要靠妓女酬钱来举葬。这至少说明了民间的审美情趣中对郎才女貌有另一番定义——女貌不一定非得是官宦家子女，品性纯良的歌妓也是值得大家颂美的。而京西歌妓为柳永举丧的故事，也颇具有"才子佳人"惺惺相惜的情感因素在里面,而"吊柳七"这个行为竟然慢慢地演变成为一种习俗,而且笔记体对"吊柳七"这个内容的记载不独见于《古今词话》,《芥舟撮记》《独醒杂志》《方舆胜览》的记载也都差不许多。

《古今词话》在柳永故事流传的过程中最大的贡献在于它放大了柳永在民间故事中的痴情才子的形象,尤其是柳永和歌妓之间的往来常常被百姓津津乐道。

> 柳耆卿尝在江淮倦一官妓,临别,以杜门为期。既来京师,日久未还,妓有异图,耆卿之怏怏。会朱儒林往江淮,柳因作击梧桐以寄之曰:
>
> 香靥深深,孜孜媚媚,雅格奇容天与。自识伊来,便有怜才心素。临歧再约同欢,定是都把身心相许。又恐恩情易破难成,未免千般思虑。近日书来,寒暄而已,苦没刀刀言语。便认得听人教当,拟把前言轻负。见说兰台宋玉,多才多艺善词赋。试与问朝朝暮暮,行云何处去。
>
> 妓得此词,遂负媿竭产,泛舟来辇下,遂终身从耆卿焉。

此段文字虽然作者依然是以一种猎奇的心态将柳永与歌妓的往来记叙于笔端,但是这种记叙已经不是单纯地叙事,而是在民间的基础上有了一定的虚构,加大了一些细节描写。例如上述内容对人物已经有了更进一步的心理描写,尤其是将柳永的神态刻画得十分微妙且深情——妓有异图,耆卿之快快。与此同时，作者还通过柳永自己的词作《击梧桐》来展示柳永的心理状态——通过女子书信中的些微变化，"近日书来，寒暄而已，苦没刀刀言语"，即推测出歌妓听信他人言语，想要轻负前言的状况。大概在民间的传说中，人们希望看到有情人终成眷属的美事，女子也希望遇到一位多才多艺、一往而情深的痴情才子，而柳永在世人的眼中就是一个不羁形迹、放浪形骸、恣意人生、情深天真的浪子，所以柳永形象在流传的过程中就由浪子逐渐转化为了情痴。而这段文章中记叙的故事的结局因而就变得十分圆满——女人从三变终生，白头偕老。这段文字的描述大抵是虚构的，是不是有蓝本我们虽然不得而知，但是故事的表现形式确乎是小说的萌芽，为小说中柳永形象的发展与丰富奠定了故事模型。

《古今词话》当中还记载了一条与柳永有关的内容，是关于柳永干谒的故事。柳永的布衣之交孙何知杭州，柳永求见而不得，因作《望海潮》以赠，让名妓楚楚在孙何的面前歌《望海潮》一词，并请楚楚代替自己向孙何传达自己想要谋求出路的想法。这段柳永干谒的文字与前段柳永和歌妓白头到老的描述，在手法上略有不同。后者关注的是男子的神态与心态的刻画，而前者的精彩之处则在于对话内容的虚构。无论历史上是否有这么一段史实，后世之人都很难将彼时彼地的情况如实地记叙出来，尤其是对话内容更无从考证。以柳永彼时之地位是不可能有人时时刻刻记录他的言行的，故我们说这段对话虚构得如在目前，合情合理。

　　（柳永）往谒名妓楚楚曰："欲见孙相，恨无门

路。若因府会，愿借朱唇于孙相公之前。若问谁为
此词，但说柳七。"

综上，《古今词话》在记载柳永故事的时候，为了增加
传说的真实性，基本上在记叙上形成一种定式，即每条述一
段民间传说，就会附会一首柳词。从故事的流传来看，确实
应了那句话——"凡有井水饮处，即歌柳词。"大概正是因
为老百姓对柳永的词耳熟能详，才会对发生在柳永身上与歌
妓有关的故事津津乐道吧，所以才能流传出这些才子佳人的
佳话。

要之，《古今词话》中所记载的内容已经完全不同于史
实型笔记体的特点了，它的叙述以民间流传为主，以虚构为
辅，以勾勒和肯定柳永浪子、才子的形象为主要旨归，而这
些文字也为后来柳永故事在话本中的流传打下了基础。而另
一方面《古今词话》对柳永史实的记载与虚构，基本上是建
构在古代文人才子与歌妓佳人之间美好爱情的基础上的，从
审美的角度来说，恰恰逢迎了市民阶层的审美需求，也恰好
为话本小说的发展提供了素材。

3. 虚构型

虚构型笔记体与史实型、传说型笔记体的特点略有不同，
和后两者最大的不同即在于虚构型笔记的创作态度明显发生
了变化——作品不再是以史实、传说为出发点，而是完全以
一种"街谈巷议"的态度来记载故事的。虽然从文章的篇幅
上来看依然不长，但是内容却是以虚构为主。在某种程度上，
这也可以算是小小说了。虚构型的笔记体以罗烨的《新编醉

翁谈录》为代表。从《新编醉翁谈录》的编写目的来看，也确实是将此编笔记当作小说来创作的，并且罗烨十分看重小说的地位和作用，认为小说"言非无要，听之有益""非庸常浅识之流，有博览该通之理"。

《新编醉翁谈录》丙集卷二《花衢实录》记载了四则和柳永有关的故事。第一则故事则完全颠覆了以往历史史实和民间传说中的柳永形象——由浪子、才子、情痴而一变为仙风道骨的道士。

> 柳耆卿，名永，建州崇安人也。居近武夷洞天，故其为人有仙风道骨，倜傥不羁，傲睨王侯，意尚豪放。花前月下，随意谴词，移宫换羽，词名由是盛传，天下不朽。惟是且世显荣贵，官至屯田员外郎。柳自是厌薄官情，遁于武夷九曲之东。到今柳陌花衢，歌姬舞女，凡吟咏讴唱，莫不以柳七官人为美谈。

此段文字毫无疑问就是虚构的。关于柳永信道，甚至还颇有些仙风道骨的说法，尽管我们现存的关于柳永的史料不多，但也尚未有一则史料能够证明柳永信道。至于说到柳永厌薄官情之事，这虽然确实存在。但是若说柳永会因为困于选调、羁旅游宦而就对官场产生厌弃之情，从而决定放弃官场，从此睥睨王侯将相，这都是和史实不相符的。柳永会因为官场的困顿、年来漂泊而产生时光易逝、功业难就、奔赴云泉之约的想法，但是他从来没有践实过陶渊式的归隐的生活，他从骨子里就从未放弃过对仕宦的追求，更遑论隐遁于武夷山了。

第二则故事是"耆卿讥张生恋妓"条，这则故事本之于柳永词作《红窗迥》。"小园东，花共柳。红紫又一齐开了。引将蜂蝶燕和莺，成阵价、忙忙走。花心偏向蜂儿有。莺共燕，吃他拖逗。蜂儿却入、花里藏身，胡蝶儿、你且退后。"这首词收于《乐章集》的辑佚之作中。《新编醉翁谈录》本之《红窗迥》塑造了一个善解人意、聪明睿智的柳永形象。

> 耆卿尝与友人张生者，游金陵妓宝宝之家，得累日。张慕宝宝之姿色，尤为婘婘。又岂知宝宝中心自嘱意于豪室一子弟，有薄张生之意。柳知之，不欲语张。张不之觉。一日再同宴于宝宝之家，值豪家子在焉，宝宝密藏于私室，同张饮。酒数行，宝宝佯醉而就寝焉，候往，则媚豪家之子。柳戏谓张曰："昔闻何仙姑独居于仙机岩。曹国舅一日来访，谈论玄妙。方款间；吕洞宾自岩飞剑驾云而上。国舅遥见之，谓仙姑曰：'洞宾将至矣，吾与仙姑同坐于此，恐见疑。今欲避之而不可得。'仙姑笔谓曰：'吾变汝为丹吞之。'及洞宾至，坐话未几，而钟离与蓝采和跨鹤冉冉从空中而来。仙姑笑谓洞宾曰：'当速化我为丹吞之，无为师长所见。'洞宾变仙姑而吞之。方毕，钟离皆已至。采和问吕洞宾曰：'何为独坐于此?'洞宾曰：'吾适走尘寰，方就此憩息。'采和曰：'无戏我也。你独憩于此，肚中自

有仙姑，何不使出见我？'顷之，仙姑果出。钟离笑
谓采和曰：'你道洞宾肚中有仙姑，你不知仙姑肚里
更有一人。'"张生悟柳之咨，携柳而出。

　　毫无疑问，柳永的小令产生于《新编醉翁谈录》之前，
但是这首小令是否真的就是柳永劝张生的张本，倒不一定就
是真的。不过我们可以从中看出《新编醉翁谈录》利用柳词
对柳永故事的虚构情况。《新编醉翁谈录》无论是在词作的
选择上，还是故事的编排上，都虚构得比较成功。前面两种
类型的笔记体虽然也都在柳永故事的叙述中借用了柳永的词
作，但是明显它们的写作目的和出发点是不一样的。史实型
的笔记体更看重史料的真实性，以之佐证史实；传说型笔记
体更看重诗词与故事的切合度，以此来吸引大众的注意；而
虚构型笔记，则无论是故事的编纂还是诗词的选择，都整合
得天衣无缝，互为表里，都表现了高超的叙事技巧和虚构能
力。而此时无论柳永词作本事的正确与否，都已经无关紧要
了，我们从中都能看出罗烨对柳永的熟悉与了解，都能感受
到他超强的编纂能力。
　　第三则故事为"三妓挟耆卿作词"，因该故事记载了张
师师、刘香香、钱安安三位歌妓，因为柳永的词能够"移宫
换羽，一经品题，声价十倍"，争相让柳永为之填词的故事。
柳永遂填词为《西江月》：

　　　　师师生得艳冶，香香与我情多，安安那更久比
和。四个打成一个。幸自苍皇未款，新词写处多磨，

几回扯了又重按，奸字心中着我。

《新编醉翁谈录》的这段文字将这件事的来龙去脉交待得非常清楚，故谭正壁认为，"冯梦龙《古今小说》卷十二《众名姬春风吊柳七》，开首叙述三个出名上等的行首，赔钱争养柳七，有戏题《西江月》词一首为证，而没有叙出戏题这首词的本事，本书《三妓挟耆卿作词》一文，记此事很详细，可补《古今小说》的缺漏。"（《话本与古剧》）谭先生此段评述肯定了《新编醉翁谈录》记叙详尽的特点以及本事源起的地位，而他的评价无疑是从事件始末的角度出发而对此词条有此评价的。但是余以为，如果单纯地就小说创作而言，亦无需非得将每个故事流传的始末都记述完整，正所谓每个文学作品的创作都有其独特的切入点，因其独特所以珍贵。

第四则故事为"柳耆卿以词答妓名朱玉"，这条内容记叙了柳永与朱玉的相识过程，柳永得知音赏识、才情双美的故事。

耆卿初登仕路日，因谒福之宪司，买舟经南剑，遂游于妓者朱玉之馆。朱玉云："素闻耆卿之名。"倾意已待之。饮数日，偶值太守生辰，朱玉就耆卿觅庆寿之词，耆卿乃作词与之。及贺，太守闻朱玉所讴之词，大悦，厚赏之，乃询其作词之人。朱玉以柳七官人答之。太守谓朱玉曰："见其词而想其人，必英雄豪杰之士，宜善待之。"朱玉自是与耆卿恩爱愈洽。及耆卿解缆东去，临别，朱玉约以归日

> 为款。及柳耆卿归，再访之，恰值朱玉有迎迓之役，
>
> 柳意默默，遂书一小词于花笺之上以寄之。

柳永遂以《西江月》词寄之，但这首《西江月》词佚。这段文字与《古今词话》中的故事约略相同，只不过故事情节更为完整，虚构的成分更多。柳永虽然仍是浪子形象，但是情真意切，不忘旧情，一片真心诚意付东流。此处让人唏嘘感概更多的不是朱玉，而是一往情深，却略带感伤的柳永。

纵观上述四则材料，《新编醉翁谈录》为大家塑造了两种截然不同的柳永形象，一是道士，一是浪子。看似矛盾的两种形象，其实是从两个不同维度的故事出发进行虚构的。因之官场困窘，虚构了一位蔑视官场的、仙风道风的道士形象；因之狎妓风流，塑造了一个浪迹平康、痴情重义、且颇有才华的浪子形象。值得一提的是，从作者的角度来看，无论是哪种形象，都是罗烨所肯定的对象。

总之，宋代笔记体中的柳永故事，大多还算不上小说，尤其是史实型的笔记体，而本之民间流传型的和虚构型的笔记体，已经初步具有了小说的萌芽，但在篇幅上字数较少，而且还是单独成篇的。三种类型的笔记体，都为有关柳永的话本小说、戏曲提供了丰富的素材。而由史实型到民间流传型到虚构型的笔记体，柳永的形象还是有所变化的。史实类笔记体中的柳永就是一个因创作词、行为不检而沉沦下僚的士大夫形象，民间流传类的笔记体在本之史实类的基础上，增加了柳永的浪子身份，但较之虚构类的笔记体，失之详细。虚构类的作品在舍弃了柳永下僚士大夫形象的基础上，在浪

子的形象上又添加了几分仙风道骨的形象。总之，柳永在民间的形象是慢慢丰富起来了，而且这些形象在笔记体作者们的笔下还是被赞美的对象，和后世话本中柳永被否定的形象相比是完全不同的。

二、话本小说中的柳永故事与形象

柳永故事在话本小说中的流传，主要集中在话本小说《柳耆卿诗酒玩江楼记》和拟话本小说《众名姬春风吊柳七》中。这两本书中的柳永形象可谓反差极大，究其原因，大抵与作者所生存的时代、所经历的事件和心态有关。

根据资料统计，有关柳永题材的小说，共4种，现存2部。一是现存于洪楩的《清平山堂话本》中的宋元话本《柳耆卿诗酒玩江楼记》，一是现存于《古今小说》中的冯梦龙的《众名姬春风吊柳七》，另外二部是现在已亡佚的明清小说《柳耆卿断兰芳菊》、《柳耆卿记》。

1.《柳耆卿诗酒玩江楼记》

《柳耆卿诗酒玩江楼记》，《宝文堂书目》著录，作《柳耆卿记》，孙楷第《中国通俗小说书目》作《柳耆卿玩江楼记》，明代《清平山堂话本》亦辑录。关于题材为"柳耆卿诗酒玩江楼"的话本小说戏曲的作品，现残、存的作品共3部。一是宋元话本《柳耆卿诗酒玩江楼记》，一是宋元南戏《柳耆卿诗酒玩江楼》，一是元杂剧戴善甫的《柳耆卿诗酒玩江楼》。这三部作品中的柳永形象完全不同，至少在宋元南戏中《柳耆卿诗酒玩洒楼》中的柳永还是一个正直的官吏，但是在元杂剧和宋元话本中柳永的形象就一变为无良官吏了。根据宋元话本《柳耆卿诗酒玩江楼》一作曾经引用的元杂剧戴善甫戏曲中的一支唱曲的情况，我们可以推测元杂剧应该产生于话本之前。而根据前此笔记体小说中柳永的相对正面形象来看，宋元话本《柳耆卿诗酒玩江楼记》应该是这三个作品中产生最晚的一部作品，而且从审美情趣上来看，应该是符合元代百姓审美的。

《柳耆卿诗酒玩江楼记》这部小说虚构成分较大，颠覆了以往柳永的正面形象。以往的作品中虽然柳永放荡不羁，虽然游于花街柳巷之间，但不失文人才子本色。这部小说中的柳永虽然依然是个浪子，虽然依然富有才华，但是一变而为一个心思深沉、品行不端的政客。

从话本的入话来看，格调就不是很高。"谁家弱女胜姮娥，行速香阶体态多。两朵桃花焙晓日，一双星眼转秋波。钗从鬓畔飞金凤，柳傍眉间锁翠娥。万种风流观不尽，马行十步九蹉跎。"这是柳永的题美人诗。毫无疑问，话本在小说的最开始就已经在着意塑造一个无行文人的形象了。

话本的故事情节主要分为四个部分。从写法上来看，前两个部分是小说主体部分的铺垫。第一部分内容，本之前文罗烨的笔记体《新编醉翁谈录》中所记载的"三妓挟耆卿作词"的故事，但记叙的内容较之《醉翁谈录》为简且格调不高。

　　　耆卿居京华，暇日遍游妓馆。所至，妓者爱其
　有词名，能移宫换羽；一经品题，声价十倍。妓者

多以金物资给给之。惜其为人出入所寓不常。(《新编醉翁谈录》)

当时宋神宗朝间，东京有一才子，天下闻名，姓柳，双名耆卿，排行第七，人皆称为"柳七官人"。年方二十五岁，生得丰姿洒落，人材出众。吟诗作赋，琴棋书画，品竹调丝，无所不通。专爱在花街柳巷，多少名妓欢喜他。(《柳耆卿诗酒玩江楼记》)

从小说的情节设置来看，叙述内容简略是正确的。因为第一部分只是为小说故事发展的开端，必须要为核心故事的展开张本；从人物形象的塑造上来看，前者柳永与歌妓们是惺惺相惜，歌妓们并以此多资给柳永，而后者"有才无德"的形象已与文人的形象不相符了，但这恰恰是当时人们审美情感的反映。

第二部分也是小说的铺垫部分。简单地叙述了柳永游金陵城外的玩江楼的过程，醉后写了一首《虞美人》，而实际上这首词是南唐后主李煜的作品。

话本的第三部分是小说的主体，即柳永计赚周月仙。而前此柳永为三妓所作词的内容，只是为了更好地引出文章的主体。谭正璧先生认为此段内容"本事出宋人诗话"(《话本与古剧》)《曲海总目提要补编》对这段内容有所辑佚。

诗话："周素蟾，余杭名妓也。柳耆卿年甫二十五岁，来宰兹郡，造玩江楼于水浒中。召素蟾至楼歌唱，调之不从。柳绰之，与隔江黄员外昵，每夜乘舟往来。乃密令稍人半渡劫而淫之，素蟾不得已而从焉。惆怅作诗一绝云：'自叹身为妓，遭淫不敢言，羞归明月渡，懒上载我船。'明日，耆卿召佐酒。酒半，柳歌前诗。素蟾大惭，因顺耆卿。耆卿作诗曰：'佳人不自奉耆卿，却驾孤舟犯夜行，残月晓风杨柳岸，肯教辜负此时情。'自此日夕常侍耆卿，耆卿亦因此日损其名。"（《曲海总目提要补编》）

不知此段诗话源自何处，但是从记述的笔法来看，与《柳耆卿诗酒玩江楼记》话本的内容基本相似。其中诗话所提到的周素蟾就是话本中的人物周月仙。大概诗话所记载的内容就是话本所本之源。

　　柳县宰见果然生得：
　　云鬟轻梳蝉翼，蛾眉巧画春山。朱唇注一颗天桃，皓齿排两行碎玉。花生媚脸，冰剪明眸；意态娇娆，精神艳冶。岂特余杭之绝色，尤胜都下之名花。
　　当日酒散，柳县宰看了月仙，春心荡漾，以言挑之。月仙再三拒之，弗从而去。柳七官人交人打听，原来这周月仙自有个黄员外，精密甚好。其黄员外宅，与月仙家离古渡一里有余，因此每夜用船来往。耆卿备知其事，乃密召其舟人至，分付交伊：

"夜间船内强奸月仙，可来回覆，自有重赏。"其舟
人领台旨去了。

由此可见，柳永对周月仙的欣赏完全是建筑在色的基础
上的，连艺都算不得。这与《新编醉翁谈录》中的歌妓形象
完全是不一样的。《新编醉翁谈录》中的师师与香香是才色
艺俱艺的妙人。不仅如此，她们与柳永相交，完全是建立在
情感的基础上的。

> 三妓乃同开宴款柳。师师即席借柳韵和一词：
> 【西江月】
> 一种何其轻薄，三眠情意偏多，飞花舞絮弄春
> 和，全没些儿定个。踪迹岂容收拾，风流无处消磨，
> 依依接取手亲，永结同心向我。
> 柳见词，大喜，令各尽量而饮。香香谓安安曰：
> "师师姐既有高词，吾已醉，可相同和一词。"
> 【西江月】
> 谁道词高和寡，须知会少离多，三家本作一家
> 和，更莫容它别个。且恁眼前同条，休将饮里相磨，
> 酒肠不奈苦揉，我醉无多酌我。

话本的第四部分简略地描绘了柳永与周月仙的分别场面。

> 这柳县宰在任三年，周月仙殷勤奉从，两情笃
> 爱。却恨任满回京，与周月仙相别，自回京都。

这样的结尾，无疑是简略的。没有煽情的分别场面，没有凄凉的环境渲染，只有冷冰冰的事实——"耆卿有意恋月仙，清歌妙舞乐怡然。两个相思不相见，知他相会是何年？"本就不是真心相悦，又何必相会呢？既无真情，又何须痛苦呢？如此结尾恰到好处。

纵观全文，话本一如继往地塑造了柳永的才子形象、浪子形象——"柳耆卿诗词文采，压于才士"、"吟诗作赋，琴棋书画，品竹调丝，无所不通。专爱在花街柳巷，多少名妓欢喜他。"另一方面，话本又增添了具有颠覆性的内容，给柳永"光辉"的形象上抹了一把灰。沉迷酒色，贪于亨乐——"用己财起造一楼于官塘水次，微金陵之楼，题之额曰'玩江楼'，以自取乐。"贪恋美色，以计赚之——见周月仙"云鬟轻梳蝉翼，娥眉巧画春山。朱唇注一颗夭桃，皓齿排两行碎玉。花生媚脸，冰剪明眸；意态妖娆，精神艳冶。岂特余杭之绝色，尤胜都下之名花"，便"春心荡漾，以言挑之"，最终达成所愿，"日夕常侍耆卿之侧，与之欢悦无怠"。

至此，柳永在此本书中的形象已经从以往的穷苦浪子，变成了一个城府极深、贪于酒色、道貌岸然的文人形象，再不复之前的仙风道骨，再不复之前的潇洒俊逸。针对这种情况，有学者认为柳永的这种反面形象与元代社会"书生身贵易妻"的现象有关，而创作者则希望通过这样的反面形象达到谴责教育的目的。（参看杨忠谦《有关柳永的戏曲小说作品考论》）应该说这类柳永形象的塑造是与市民阶层的审美紧密联系在一起的。当才子佳人的"神话"在人间无法实现的时候，人们会思考到底是谁出现了问题，而这部小说思考

的结果就是佳人不一定心仪才子，才子不一定就是品性完美
的良配。这一点从话本结尾处的两首诗可以略窥一般。

　　一别知心两地愁，任他月下玩江楼。来年此日
知何处，遥指白云天际头。
　　耆卿有意恋月仙，清歌妙舞乐怡然。两下相思
不相见，知他相会是何年。

2.《众名姬春风吊柳七》

　　冯梦龙的拟话本《众名姬春风吊柳七》是对《柳耆卿诗
酒玩江楼记》的改编，但与其说冯梦龙的作品是对《柳耆卿
诗酒玩江楼记》的改编，还不如说是冯梦龙的新创。冯梦龙
认为《柳耆卿诗酒玩江楼记》对柳永无赖形象的塑造是"鄙
俚浅薄，齿牙弗馨"（《古今小说》）的。无论是作品素材的
来源，与小说的主体精神，与《柳耆卿诗酒玩江楼记》相
比，冯梦龙的《众名姬春风吊柳七》都有显著的不同。正如
胡士莹先生所言，"（《众名姬春风吊柳七》）虽然采用旧本，
改写的幅度却相当大，等于是创作。"（《话本小说概论》）虽
然同为话本，但是二者在本质上还是有些不同的，尤其是在
创作目的上有明显的差异，体现了作者个人的审美差异和不
同的时代风尚对作品思想情感内容的影响。冯梦龙对宋元话
本《柳耆卿诗酒玩江楼记》情节的改编主要体现在如下两个
方面。

　　（1）入话

　　入话可以算得是话本的一个引子，入话诗和入话故事将

为整个故事的发展作铺垫，将会奠定全文的情感基调，将定下全文的语言风格和情调。入话诗是话本小说的显著文体特点。从《柳耆卿诗酒玩江楼记》的入话诗的内容来看，风格类似于柳永的狎妓词。

　　　　谁家柔女胜姮娥，行速香椒体态多。两朵桃花焙晓日，一双星眼转秋波。

　　　　钗从鬓畔飞金凤，柳傍眉间锁翠娥。万种风流观不尽，马行十步九蹉跎。

　　从入话的内容来看，《柳耆卿诗酒玩江楼记》故事是以京师三个出名上等名妓争养柳七为始，"在京师与三个出名上等行首打暖：一个唤做陈师师，一个唤做赵香香，一个唤做徐冬冬。这三个顶老陪钱争养着那柳七官人"，作为整个小说的铺垫。与之相比，《众名姬春风吊柳七》的入话则以唐玄宗不喜孟浩然的词、孟浩然归隐南山为引，以孟浩然名作佳作甚多，但是非要吟"不才明主弃，多病故人疏"一诗惹玄宗不喜，以此暗指柳永因《醉蓬莱》一词忤逆仕宗之事；以孟浩然诗作"北阙休上诗，南山归敝庐。不才明主弃，多病故人疏。白发催年老，青阳逼岁除。永怀愁不寐，松月下窗庐"为入话诗。毫无疑问，与《柳耆卿诗酒玩江楼记》的入话内容相比，《众名姬春风吊柳七》的要高雅得多，体现了文人雅士的审美情趣。

　　（2）故事情节的改编

　　《众名姬春风吊柳七》对故事情节的改编主要体现在两

个方面：一为改，一为增。其一改变了《柳耆卿诗酒玩江楼记》的叙事内核，变俗为雅；其二增添的内容有利于表现柳永文人落魄不羁的形象。

所谓的对内容改编，主要体现在对周月仙故事始末的改编上。在《众名姬春风吊柳七》中，柳永从计赚周月仙的无赖文人变成了帮助周月仙脱离刘二员魔手的侠义之士。柳永帮助周月仙脱离乐籍，让她与和她相恋的穷秀才终成眷属。这完全改变了《柳耆卿诗酒玩江楼记》中低俗、无赖的市井形象。

> 自古道：小娘爱俏，鸨儿爱钞。黄秀才虽然儒雅，怎比得刘二员外有钱有钞？虽然中了鸨儿之意，月仙心下只想着黄秀才，以此闷闷不乐。今番被县宰盘问不过，只得将情诉与。柳耆卿是风流首领，听得此语，好生怜悯。当日就唤老鸨过来，将钱八十千付作身价，替月仙除了乐籍，一面请黄秀才相见，亲领月仙回去，成其夫妇。黄秀才与周月仙拜谢不尽。正是：风月客怜风月客，有情人遇有情人。

拟话本对柳永故事内容的增添，主要体现在三个内容模块上。首先，冯梦龙添改了《古今词话》中虽有他图、但最终追随柳永的名妓的故事。柳永上余杭任路过江州时，遇一名妓谢玉英，两人情意相合。谢玉英"设下山盟海誓，一心要相随柳七官人，侍奉箕帚"。后来柳永任满路过江州时，误以为玉英心有他属，遂作《击梧桐》，将词笺粘于壁下，拂袖而出。谢玉英见此词之后，"想着：耆卿果是有情之人，不负前约。""自到东京，从不见客，只与耆卿相处，如夫妇一般。"这一情节的改编表现了二人多情且真诚的本性，不以社会地位去看一个人的品性，表现了冯梦龙对人性的认识往往越是沉沦下僚之人越有最美好最真诚的品性。

其次，冯梦龙改编了柳永困于选调的故事。在此之前，史料记载多认为柳永之所以沉沦下僚，是因为作《醉蓬莱》忤旨。"仁宗颇好其词，每对酒，必使侍从歌之再三。三变闻之，作宫词号《醉蓬莱》，因内官达后宫，且求其助。仁宗闻而觉之，自是不复歌其词矣。会改京官，乃以无行黜之。"（《后山诗话》）《众名姬春风吊柳七》却将柳永任满不得补翰林缺的原因归结到宰相吕夷简身上。原来吕夷简差堂吏传命，"吕相公六十诞辰，家妓无新歌上寿，特求员外一阕，幸得挥毫，以便演习。"谁知柳永写完了《千秋岁·泰阶平了》之后，又随意创作一篇《西江月·腹内胎生异锦》，忙中出错，封书时将两首词一起函封，送给了宰相吕夷简。吕夷简看了《千秋岁》之后十分满意，但是看到《西江月》之后，异常气愤。故在仁宗准备提拔人才的时候，将《西江月》给仁宗读了一遍，因此御批："柳永不求富贵，谁将富贵求？任作白衣卿相，风前月下填词。"这个故事的改编改变了柳永困于选调因于行为不检、作词忤旨的内容，而是将矛头指向了奸臣，这从另一个侧面丰富了柳永正面的文人形象。而冯梦龙之所以选择吕夷简这个人物，也确实费了一番思量的。作者希望塑造一个把持国事、行为不端的政客，来突显柳永的无辜与无奈，来突显柳永的清高与恃人。之所以选择吕夷简，也确实因为在历史上吕夷简这个人物亦正亦邪。"（吕夷简）为相，深谋远虑，有古大臣之度"，"当国柄最久，虽数为言者所诋，帝眷倚不衰。然所斥士，旋复收用，亦不终废。其于天下事，屈伸舒卷，动有操术"，但"在位日久，颇务收恩避怨，以固权利"，最终被弹劾罢相。

最后，冯梦龙还在小说中加上了"吊柳七"情节，以此来突显柳永在众妓中的形象。其实，"吊柳七"这个行为在笔记体中就有记载，"柳耆卿风流俊迈，闻于一时。既死，葬于枣阳县花山，远近之人，每遇清明日，多载酒殽，饮于耆卿墓侧，谓之吊柳会。"（曾敏行《独醒杂志》）但这些内容在当时也只是当作传说来记载的，并无情感导向。作为一个落拓词人，柳永的形象在宋元时期在人们心目中的地位并不高，但是冯梦龙想方设法地要提高柳永作为文人的社会地位，即使官宦达人不承受，他也要想方设法地来提高柳永的社会地位。虽然柳永"终日只是穿花街，走柳巷"，但是"东京多少名妓，无不敬慕他，以得见为荣。若有不认得柳七者，众人都笔他为下品，不列姊妹之数"。为了突显柳永在众名妓中的地位，冯梦龙更是加大了对吊柳七这一活动的描述。

> 原来柳七官人，虽做两任官职，毫无家计。谢玉英虽说跟随他终身，到带着一家一火前来，并不费他分毫之事。今日送终时节，谢玉英便是他亲妻一般；这几个行首，便是他亲人一般。当时陈师师为首，敛取众妓家财帛，制买衣衾棺椁，就在赵家殡殓。谢玉英衰经做个主丧，其他三个的行首，都

聚在一处，带孝守幕。一面在乐游原上，买一块隙地起坟，择日安葬。坟上竖个小碑，照依他手板上写的增添两字，刻云："奉圣旨填词柳三变之墓。"出殡之日，官僚中也有相识的，前来送葬。只见一片缟素，满城妓家，无一人不到，哀声震地。那送葬的官僚，自觉惭愧，掩面而返。

自葬后，每年清明左右，春风骀荡，诸名姬不约而同，各备祭礼，往柳七官人坟上，挂纸钱拜扫，唤做"吊柳七"，又唤做"上风流冢"。未曾"吊柳七"、"上风流冢"者，不敢到乐游原上踏青。后来成了个风俗，直到高宗南渡之后，此风方止。

总之，通过入话及其话本情节内容的改编，冯梦龙的《众名姬春风吊柳七》塑造了一位不同于话本《柳耆卿诗酒玩江楼记》中的柳永形象。在这部小说中，柳永不仅是一位知书达礼、蔑视权贵的文人——"他也自恃其才，没有一个人看得入眼，所以缙绅之门，绝不去走；文字之交，也没有人"；柳永还是一位以诗词自娱、以歌妓雅相酬唱的文人——在他要和陈师师、赵香香、徐冬冬分别的时候，写下了《西江月》以寄惜别之情："风额绣帘高卷，兽镮朱户频摇。两竿红日上花梢，春睡厌厌难觉。好梦狂随飞絮，闲愁浓胜香醪。不成雨暮与云朝，又是韶光过了"；柳永还是一位重情重义、体恤歌妓的文人——这一点他对周月仙的帮助可以看得出来："柳耆卿是风流首领，听得此语，好生怜悯。当日就唤老鸨过来，将钱八十千付作身价，替月仙除了乐籍，一面请

301

黄秀才相见，亲领月仙回去，成其夫妇"；同时柳永还是一位怀才不遇的文人——这一点从柳永的才学和他的困于选调可以看得出来："这柳七官人，诗词文采，压于朝士。因此近侍官员，虽闻他恃才高傲，却也多少敬慕他的。那里天下太平，凡一才一艺之士，无不录用。有司荐柳永才名，朝中又有人保奏，除授浙江管下余杭县宰。这县宰官儿，虽不满柳耆卿之意，把做个进身之阶，却也罢了。"

要之，从《柳耆卿诗酒玩江楼记》到《众名姬春风吊柳七》，通过上述几种方式，冯梦龙使得柳永的形象发生了根本性的改变——由话本中的形无定检的、无赖的市井文人，变成了一位高雅的、有情有义的文人。而这恰恰反映了话本《柳耆卿诗酒玩江楼记》和《众名姬春风吊柳七》不同的创作背景与不同的审美情趣。如果说产生于元代的《柳耆卿诗酒玩江楼记》反映的是大众的审美，符合了那个时代"溢恶"的审美情趣的话，无疑冯梦龙的《众名姬春风吊柳七》则符合了文人雅士的审美，他提高了柳永在大众中的形象——他是浪子，虽然不羁，被世俗所拘，但用情真切，才高人妒；他是文人，虽然才高八斗，但自恃甚高，不屑干请；他是官宦，虽然品阶不高，但是为官清正，为政以民。其实，无论是《柳耆卿诗酒玩江楼记》还是《众名姬春风吊柳七》，都是对柳永本事的虚构，之所以故事内容与形象塑造相背离，时代背景使然，审美情趣相异所致。

三、戏曲文本中的柳永故事

根据相关资料的统计，和柳永故事相关的戏曲共 14 部，现存完整的一部只有元杂剧关汉卿的《钱大尹智宠谢天香》。除了5部残剧（宋元南戏《柳耆卿诗酒玩江楼》、《柳耆卿花酒玩江楼》、《子父梦栾城驿》、《秋夜栾城驿》、元杂剧戴善甫的《柳耆卿诗酒玩江楼》）外，其它8部作品（《变柳七爨》、《父子梦栾城驿》、《花花柳柳清明祭柳七记》、《栾城驿》、杨景贤《柳耆卿诗酒玩江楼》、《领春风》、《春风吊柳七》、《风流塚》）已佚。

传统戏曲对柳永故事的改编，和话本、拟话本类似，形象不一而同，反映了基本相似的时代背景下，因个人喜好不同而创作出的人物形象特点不同的特色。钱南扬先生《宋元戏文辑佚》中所辑的南戏《柳耆卿诗酒玩江楼》一文，就与前此话本《柳耆卿诗酒玩江楼记》中的柳永形象完全不同。由戏文的残曲可知，南戏《柳耆卿诗酒玩江楼》塑造了一位正直的、勤于政事的、廉洁的官吏形象。

> 叮咛公吏，第一休教，贿赂徇情。当官三善要廉能，于公仁政须为本。省刑罚，薄税敛，安百姓，家无事，国无征。

而与之同题的元代的戴善甫的杂剧塑造的人物形象却与话本内容相似，塑造了一位品德不端、好色的县宰。

> 【浪里来】柳解元使了计策，周月仙中了机彀。我交那打鱼人准备了钓鳖钩。你是惺惺人，算来出不得文人手。

戏曲当中对柳永形象塑造贡献最大的还要数元杂剧领军人物关汉卿创作的《钱大尹智宠谢天香》。该剧为一本四折的旦本剧，讲述了柳永惜别谢天香上京赶考，钱大尹智宠谢天香，柳永高中状元，最终与谢天香有情的终成眷属的故事。在这个戏曲中，我们看到了一位浪荡但有才气、真诚天真、高中状元的柳永。

> 平生以花酒为念，好上花台做子弟。不想游学到此处，与上厅行首谢天香作伴、小生想来，今年春榜动选场开，误了一日，又等三年。则今日辞了大姐，便索上京应举去。
>
> 昔日龌龊不足夸，今朝放荡思无涯。春风得意马蹄疾，一日看尽长安花。

在这里，我们看到了有智有谋、识人惜才的府尹钱大尹。

> 寒蛩秋夜忙催织，戴胜春朝苦劝耕。若道民情官不理，须知虫鸟为何鸣？……暗想老夫当时有一同堂故友，姓柳名永，字耆卿。论此人学问，不在老夫之下。相离数载，不知他得志也不曾？
>
> 当日见足下留心谢氏，恣意于鸣珂，耽耳目之玩，惰功名之志，是以老夫侃侃而言，使足下怏怏而别。

柳永在进京赶考之前，再三反复地嘱咐好友钱大尹照顾好谢天香的行为，天真地不禁让人发笑，但就是这样一个天真的人儿，在考取状元之后仍然坚持回来与谢天香团聚。

毫无疑问，这部作品对柳永形象的颠覆体现在对柳永身份的改变上。之前的小说和戏曲作品中都没有改变柳永沉沦下僚的文士形象——潦倒的有之，失意的有之，但都不是新科状元——"一举中状元，夸官三日"。这种改变，是与元代"八娼九儒十丐"的社会状况紧密联系在一起的。因此，"与其说柳永中状元，不如说以关汉卿为代表的文人借历史人物柳永圆了自己的一个科举之梦，蟾宫折桂的虚构情节隐寓了元代文人对科举取仕魂牵梦绕式的深切怀念。"（施正荣《演绎元代文人心态的一个符号——杂剧〈谢天香〉柳永形象处理摭谈》）而关汉卿更是借钱大尹之口将为人士子"才"与"德"的关系表达得更加清楚。因此与其说关汉卿在创作中肯定了柳永的浪子形象，不如说他改变了柳永浪子的形象。

> 古人道："德胜才为君子，才胜德为小人。"今观足下所为，可正是才有余而德不足。《礼记》云：君子"好声乱色，不留聪明。"《老子》曰："五色令人目盲，五音令人耳聋。"大丈夫当"先天下之忧而忧，后天下之乐而乐"。便好道"富贵不能淫，贫贱不能移，威武不能屈，此之谓大丈夫"也！今子告别，我则道有甚么嘉言善行，略无一语；止为一匪妓，往复数次，虽鄙夫有所耻，况衣冠之士，岂不愧颜？耆卿，比及你在花街里留意，且去你那功名上用心，可不道"三十而立"！当今王元之七

> 岁能文，今官居三品，见为翰林学士之职；汝辈不
> 自耻乎，者卿！

此外，读罢此剧，我们难免会产生此剧柳永形象不免单薄之感，其实这与此剧旦本剧的特点有关。此剧着重刻画地还是多才多艺、聪明伶俐、重情重义的谢天香。

经过上文的分析，我们不难发现柳永在俗文学中的人物形象层次比较丰富。有近于史实的困于选调的羁旅地方的地方官员形象；有来源于史实的流连于花街柳巷的浪子形象；有与史实相悖的狡猾城府的无赖形象；有高于史实的被人陷害的失意文人形象；有高中状元春风得意的文人形象。可以说，这些有关柳永的故事能够在民间流传下来，还是历史上与柳永谜团一样的人物形象有关。

史实记载，柳永就是一个流连于平康小巷的、行为不检、善于填词、羁旅地方、失意困顿的宦者形象。

> 仁宗留意儒雅，务本理道，深斥浮艳虚薄之文。初，进士柳三变，好为淫冶讴歌之曲，传播四方。尝有《鹤冲天》词云："忍把浮名，换个浅斟低唱。"及临轩放榜，特落之曰："且去浅斟低唱，何要浮名。"景祐元年方及第。后改名永，方得磨勘转官。（吴曾《能改斋漫录》）

这类形象恰恰与市井当中的"才子"形象十分相似，故话本、戏曲这样的俗文学取之十分方便。另一方面，因之柳

词俗，故有井水处，即能歌柳词，市民百姓对柳永的词应该是耳熟能详的，因之行为中的不检点，所以附会起来也比较容易，更容易被市民阶层所接受。

大体来说，柳永的故事能够在民间流传开来，一方面取决于其形象中的浪子加才子的特点，另一方面也是因为它符合了市民阶层的审美情趣，与市民文化的发展是相契合的。